認識PISA與培養
我們的素養

李源順　吳正新

林吟霞　李哲迪　著

五南圖書出版公司 印行

目　錄

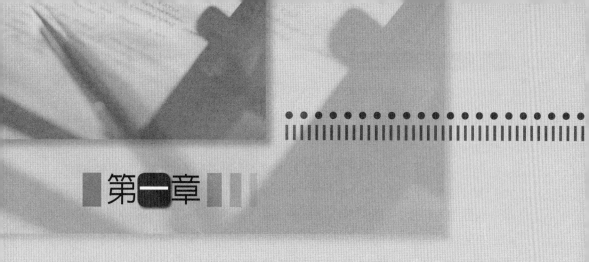

第一章

素　養

第一節　素養的意義

　　要談素養，我們就必須先瞭解素養的意思，或者它的定義。張一蕃（1997）對文獻進行探討發現，素養一辭原本的意思就是平素的修養。《辭海》對「素養」的解釋是：「謂平日之修養也。」《漢書》李尋傳：「士不素養，不可以重國。」《後漢書》劉表傳：「越有所素養者，使人示之以利，必持眾來。」也就是說素養是指「好」的修養。

　　臺灣學者將英文Literacy一詞譯作素養。《牛津美國詞典》（*Oxford Advanced American Dictionary*, 2011）定義Literacy的意義是：ability to read and write。《韋氏第三版新國際詞典》（*Webster's Third New International Dictionary*, 2013a）定義Literacy的意義是the quality or state of being literate，定義literate（*Webster's Third New International Dictionary*, 2013b）的意義則是educated, cultured，或者able to read and write。也就是說Literacy一詞，**狹**

義的意義是指讀和寫的能力，而廣義的意義則包含了一個有教養、有文化的意思。

　　歐洲的經濟合作暨發展組織（Organization for Economic Co-operation and Development [OECD]）於1997到2002年進行了名為「能力的定義與選擇：理論和概念的基礎」（Definition and Selection of Competencies: Theoretical and Conceptual Foundations [DeSeCo]）的大規模跨國研究計畫。該計畫的跨國研究成果激發了當時國科會科學教育處林福來處長思考臺灣從事類似研究的必要性。於是洪裕宏（2008）主持「界定與選擇國民核心素養：概念參考架構與理論基礎研究」的整合型計畫，期望透過科際合作研究，提出一套理論架構，作為定義與選擇我國國民核心素養的參照依據，提供政府教育政策制定之參考依據。該計畫將competence譯為能力或素養。洪裕宏（2008）的報告中指出，competence在英語中常與ability、capacity、skill以及proficiency等詞互用；一份德國的報告將**competence定義為knowledge×experience×power of judgment**。其中知識是**competence的基礎，經驗則為知識應用在問題解決的過程，判斷力則是行動的依據**。他將competence譯成能力或素養，並且不區分能力與素養。洪裕宏（2008）指出DeSeCo計畫，將素養看成一個整體性（holistic）的概念：

> 「素養是能成功地回應特定情境下複雜問題的能力。它包括使用知識、認知與技能的能力，以及態度、情緒、價值與動機等等。」

該整合型計畫的子計畫五：人文素養研究（洪裕宏，2008）將素養定義為：

> 「在培養一個人成為一個獨立的個體的過程中，所建立的作為其人格發展的基礎。」

這個人格發展的基礎預設了一組可發展或學習的能力，這組**最基本的**

能力，稱爲核心素養。

在國內，與素養相關的名詞還有國民素養與核心素養兩個名詞。鑑於美國國會成立國家素養小組（National Literacy Panel），檢視各州學校對學生素養（literacy）的教學、輔導、及監測方式；歐洲OECD、以及英國皇家學院也扮演類似的角色；因此教育部成立教育部提升國民素養專案辦公室（2013b）。辦公室（2013b）發現素養（literacy, competence）的內涵有不同說法，但包括：

> 「具備基本學科知識，將其運用在生活以及工作的問題解決能力；除了能力的考量外，也包括運用學科知識解決問題的習慣與態度。」

辦公室認為「提升國民素養方案將檢視接受十二年國民教育後之18歲學生所具備的素養。其最終目的是**確保每一位18歲的學生，在完成十二年的國民教育之時，不論其接下來生涯規劃是繼續升學，或是進入就業市場，都具備基本能力。**學生或是在高等教育裡發展專業知識技能和人文涵養，或是在職場上接受過基本的職能訓練後即能迅速地掌握職場所需的知識、技能及與人溝通合作的能力。」

此外，國家教育研究院也進行相關的研究，蔡清田（2013）在進行K-12年級課程體系指引草案擬議研究時，定義：

> 「核心素養是指一組統整的知識、能力及態度，使個人得以過著成功與負責任的生活；使社會得以面對現在與未來的挑戰。」

作者總結上述學者或者機構的見解，認為大家對素養的見解相近，狹義的認為它是個體應有的讀、寫能力，廣義的定義**個體應有的有教養、有文化**的意思，也可以是說**個體能成功地回應特定情境問題的基本能力**，是**人格發展學習的基本能力**。

第二節 素養的內涵

關於素養的內涵，教育部提升國民素養專案辦公室、洪裕宏（2008）主持的整合型計畫和蔡清田（2013）主持的計畫都略有描述。

教育部提升國民素養專案辦公室（2013a）認為素養的內涵包括能力以及態度兩個層次。辦公室將素養分成五個向度，包括語文（中、英文）、數學、科學、數位，以及教養／美感素養。

洪裕宏（2008）參考DeSeCo計畫的三個核心素養以及綜合各子計畫，提出臺灣國民核心素養與基本素養內涵，如下表1-1。他將**國民核心素養分成四個層面，即能使用工具溝通互動、能在社會異質團體運作、能自主行動、展現人類的整體價值並建構文明的能力**，同時每一個核心素養層面又區分出6-8個基本素養。

表1-1　臺灣核心素養與基本素養

臺灣國民核心素養的四個層面	臺灣的基本素養
・能使用工具溝通互動	・閱讀理解 ・溝通表達 ・使用科技資訊 ・學習如何學習 ・審美能力 ・數的概念與應用
・能在社會異質團體運作	・團隊合作 ・處理衝突 ・多元包容 ・國際理解 ・社會參與與責任 ・尊重與關懷
・能自主行動	・反省能力 ・問題解決 ・創新思考

（續上表）

臺灣國民核心素養的四個層面	臺灣的基本素養
	・獨立思考 ・主動探索與研究 ・組織與規劃能力 ・為自己發聲 ・瞭解自我
・展現人類的整體價值並建構文明的能力	・形式的邏輯能力 ・哲學思想能力 ・與「生活」相關的邏輯能力 ・社會正義 ・規範相關的邏輯能力 ・意志價值追求相關的邏輯能力 ・工具理性

資料來源：洪裕宏，2008, p.14。

　　蔡清田（2013）提出三面九項的核心素養，如表1-2。三大面包括
「自主行動」、「溝通互動」、「社會參與」；九大項目為「身心健康與
自我精進」、「系統思考與問題解決」、「規劃執行與創新應變」、「符
號運用與溝通表達」、「科技資訊與媒體素養」、「藝術涵養與生活美
學」、「道德實踐與公民責任」、「人際關係與團隊合作」、「多元文化
與國際理解」。

表1-2　核心素養的三面九項內涵

三面 ＼ 九項		三面九項核心素養
A自主行動	A1.身心健康與自我精進	具備良好的身心健康、管理知能與行為習慣，同時透過選擇、分析與運用新知，有效規劃生涯發展，不斷加以自我精進。
	A2.系統思考與問題解決	具備系統思考、推理批判、發展理解、思辨分析、溝通參與、構思與反省，以有效管理及解決問題。
	A3.規劃執行與創新應變	具備規劃及執行計畫的能力，並發展多元專業知能與提升生活經驗，發揮創新精神，以因應社會變遷。

（續上表）

三面＼九項	三面九項核心素養	
B溝通互動	B1.符號運用與溝通表達	具備理解及使用語言、文字、數理、肢體及藝術等等各種符號進行表達、溝通及互動，並應用在日常生活及工作上。
	B2.科技資訊與媒體素養	具備善用科技、資訊與各類媒體之能力，培養媒體識讀，並能分析、思辨、批判人與科技、資訊之關係。
	B3.藝術涵養與生活美學	具備藝術感知、創作與鑑賞能力，體會藝術文化之美，進而將美學展現在生活層面。
C社會參與	C1.道德實踐與公民責任	具備道德實踐的知能與態度，從人己到群我、個人到公民循序漸進，型塑個人社會責任感、權利及對社會議題的主動關注與民主參與，體現尊重法治社會並關懷自然生態與人類永續發展之實踐。
	C2.人際關係與團隊合作	具備友善的人際情懷及與人溝通協調、包容異己、社會參與及服務等團隊合作素養，進而與他人建立良好互動關係。
	C3.多元文化與國際理解	積極關心全球議題及國際情勢，並能順應時代脈動與社會需要，發展個體的國際理解、多元文化價值觀與世界和平的胸懷。

　　因為學者或者機構定義的素養內涵不同，因此讀者可以各取所需，作為素養的內涵。本書從閱讀（中文）、數學、科學等三個素養向大家報導。

第三節　我國教育的問題

　　臺灣近年來積極參與國際數學評量計畫，發現臺灣學生的數學評量成就相當不錯，但態度與自信心不佳，如表1-3。例如：參加國際數學和科學趨勢研究（Trends International Mathematics and Science Study [TIMSS]）（Mullis, et al., 2008）發現，四年級和八年級學生的數學成就在國際評比上很不錯，但是對數學和科學的興趣與自信心就沒有那麼好。TIMSS2007

表1-3　TIMSS2007臺灣學生的認知與情意排名

四年級						八年級					
成就		態度		自信心		成就		態度		自信心	
數學	科學	數學	科學	數學	科學	數學	科學	數學	科學	數學	科學
3名	2名	36名	23名	35名	23名	3名	2名	39名	28名	46名	28名

表1-4　15歲學生的PISA成績與四年級學生的PIRLS成績

2006年PISA			2009年PISA			2012年PISA			2006年PIRLS	2011年PIRLS
數學	科學	閱讀	數學	科學	閱讀	數學	科學	閱讀	閱讀	閱讀
1名	4名	16名	5名	12名	23名	4名	13名	8名	22名	9名

的數學成就國際排名，四年級（37國參加）學生為第三名，八年級（50國參加）學生第一名，排名在頂尖的位置；科學成就的國際排名，四年級和八年級都是第二名。但是對數學的正向態度與自信心國際排名，四年級分別為第三十六和三十五名，八年級分別為第三十九和四十六名；科學的正向態度和自信心排名，四年級都是二十三名，八年級都是二十八名。臺灣學生對數學和科學態度與自信心的排名不佳。

　　學生在國際性閱讀素養與科學素養的成就不佳，數學素養最好，如表1-4。學生能力國際評量計畫（The Program for International Student Assessment [PISA]）（林煥祥，2008），是由OECD所委託的計畫。OECD國家希望透過PISA來比較參與國即將進入社會的15歲學生運用所學的知識解決生活脈絡中問題的能力。在閱讀素養方面，臺灣學生2006年的平均數為496分，排名第十六（56個國家或地區參與）；2009年的平均數為495分，排名第二十三（68個國家或地區參與）；2012年的平均數為523分，排名第八（65個國家或地區參與），成績與排名大躍進。科學素養的調查，PISA 2006為基準，臺灣平均532分，排名第四；PISA 2009臺灣平均為520分，相較2006年退步12分，排名第十二退出領先群；PISA 2012臺灣平均為523分，相較2009年進步3分，但排名第十三。數學素養的調查，PISA 2006為基準，臺灣平均549分，排名第一；PISA 2009臺灣平均為543分，

相較2006年退步6分，排名第五；PISA 2012臺灣平均為560分，相較2009年進步17分，排名第四。

另外，國際閱讀素養評比（Progress of International Reading Literacy Study[PIRLS]）是由國際教育學習成就調查委員會（International Association for the Evaluation of Educational Achievement [IEA]）主辦的國際性測驗，我國於2006年首次參加評比，如表1-4。對四年級學生的調查結果發現，全體45個參加國家（地區）平均分數為500分，臺灣學生平均536分，排名第二十二名。2011年PIRLS躍升為世界第九名（53個參與國家或地區），平均成績553分，相較於2006年進步13名、平均分數進步18分。

有鑑於臺灣學生的數學與科學學習態度與自信心低落，科學素養和閱讀素養不佳，以及運用所學的知識解決生活脈絡中相關問題之素養能力的重要性。臺北市教育局（邱紹雯、蘇孟娟、朱有鈴，2012）有意公布「基北區特色招生考試方案」，跳脫「國英數社自」的考科，改考「閱讀理解素養」與「數學素養」，期望模仿PISA的評量，加入大量開放式題型，用來評量學生的「學習力」。試圖讓學生瞭解數學在生活情境中的有用性，提升學生的數學正向態度與自信心，同時提升學生閱讀素養的能力，可惜因為某些原因使得此一計畫暫緩或者無法實現。

即使如此，「教育部提升國民素養專案辦公室（2013b）」仍在行政院推動相關業務十二年國民教育政策時，期能獨立超然地協助教育部、各地方、以及跨部會的協調，扮演好鑑識、督導的角色；主要目的就是要提升國民的素養。

第四節　從幾個例子談起

素養為什麼重要呢？我們先用幾個例子來感受。

壹、高鐵時刻表

作者有一次清晨從臺北搭高鐵要去臺南，當時有兩輛高鐵列車停在月臺上，作者匆匆忙忙的跑進其中一輛列車。坐下來沒有多久，來了一位旅

客，他出示他的車票，我發現他的車廂號碼和座位號碼居然和我的一模一樣。之後，我才發現我上錯列車了。於是作者特地瞭解一下高鐵時刻表的相關資訊。

有一次作者和幾位大學教授到臺中開會，途中，教授們表示他們對數學敬而遠之的看法。於是我問教授們：「高鐵的車票裡面有一些學問（如圖1-1），大家是否知道？」他們說：「不知道」，他們從來沒有想過與留意過這樣的問題。我告訴他們車次的號碼有特別的意義，例如車次的編號（個位數）奇數代表南下，偶數代表北上；百位數是1, 2的車次代表新竹、桃園、嘉義、臺南不停的快速車次。百位數是5, 6的車次代表每站都停的車次。教授們聽了覺得很有趣、很好玩。

作者發現除了高鐵車票中的數學讓教授們覺得蠻好玩的之外，還可以讓我們不會因為一時的疏忽而搭錯車，導致誤了正事。例如：本來要搭每站都停的車次到新竹，結果誤上中途只停板橋和臺中的車次。

高鐵時刻（如圖1-2）表中藏了許多的規律，有興趣的讀者，請不要看後文，先上網找一下高鐵時刻表，看你能不能找到這些規律。作者曾實地拿出高鐵時刻表詢問高中生和國小老師，看他們能看出哪些規律。作者發現，他們的回答多樣化，可以分成**報讀**、**解讀和推論**三種。

報讀的意思是直接說出他所看到的資訊。例如：A.這張時刻表是從2010年3月1日開始適用；B.對號車票有藍色小圓點的是打85折、有橘色小點的是65折；C.臺北最早6:30分發車；D.105車次7:00從臺北出發、8:36到高雄左營。

圖1-1　高鐵車票上的資訊

高鐵時刻表及票價資訊
2010年3月1日起適用

時刻表／南下

車次	行駛日	臺北	板橋	桃園	新竹	臺中	嘉義	臺南	左營	優惠車次 一	二	三	四	五	六	日
551						06:30	06:56	07:15	07:30	●	●	●	●	●	●	●
403		06:30	06:39	06:52	07:06	07:33	07:58	08:18	08:30	●	●	●	●	●	●	●
103		06:36	06:45	—	—	07:29	—	—	08:12	●	●	●	●	●	●	●
105		07:00	07:09	—	—	07:52	—	—	08:36	●	●	●	●	●	●	●
405		07:06	07:15	07:28	07:40	08:06	08:32	08:51	09:06	●	●	●	●	●	●	●
407		07:30	07:39	07:52	08:04	08:30	08:56	09:15	09:30	●	●	●	●	●	●	●
109		07:42	07:51	—	—	08:34	—	—	09:18	●	●	●	●	●	●	●
1409	六	07:48	07:57	08:10	08:22	08:48	09:14	09:33	09:48	—	—	—	—	—	●	—
111		08:00	08:09	—	—	08:52	—	—	09:36	●	●	●	●	●	●	●
411		08:06	08:15	08:28	08:40	09:06	09:32	09:51	10:06	●	●	●	●	●	●	●
413		08:30	08:39	08:52	09:04	09:30	09:56	10:15	10:30	●	●	●	●	●	●	●
1135	一二三四	13:00	13:09			13:52			14:36	●	●	●	●	—	—	—
441		13:06	13:15	13:28	13:40	14:06	14:32	14:51	15:06	●	●	●	●	●	●	●
443		13:30	13:39	13:52	14:04	14:30	14:56	15:15	15:30	●	●	●	●	●	●	●
1137	五六日	13:42	13:51			14:34			15:18	—	—	—	—	●	●	●
1139	一二三四	14:00	14:09			14:52			15:36	●	●	●	●	—	—	—
1239	五六日	14:00	14:09			14:52	15:16	15:35	15:48	—	—	—	—	●	●	●
447		14:06	14:15	14:28	14:40	15:06	15:32	15:51	16:06	●	●	●	●	●	●	●
449		14:30	14:39	14:52	15:04	15:30	15:56	16:15	16:30	●	●	●	●	●	●	●
1141	六日	14:42	14:51			15:34			16:18	—	—	—	—	—	●	●
143		15:00	15:09			15:52			16:36	●	●	●	●	●	●	●

■週一至週四，自由座車廂為第11~12節車廂；週五至週日為全車對號座。
■以上資訊如有異動，請以車站現場公告及企業網站公告為準。
□ 表示該車次僅於指定日期行駛，其餘車次每日行駛。
●標準對號座藍色票價85折
●標準對號座橘色票價65折
　自由座票價週一至週四85折

車次	行駛日	臺北	板橋	桃園	新竹	臺中	嘉義	臺南	左營	一	二	三	四	五	六	日
177		21:00	21:09	—	—	21:52	—	—	22:36	●	●	●	●	●		●
489		21:06	21:15	21:28	21:40	22:06	22:32	22:51	23:06	●	●	●	●	●		●
491		21:30	21:39	21:52	22:04	22:30	22:56	23:15	23:30	●	●	●	●	●		●
1179	五	21:42	21:51	—	—	22:34	—	—	23:18	—	—	—	—	●	—	—
493		21:54	22:03	22:16	22:28	22:54	23:20	23:39	23:54	●	●	●	●	●		●
399		22:12	—	22:31	—	23:05	23:28	23:47	23:59	●	●	●	●	●		●
531		22:30	22:39	22:52	23:04	23:27				●	●	●	●	●		
533		23:00	23:09	23:22	23:34	23:57				●	●	●	●	●		

圖1-2　部分南下高鐵時刻表（2010年3月1日起適用）

　　*解讀的意思是從看到的一系列資訊中歸納出結果。*例如：A.南下的車次都是奇數號（個位數是奇數）；B.車次編號是三位數或者四位數；C.三位數中1[1]字頭（百位數）的是快速車次（只停臺北、板橋、臺中和左營）；三位數中4字頭（百位數）的是普通車次（每站都停）；D.車次四

---

[1] 2011年10月17日起適用的時刻表：三位數是1, 2的代表直達車。

位數的是加班車（不是每天都開的車次）；E.快速車次從臺北到左營的時間都是96分鐘，普通車次都是2小時；F.從臺北到板橋的行車時間都固定是9分鐘；G.每站之間的行車時間都不相同；H.臺北的開車時間（分）是6的倍數；I.周一到周四、周六都有打折，只有周五和周日沒有打折；J.周二到周日較早的三個車次打65折。

　　推論的意思是從看到的資訊中合理的推測沒有看到的資訊。例如：A.看到南下的車次是奇數，推論北上的車次應該是偶數；B.看到南下每天都開的車次是三位數、四位數是加班車，推論北上每天都開的車次也是三位數、四位數是加班車；C.看到每站之間的行車時間都不相同，推論每站之間的距離都不相同；D.看到打65折的車次都在清晨或深夜，推論可能是因為離峰時間，為了吸引客人來搭車；E.看到不打折的時候是在周五和周日，推論搭車的人數一定比較多，因為高鐵公司想多賺一點錢。

　　比較特別的是，有大學生和老師察覺到407車次和109車次分別於8:30和8:34在臺中開車，但是到達左營的時間分別是9:30和9:18，407車次比較早開車，反而比較晚到左營，所以*解讀*109車次在臺中到左營之間會超車。當作者繼續追問，那會在哪裡超車呢？我們便發現有許多不同的回答方式。有人直接*推論*在兩站之間超車（臺中到嘉義之間）；有人說他記得高鐵只有兩條鐵軌，假如在兩站之間超車，那樣一班列車就要開到另一個對向軌道，非常危險。有人從成本和安全性的考量*推論*說，應該在站內超車比較可行，因為只要在站的兩端多一條軌道就好了，不必再多建一條超車軌道，同時也比較安全，也不會和逆向車搶道。有人說在嘉義站超車，因為他有注意到。有人利用到站的時間來*推論*，兩列車在臺中站只差4分鐘，左營差了12分鐘，所以最有可能在嘉義站超車，不可能在臺南超車。

　　也有人先推論在某一車站內超車比較節省成本且安全，再利用兩輛車分別用等速行駛的假設，來*推論*在嘉義站超車。如下表1-5，一開始109車次比407車次在臺中晚了4分鐘開，因為車速分別等速，所以兩站之間的行車時間成比例。因此到嘉義，109車次已快了3分鐘出車站，同時407車次到嘉義後需要一點時間讓客人上、下車，所以最有可能在嘉義站超車；到了臺南，兩車已相差了8分鐘，比較不可能在此超車。

表1-5　兩站間的行車時間和到站的時刻

	臺中到左營	臺中到嘉義	嘉義（時刻）	臺中到臺南	臺南（時刻）
407車次	9:30-8:30=60	8:56-8:30=26	8:56	9:15-8:30=45	9:15
109車次	9:18-8:34=44	$60:26=44:x$ $26 \times \frac{44}{60} \fallingdotseq 19$	$8:34+19 \fallingdotseq 8:53$	$60:45=44:y$ $45 \times \frac{44}{60} \fallingdotseq 33$	$8:34+33 \fallingdotseq 9:07$

有興趣的讀者，請翻閱李源順（2012）在《教師天地》中所發表的文章「生活中的數學」。

貳、競標網站

作者也曾利用競標網站當作例子，詢問老師和數學教育專家學者。事後許多老師都覺得這個例子很好、很有啟發性，希望能拿來作為教學的例子。競標網站的例子如下：

最近某電視新聞播報某人參與網站競標，花費鉅款120,000元僅購得價值25,000元的手機一支，如此的差價，實在令人十分咋舌。為什麼有人會做出如此不智的舉動？此一新聞引起作者的注意。

原來傳統的競標網站是，所有的競標者需要輸入自己想要購買的金額；在固定時間內，出價最高者得標，可以以此標價購得此一物品；沒有得標者沒有損失任何金額。此時，競標者在參與競標時，可以事先瞭解物品的售價，所以得標價通常不會超過售價。

最近出現一些新型競標網站，有一個競標規則是：(1)從0元開始競標。(2)競標者須先購買點數（每點25元），才能參與下標動作，每下標一次需付一點。(3)每次下標都增加固定的金額（視物品而定，固定增加一元、二元，或三元）。(4)當結標時間剩下不到20秒時，只要有人下標，系統結標時間會再延長20秒。如果同一瞬間有多人下標，結標時間就會一起累計，增加20秒乘以下標數。(5)無論得標與否，下標的點數均不予以退還。(6)得標者可以用得標價購得下標產品。

我們先以某網站上已經結標的一支手機為例。從下圖1-3發現得標者以1,327元得標，賺了9%的錢。

圖1-3 已經結標的手機資訊

我們再深入查詢獲得資料，如下圖1-4，可以發現手機的市價是以15,900元計算，得標者（最高出價者）的出價次數是520次，花了13,000元（25×520 = 13,000），得標價（成交價）1,327元，因此得標者省下1,573元（15,900−13,000−1,327 = 1,573），也就是真的省下9%的錢（1,573÷15,900 = 9.9%）。

得標者賺了錢，那網站經營者是否賠錢了呢？我們想要瞭解此一問

圖1-4 得標手機的詳細資料

題，需要知道什麼樣的資訊呢？需要知道有多少人參與競標嗎？需要知道每位參與競標的人下標多少次嗎？需要知道有沒有人作弊嗎？還需要知道什麼資訊呢？

我們可以從圖1-4右邊的出價紀錄發現，它每一次增加一元，代表有1,327次的競標。因此，網站經營者已收到34,502元[2]（$25 \times 1{,}327 + 1{,}327 = 34{,}502$），也就是管理者賺了18,602元（$34{,}502 - 15{,}900 = 18{,}602$），賺了117%的錢。

作者發現得標者和管理者都賺錢了，那是否有人賠錢了呢？原來參與投標而未得標者都賠了錢。因為他下標的點數[3]（每點25元）都不見了，又沒拿到競標物。但是這個情形，還是沒有解答為什麼有人會花費120,000元購得價值25,000元的手機呢？**原來此事還潛藏著一些數學未能解答的問題，例如心理因素問題**；當競標者所下的點數愈多，表示他花下去的金額愈大，此時他可能放棄的機會愈小，因此，在相互不放棄的情形下，發生了上述的事情。

雖然數學未能解答上述心理層面的問題，但是數學還是有它的作用。我們可以發現對於正在競標的物品，管理者在哪個時候就知道他已經賺錢了；得標者在什麼情況下，就知道他已經沒有賺錢的問題。

第五節　素養的重要性

雖然素養一詞，它的英文來源可能不同；可來自狹義的讀和寫能力，或者廣義的有教養、有文化之意的literacy；還是整合知識、經驗和判斷力的competence。假如每一位國民都能培養他的素養，那麼對於上述作者所提出來的例子就能隨時關注，瞭解問題所產生的影響；每個國民就更能整

---

[2] 我們暫時不考慮其他可能影響因素，例如網站可能提供第一次註冊者若干免費點數、網站經營的成本等等的問題。

[3] 我們暫時不考慮網站公司可能提供的優惠措施，例如，贈送註冊會員的免費點數……。

合知識、經驗和判斷力，成為有文化、有教養的國民。

套一句林福來教授所講的，素養的意思，無非就是要我們的學生學到的知識不是死的知識，而是活的知識。活的知識，就是要讓我們的學生能將所學的知識運用來解決生活脈絡中碰到的問題，也就是希望學生能整合知識和經驗，並運用判斷力來解決問題。

假如每一位國民都能培養他的素養，國民就能如同洪裕宏（2008）所提出的臺灣國民核心素養與基本素養一樣，能閱讀理解、溝通表達、使用科技資訊、學習如何學習；有審美能力；有數的概念與應用能力；能團隊合作、處理衝突、多元包容、國際理解、社會參與與責任、尊重與關懷、反省能力、問題解決、創新思考、獨立思考、主動探索與研究、組織與規劃能力、瞭解自我，因此素養的培養有它的重要性。

參考文獻

李源順（2012）。生活中的數學。**教師天地，176，**16-23。

李源順（2013）。數學素養：競標網站中的數學。**科學研習月刊，**52，9期，36-39。

林煥祥（2008）。**臺灣參加PISA 2006成果報告**。行政院國家科學委員會成果報告（編號NSC95-2522-S-026-002）。花蓮市：國立花蓮教育大學。

邱紹雯、蘇孟娟、朱有鈴（2012年8月24日）。**自行命題、聯合招生103年免試考完後實施／基北特色招生考閱讀理解、數學素養，**自由時報，生活新聞。

洪裕宏（2008）。**界定與選擇國民核心素養：概念參考架構與理論基礎研究―總計畫（2/2）**。行政院國家科學委員會補助專題研究計畫成果報告（編號NSC95-2511-S-010-001-）。臺北市：國立陽明大學神經科學研究所。

張一蕃（1997）。**資訊時代之國民素養與教育**。2013.03.19檢自http://cdp.sinica.edu.tw/project/01/4_1.htm。

教育部提升國民素養專案辦公室（2013a）。**教育部提升國民素養專案計畫報告書。**20130804檢自http://literacytw.naer.edu.tw/data/cht/20130624/20130624vb9yk7.pdf。

教育部提升國民素養專案辦公室（2013b）。**關於我們：未來遠景。**20130804檢自http://literacytw.naer.edu.tw/index.php。

蔡清田（2013）。十二年國民基本教育課程體系發展指引（草案）：核心素養與十大基本能力比較說明。國家教育研究院。20131022檢自https://www.google.com.tw/url?sa=t&rct=j&q=&esrc=s&source=web&cd=1&ved=0CCsQFjAA&url=http%3A%2F%2Fwww.ntptu.org.tw%2FFileStorage%2Ffiles%2FForum%2Fadmin%2F1020725%2F%25E6%25A0%25B8%25E5%25BF%2583%25E7%25B4%25A0%25E9%25A4%258A%25E8%2588%2587%25E5%258D%2581%25E5%25A4%25A7%25E8%2583%25B

D%25E5%258A%259B%25E6%25AF%2594%25E8%25BC%2583%25E
5%25BD%2599%25E6%2595%25B4%25E8%25A1%25A8. docx&ei=y9ll
UoKMLM6tkgXFuIHABQ&usg=AFQjCNF3FEEW4SQnCitUvgVgh4xgq
PzETQ&sig2=jM5ox-m9tNUqPaEbHj8VIg&bvm=bv.55123115,d.dGI。

蔡清田（2013）。**K-12年級課程體系指引草案擬議研究：公聽會說明資
料**。國家教育研究院。20131022檢自http://web.ylsh.ilc.edu.tw/course/
files/1020305/1020305_03.pdf

Oxford Advanced American Dictionary (2011). Literacy. Retrieved 2013, March
19, from http://oaadonline.oxfordlearnersdictionaries.com/dictionary/literacy.

Webster's Third New International Dictionary (2013a). Literacy. Retrieved 2013,
March19, from http://www.merriam-webster.com/dictionary/literacy.

Webster's Third New International Dictionary (2013b). Literate. Retrieved 2013,
March 19, from http://www.merriam-webster.com/dictionary/literate.

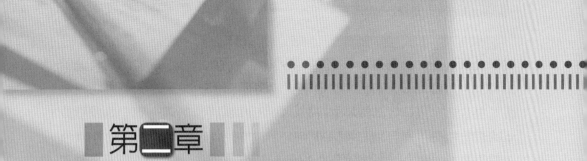

第二章

國際素養評量

吳正新

　　現今主要的國際大型評量有三項，國際學生能力評量計畫（the Programme for International Student Assessment [PISA]）、國際數學與科學教育成就趨勢調查（Trends in International Mathematics and Science Study [TIMSS]）和國際閱讀素養評比（Progress of International Reading Literacy Study [PIRLS]）。其中PISA是由歐盟的經濟合作暨發展組織（Organization for Economic Co-operation and Development [OECD]）所主辦，每三年舉行一次；TIMSS和PIRLS則是由美國的國際教育學習成就調查委員會（International Association for the Evaluation of Educational Achievement [IEA]）主導，TIMSS每四年舉辦一次，PIRLS則每五年舉辦一次。這些評量的差異，主要在於評量的目的不同，PISA評量的目的是想瞭解15歲學生在真實情境中應用習得知能的程度（臺灣PISA國家研究中心，2011）；TIMSS評量的對象是四年級和八年級的學生，目的是要改善數學與科學的教

與學（張俊彥、林碧珍、洪志明、曹博盛、張美玉、任宗浩、李哲迪，2013）；PIRLS評量的目的想研究世界各國四年級兒童的閱讀力（柯華葳、詹益綾、張建妤、游婷雅，2008）。PISA評量的理念與全球課程改革的趨勢相符，而且世界各國在制定、調整教育政策時，都會以PISA為重要的參考依據，例如我國十二年國民基本教育的總體目標之一，就是要提升國民基本知能，培養現代公民素養（教育部十二年國民基本教育專案辦公室，2013），在數學方面便是培養數學素養。如此受到重視的PISA到底是什麼？它是如何評量學生應用技能的能力？本章將逐一說明。本章包括三小節，第一節介紹PISA的發展、特色、臺灣參加PISA的概況以及PISA評量的回饋與影響；第二節簡介PISA評量的內容，包括評量內涵的概述、PISA試題和問卷介紹；第三節說明PISA的施測程序，包括學生的抽樣、施測後的閱卷與計分、以及PISA嚴謹的評量程序。

第一節　PISA簡介

壹、PISA的發展

　　OECD於1997到2002年進行一項名為「能力的定義與選擇：理論和概念的基礎（Definition and Selection of Competencies: Theoretical and Conceptual Foundations [DeSeCo]）」的跨國研究計畫，探索未來社會裡人類應具備哪些能力，才能達到成功的人生（successful life）與健全的社會（well-functioning society）（Rychen & Salganik, 2003）。DeSeCo提出三項重要基本能力的理論架構，包括：1.能自主的行動（acting autonomously），例如：掌握學習方向、學習策略、具責任感。2.能使用工具溝通互動（using tools interactively），例如：使用語言、符號等工具進行互動的基本能力，使用知識、資訊和科技進行互動的能力。3.能在社會異質團體運作（functioningin socially heterogeneous groups），例如：與人互動、團隊合作、管理與解決衝突。同一時間，OECD也計畫發展一項大型測驗調查，驗證DeSeCo的「基本能力」理論架構（Rychen & Salganik, 2003），而此大型

測驗調查即為PISA。PISA評量參照DeSeCo計畫的理論，設計了以數學、閱讀、科學為核心領域的情境式評量，並同時包含學生問卷、學校問卷與家長問卷作為評量調查的一部分。由於PISA評量的技能是參與社會所需的基礎知識和技能，OECD（2001）稱之為「明日世界所需的素養技能（literacy skills for the tomorrow world）」。因此，PISA評量一般又稱為素養評量，例如：閱讀素養評量、數學素養評量、科學素養評量。

OECD於2000年舉辦第一次的PISA評量，之後每三年再進行一次。為了區分不同時間舉辦的PISA評量，歷屆的PISA評量都會在PISA後方加上舉辦的時間作為區辨，例如：2000年第一次舉辦的PISA評量稱為PISA 2000，而後續的評量則分別稱為PISA 2003、PISA 2006……。

雖然PISA是OECD所主辦，但非OECD會員國仍可參與。首屆PISA 2000評量有28個OECD會員國與4個夥伴國（partner countries）參與，另有11個夥伴國於2001年底與2002年初進行評量。第二屆評量於2003年舉行，總計有30個OECD會員國與11個夥伴國／經濟體（economics）參與。PISA 2006評量有57個OECD會員國與夥伴國／經濟體參加。PISA 2009評量有65個OECD會員國和夥伴國／經濟體參加。近期在2012年所舉辦的第五屆PISA評量共有65個OECD會員國與夥伴國／經濟體參加。根據OECD的調查，目前參與PISA評量的國家涵蓋了九成以上的世界重要經濟體（OECD, 2010）。

貳、PISA概述與特色

PISA評量的目的在檢驗15歲學生是否具備參與未來社會所需的基礎知識和技能，因此PISA評量不希望只是測驗學生在傳統學校課程中所學得的東西，而是希望知道學生在習得知識後，能否進一步應用在日常生活（OECD, 2010）。PISA評量的對象以15歲學生為主，因為在大部分的國家裡，15歲學生即將完成義務教育、步入社會，因此，他們是否具備日常生活中足夠的知識、技能以及問題解決的能力是非常重要的議題。

PISA評量內容主要包括數學、科學、閱讀三大核心領域。每次評量以其中一個領域為主軸，進行深入調查（如下表2-1），例如探討學生對

表2-1　PISA評量主軸科目表

年代	PISA 2000	PISA 2003	PISA 2006	PISA 2009	PISA 2012	PISA 2015
主軸	閱讀	數學	科學	閱讀	數學	科學
非主軸	數學、科學	閱讀、科學	閱讀、數學	數學、科學	閱讀、科學	閱讀、數學

主軸領域（數學、閱讀或科學）的學習動機、學習策略、自我信念，以及學習環境對學生學習主軸領域的影響等等議題。首屆PISA 2000評量以閱讀為主軸，PISA 2003評量以數學為主軸，而PISA 2006評量以科學為主軸，至2006年完成一次循環。2009年起，進行第二輪的循環，並預計於2015年結束。特別是當數學為評量的主軸領域時，會附加問題解決評量。問題解決評量主要在檢測學生解決生活中不熟悉的問題或是跨課程領域的認知技巧，例如演繹、歸納、量化、相關、類推、（排列）組合、多重推理。由於問題解決與數學較為相似，因此安排在數學為主軸領域時一同施測，例如：PISA 2003、PISA 2012皆有問題解決評量。

　　傳統的PISA評量的方式是以紙本為主，參與評量的學生需完成一份約60題的測驗題本與一份學生問卷，而學校需由校長協助填答一份學校問卷。另外，參與國可以選擇是否參與家長問卷調查，家長問卷則是由受測學生的家長填寫。

　　有鑑於電腦的普及與重用性，PISA總部於2006年開始發展電腦化（科學）試題，但當時只在小區域試辦並未正式實施。至2009年，PISA正式推出電腦化評量，參與國可選擇是否參加新增的電腦化閱讀評量。去年的PISA 2012評量，除了原本的電腦化閱讀評量，再增加電腦化數學和電腦化問題解決，並將學校問卷改為線上填答。PISA評量預計於2015年推出全電腦化的評量[1]。

　　PISA評量有五大不同於其他評量的特色（OECD, 2010；臺灣PISA國家研究中心，2011）：

---

[1] 若學校電腦配備不足，參與國仍可選擇紙筆評量，但新開發的試題會以電腦化為主，因此若選擇紙筆評量將無法參與新試題的評量。

（一）政策導向

PISA評量將學生學習成效與學生本身的特徵、校內外影響學生學習的關鍵因素進行連結分析，以瞭解學生表現的差異。並且在比較各國學生表現差異後，進一步統整表現優異學生背後的學校系統和教育政策的特色，提供實質的教育經驗與政策。

（二）創新的「素養」概念

素養概念是指學生應用學科（數學、閱讀和科學）的知識與技能之能力，以及在面臨不同情境的問題時，能進行分析、推論與瞭解問題、詮釋問題、解決問題的能力。

（三）終身學習的檢視

PISA不但涵蓋學校單一課程或跨課程能力的評量，PISA評量同時檢視學生的學習動機、自我信念與學習策略。

（四）週期性的評量

每三年進行一次評量，讓持續參與的國家能瞭解或檢視本身的教育進展。

（五）參與國分布範圍廣，相互合作

參與PISA 2012評量的國家超過60個，除了34個OECD會員國外，還包括東亞、東南亞、中歐、東歐、地中海、中東、中美洲、南美洲和非洲的國家。PISA評量從最初的評量架構修訂、命題至評量後的資料除錯、分析，都是由全部的參與國共同合作完成的。

參、PISA在臺灣

臺灣自2006年開始參加PISA評量，至今已連續參加三次，完成一個循環。統籌參與PISA評量的是教育部與國科會，執行PISA 2006計畫是國立花蓮教育大學（現為國立東華大學），而PISA 2009和PISA 2012計畫由國立臺南大學承接；未來PISA 2015計畫將由國立中山大學和國立交通大學共同執行。在2009年，PISA推出電腦化閱讀評量，當時臺灣並未選考。但在PISA 2012評量，臺灣同時選考電腦化閱讀、電腦化數學和電腦化問題解決三項評量，並採用PISA新式的線上填答學校問卷與線上評分

表2-2　臺灣參與PISA評量的項目與執行單位

年代	主軸領域	執行單位	評量項目	問卷
2000	閱讀	未參加	數學、閱讀、科學	學生問卷、學校問卷、家長問卷[a]
2003	數學	未參加	數學、閱讀、科學、問題解決[a]	學生問卷、學校問卷、家長問卷[a]
2006	科學	國立花蓮教育大學	數學[b]、閱讀[b]、科學[b]	學生問卷[b]、學校問卷[b]、家長問卷[a]
2009	閱讀	國立臺南大學	數學[b]、閱讀[b]、科學[b]、電腦化閱讀[a]	學生問卷[b]、學校問卷[b]、家長問卷[a]
2012	數學	國立臺南大學	數學[b]、閱讀[b]、科學[b]、財金[a]、電腦化閱讀[ab]、電腦化數學[ab]、電腦問題解決[ab]	學生問卷[b]、（紙本）學校問卷、（線上）學校問卷[ab]、家長問卷[a]
2015	科學	國立中山大學、國立交通大學	未定	未定

註1：標記[a]代表該項目為選擇性，可自行決定參加與否。
註2：標記[b]代表臺灣於該年度有參加的項目。

系統。表2-2統整臺灣參與三次PISA評量的詳細情況。

　　臺灣學生在PISA 2006、PISA 2009和PISA 2012的表現如下表2-3。整體而言，臺灣學生的表現相當卓越。在數學領域方面，三次評量的排名都在前五名，其中以PISA 2012的平均分數最高，為560分。在閱讀方面，前二次評量的成績差異不大，但第三次PISA 2012的成績不論在分數或名次上都大幅進步，平均分數為523分、名次為第八名。在科學方面，首次參加的成績最高，排名為第四，但PISA 2009和PISA 2012平均分數大約退步了10分，排名皆掉出前十名之外。有關這三次評量更詳細的分析、以及各國學生表現的比較，可進一步參閱OECD（2007）、OECD（2010）、OECD（2013b）或林煥祥（2008）和臺灣PISA國家研究中心（2011）。

表2-3 臺灣學生在PISA 2006、PISA 2009和PISA 2012的表現統計表

	數學	閱讀	科學
	平均（排名）	平均（排名）	平均（排名）
PISA 2006	549（1）	496（16）	532（4）
PISA 2009	543（5）	495（23）	520（12）
PISA 2012	560（4）	523 （8）	523（13）

肆、PISA評量的回饋與影響

　　PISA評量的回饋並不僅僅是提供各國分數高低的比較，經由問卷調查與學生表現的連結，還可以提供表現優異國家的教育政策、學校制度、以及瞭解影響學生學習的因素（OECD, 2010）。以PISA 2009為例，表現優異國家共同的政策與教育制度是：教育經費高、教師薪資高、班級規模小、學校自治權高、教育系統水平差異低（即教育類型少、首次實施分流年齡高）、垂直差異低（即重讀率低、轉學率低）。影響學生學習重要的因素有：閱讀樂趣、學習時間、閱讀策略的使用等，例如閱讀樂趣愈高，學生閱讀成績愈高；每天學習的時間以一小時左右為最佳；在閱讀策略方面，「控制」與「摘要」二項學習策略是臺灣學生較缺乏的（臺灣PISA國家研究中心，2011）。

　　由於PISA評量的回饋相當豐富，使得PISA的效應持續影響世界各國的教育改革（OECD, 2011; 2012b）。以德國為例，他們的學生在PISA 2000評量的成績表現不佳，遠低於OECD會員國的平均成績。在PISA評量的分析報告中顯示，他們的教育制度並沒有提供均等的機會，導致弱勢背景的學生學習成效不彰，而且學生社經背景差異大、部分學生語文（德文）能力不佳等等，都是造成學生成績不佳的可能因素。德國在PISA評量的挫敗後，開始了一連串的教育改革，包括課程的架構、評量的標準、教師的教學、弱勢學生與學齡前的教育。教改的成效在數年後逐漸顯現出來，在PISA 2009評量德國成績大幅進步，領先愛爾蘭和法國等OECD會員國。另外，日本在參與PISA評量後，深刻體認到學生獨立思考的重要

性，也展開了教育改革（OECD, 2011; 2012b）。他們摒棄傳統的背誦、記憶式教法，改採提升學生對因果關係的觀察和分析的能力、培養學生掌握關鍵進行判斷的教學方式，這些措施的目的就是幫助學生培養獨立思考、解決問題的能力。因PISA評量的回饋而進行教育改革的國家不只上述的日本和德國，還包括芬蘭、香港、新加坡、美國、加拿大、德國、巴西，都有參照PISA評量的結果進行改革（詳細的內容可參閱OECD, 2011; 2012b）。

對臺灣而言，PISA也開使逐漸地影響我們的教育。PISA 2009評量結束後，教育部和國科會在全臺各地舉辦多場教師研習，推廣PISA評量的理念，並派專家至上海、香港等PISA評量表現優異的國家參訪。在政府的帶動下，各縣市也積極投入，例如：臺南市教育局已舉辦二屆全市的「PISA國際評量模擬測驗」，希望透過PISA模擬測驗，瞭解臺南學生在科學、數學、閱讀能力的進步情形，並進一步尋求教學補強策略。近來，教育部曾一度宣布在十二年國教中的特色招生考試中加入PISA樣式的數學理解和閱讀理解的試題，爾後改成在國中會考增加數學理解和閱讀理解的試題。可見，臺灣教育已逐步將PISA的理念融入其中。

第二節　PISA評量內容

壹、PISA的評量內涵

PISA各項素養的評量內涵都有明確定義。在PISA 2000評量架構《Measuring Student Knowledge And Skills: A New Framework for Assessment》（OECD, 1999）裡，詳細說明PISA 2000評量各項素養的定義、情境、內容、歷程，以及問卷調查的設計，而試題的發展都會依此架構進行命題。2000年以後的PISA評量架構，則是以PISA 2000評量架構為基礎，並參考最新的研究文獻修訂發展。例如：PISA 2003的評量主軸是數學，PISA的數學團隊會以PISA 2000的數學評量架構為基礎，同時參照相關的數學教育文獻來進行修訂。表2-4簡要列出PISA 2012修訂後的閱讀、數學

表2-4 PISA數學、閱讀和科學素養評量的定義、情境、內容和歷程

	數學素養	閱讀素養	科學素養
定義	在不同情境脈絡中,個人能辨識、做及運用數學的能力,以及藉由描述、建模、解釋與預測不同現象,來瞭解數學在世界上所扮演的角色之能力。數學素養是連續的,即數學素養愈高的人,愈能善用數學工具做出有根據的判斷,這也正是具建設性、投入性及反思能力的公民所需具備的。	個人能理解、運用、省思及投入文本的能力。達成個人目標、發展個人知識和潛能,並有效參與社會的知能。	能運用科學知識辨識科學問題、獲得新知、解釋科學現象,並形成證據導向的結論;能理解科學特徵是一種人類知識和探索的型態;能覺察科學與技學來型塑周遭物質、知識以及文化的環境;且成為一個具有意願投入科學相關議題、具有科學概念、及具反思性的公民。
情境	個人、職業、社會、科學	個人、公共、教育、職業	與個人、社會或全球有關的健康、自然資源、環境、災害、前瞻科技
內容	數量、空間與形狀、改變與關係、不確定性與資料	連續文本、非連續文本、混合文本和多重文本	知識(科學知識和科學本質)、態度(對科學議題的興趣、支持度和責任感)
歷程 / 能力	形成數學情境;應用數學概念、事實、程序以及推理;詮釋、應用以及評鑑數學結果	擷取與檢索、統整與解釋、省思與評鑑	辨識科學議題、解釋科學現象、運用科學證據

資料來源:摘錄自OECD(2013a)

和科學三項核心素養的定義、情境、內容和歷程(OECD, 2013)。詳細的內容在後續的章節裡,會有進一步說明。

貳、PISA試題

PISA評量的試題來源有二:一是由參與國提供;一是由PISA的試題研發團隊[2]開發(OECD, 2012a, p. 82)。除第一屆PISA 2000評量同時開發

---

[2] PISA試題研發團隊包括:ACER(Australia)、ASPE(University of Liege, Belgium)、ILS(University of Oslo, Norway)、DIPF(Germany)和 NIER(Japan)。

了數學、閱讀、科學試題，之後試題的研發則是以主軸領域為主，例如：
PISA 2012主軸領域為數學，參與國和PISA試題研發團隊共開發了500多道
數學試題，經多次地區性預試、專家審查以及2011年大規模的預試，最後
篩選出100多題於PISA 2012正式施測中使用。在每屆評量後，會公布部分
的試題以供參考使用。

　　PISA試題在開發時，以單元（unit）為主，一個單元有1-3個問題。
由於試題量相當多，學生無法在短時間內完成所有試題，因此會先將5-7
個單元組成一群組（cluster），再將4個群組合併成一份題本，每份題本
約有60個問題。施測時，學生需填答一份題本，答題時間為120分鐘。
以PISA 2009為例，表2-5列出PISA 2009使用的13個題本[3]（OECD, 2012a,
p. 30），每個題本均含4個群組，其中M代表數學試題群組，R代表閱讀
試題群組，S代表科學試題群組，而2009年新開發的閱讀試題編製於群組
R3-R7，其餘的群組R1-R2、S1-S3、M1-M3為沿用2009年之前開發的舊試
題[4]。

表2-5　PISA 2009的施測題本

題本	群組			
1	M1	R1	R3A[5]	M3
2	R1	S1	R4A	R7
3	S1	R3A	M2	S3
4	R3A	R4A	S2	R2
5	R4A	M2	R5	M1
6	R5	R6	R7	R3A

---

[3] 題本設計會公布在技術報告中，PISA 2012的技術報告尚未出版。

[4] 舊試題又稱連結試題（link item），主要是作爲定錨用。

[5] PISA試題本分爲標準題本與簡易題本二種，其中簡易題本難度較低。R3A, R4A屬
　於標準題本，簡易題本使用群組R3B, R4B而非R3A, R4A（OECD, 2012, p. 30），另
　外，R5-R7屬於共同題本（標準題本與簡易題本共用）。臺灣是選用標準題本，使
　用的題組如表2-3所示。

（續上表）

題本	群組			
7	R6	M3	S3	R4A
8	R2	M1	S1	R6
9	M2	S2	R6	R1
10	S2	R5	M3	S1
11	M3	R7	R2	M2
12	R7	S3	M1	S2
13	S3	R2	R1	R5

資料來源：OECD（2013, p. 30）

　　PISA試題有固定的架構，不論哪一個領域的試題，都有特定的情境、所屬的內容領域、以及解題所需的歷程。PISA試題的編排也有一定的順序。以圖2-1的PISA數學試題為例，M150為此題的代號[6]，試題名稱為「成長」。試題名稱之後為題幹，主要是描述試題情境的文字，部分試題會有照片、圖形或表格輔助說明。同一個情境單元裡，一般會有1-3個問題。以M150為例，共有三小題，第一題M150Q01[7]為填充題，第二題M150Q02和第三題M150Q03為問答題。

　　若依題型來區分，PISA試題類型（OECD, 2012a, p. 30；臺灣PISA國家研究中心，2010a, 2010b, 2010c）可分為四類：選擇題、多重是非題、封閉式建構反應題以及開放式建構反應題，其中：

　　1.選擇題一般有四至五個選項，每題只有一個正確答案。

　　2.多重是非題通常由二至四題是非題組成，部分題目必須全對才能獲得滿分；部分題目只需答對其中幾題，即可得到部分分數。

---

[6] 2009年以前的舊試題，M代表數學、S代表科學、R代表閱讀、E代表數位電子文本評量（即PISA 2009的電腦化閱讀素養評量）。PISA 2012以後的新試題，新增代號「P」和「C」作為區分不同型式的評量，例如：CM（computer-based）代表電腦化數學試題，PM（paper-based）代表紙筆數學試題。

[7] 試題代碼M150Q01之後的數字「019」為評分代碼，後續會有完整的說明。

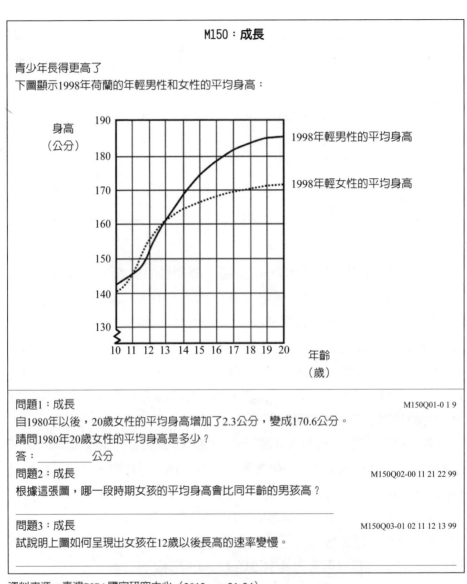

M150：成長

青少年長得更高了

下圖顯示1998年荷蘭的年輕男性和女性的平均身高：

問題1：成長　　　　　　　　　　　　　　　　　　M150Q01-0 1 9

自1980年以後，20歲女性的平均身高增加了2.3公分，變成170.6公分。

請問1980年20歲女性的平均身高是多少？

答：＿＿＿＿＿＿＿公分

問題2：成長　　　　　　　　　　　　　　　M150Q02-00 11 21 22 99

根據這張圖，哪一段時期女孩的平均身高會比同年齡的男孩高？

＿＿＿＿＿＿＿＿＿＿＿＿＿＿＿＿＿＿＿＿＿＿＿＿＿＿＿＿＿＿＿

問題3：成長　　　　　　　　　　　　M150Q03-01 02 11 12 13 99

試說明上圖如何呈現出女孩在12歲以後長高的速率變慢。

資料來源：臺灣PISA國家研究中心（2012, pp. 21-24）

圖2-1　PISA數學試題範例

　　3.封閉式建構反應題包括二類，一是填充題；一是問答題。後者學生必須判斷試題中的陳述是否正確，再從題目文句中統整或自己進行推理得到支持陳述正確與否的證據。

4.開放式建構反應題。答案需自行建構，也就是由學生自己的觀點和想法來做答，並能提出支持自己論述的理由和論證。

各類型試題的比例大約是選擇題與多重是非題約占全部試題的三分之一，封閉式建構反應題和開放式建構反應題各占三分之一。比較特別的是，部分的建構反應的答案並不是唯一的，不論是推論證明或土法煉鋼的嘗試錯誤法，只要能解決問題都是正確答案。雖然答案不是唯一，但每一題仍有固定的標準解答（詳見第三節的計分說明）。

PISA試題屬於情境式的試題。情境式試題強調擬真的情境呈現，藉由文字、圖片和真實照片，讓受試者能真實地感受到日常生活中的情境[8]。因為利用情境式的試題設計，才能評量學生在日常生活中應用習得知識、解決問題的能力。但為了完整描繪出一個情境，試題字數也會相對地較多。表2-6比較PISA、TIMSS和基測數學試題的差異。從表2-6可知，這三種評量最主要的差別在於試題類型與試題字數，PISA的非選擇題比例較多、試題字數也較多。

表2-6　PISA、TIMSS與基測數學試題的比較

PISA	TIMSS	基測
·選擇題33%	·選擇題66%	·選擇題100%
·建構反應題67%	·建構反應題34%	·建構反應題0%
·平均字數56字（s.d.32）	·平均字數22字（s.d.13）	·平均字數40字（前15題字數較少；後20題字數較多）
·41%為獨立試題；59%為題組題型	·85%為獨立試題；15%為題組題型	·100%為獨立試題
·認知歷程：形成、應用、詮釋	·認知歷程：理解、應用、推理	·認知歷程：概念理解、程序執行、解題思考
·數學內容：數量、改變與關係、空間與形狀、不確定性	·數學內容：數、代數、幾何、資料與機率	·數學內容：量與數、代數、幾何、統計和機率
·平均解題時間2分鐘（60題／120分）	·平均解題時間1分鐘（90題／90分）	·平均解題時間2分鐘（35題／70分）

資料來源：Wu（2010）與國民中學學生基本學力測驗推動工作委員會（http://www.bctest.ntnu.edu.tw/）

---

[8] 電腦化試題可進一步結合多媒體技術，呈現仿真的情境。

參、PISA問卷

　　PISA的問卷在PISA評量中扮演相當重要的角色。問卷與素養評量的連結可以用來瞭解影響學生學習的因素、比較各國教育系統的差異、分析有效教育系統的特徵與教育均等程度。PISA將影響教育成效的因素分為四個層級（OECD, 2013a, p. 175），包括學生、教室、學校、國家／教育系統。表2-7列出每個層級裡相關的問卷試題與調查目的。這四類不同層級的調查，分別包含在PISA的學生問卷、學校問卷和家長問卷三種。

　　歷屆PISA評量的學校問卷的架構大致相同，問卷內容則有小幅度的修訂；而學生問卷除了背景問項相同外，其餘的問項則會詢問和主軸領域相關的議題。表2-8列出PISA 2006-PISA 2012學校問卷與學生問卷主題的比較。

表2-7　PISA問卷試題與調查目的

層級	問卷試題	調查目的
學生	性別、年級、社經背景、教育歷程、各年級學生的移民背景、家庭環境、ICT經驗、學習態度、技能、問題解決方式	出缺席、課後活動、動機、投入程度、學習策略、思考策略、應試策略、學習時間
教室	班級人數、社經背景、族群結構、教師的教育／訓練與專業程度	教學品質、學習機會、上課時間、能力分組、評量與回饋
學校	社經背景、族群結構、學校經費、學校規模、家長參與程度	成就導向、學校共同的規範、領導力、教師的士氣與合作、專業發展、招生與任聘政策、教育追蹤、學校課程、師生關係的評估、學校環境與設備
國家	經濟財富、社會均等與否、政策的多樣性	學校經費、資源分配、教師專業發展的政策，特殊需求和少數語言學生的協助，教師聘用和資格認證的政策、責任績效的評估、決策的管控

資料來源：OECD（2013a, p. 175）

表2-8 PISA 2006-PISA 2012學校問卷與學生問卷主題

	PISA 2006	PISA 2009	PISA 2012
學校問卷	1.學校特性 2.整體學生 3.學校資源 4.教師 5.學校組織 6.有關環保議題的課程 7.升學及就業輔導	1.學校結構與組織 2.全體師生 3.學校資源 4.學校教學、課程及評量 5.學校風氣 6.學校政策與做法 7.校長或其指定人士之特質	1.學校結構與組織 2.全體師生 3.學校資源 4.學校教學、課程及評量 5.學校風氣 6.學校政策與做法 7.線上學校問卷額外問題
學生問卷	1.你和你的家庭 2.你對各種科學相關議題的觀點 3.環保議題 4.就業傾向和科學 5.學習時間 6.科學的教學與學習情形	1.有關學生個人與家庭 2.閱讀活動 3.學習時間 4.學校 5.國文學習 6.圖書館使用 7.閱讀和理解文章策略	1.關於你 2.你的家庭及家庭成員 3.關於學習數學 4.關於你的數學經驗 5.關於你的學校 6.關於你的解題經驗

資料來源：摘錄自OECD（2006, 2009, 2013a）

　　學校問卷主要是由受測學校的校長或教務主任負責填寫，完成問卷所需的時間約為30分鐘。以PISA 2009學校問卷為例，共包括「學校結構與組織」、「全體師生」、「學校資源」、「學校教學、學校課程及評量」、「學校風氣」、「學校政策與做法」、「校長或其指定人士之特質」七大主題。PISA的學校問卷主要是要瞭解受測學生就讀學校的教育資源、辦學方向等影響施教層面之重要因素，這些結果將有助於學生測驗結果的解釋。以下針對PISA 2009學校問卷七大主題進行說明。

1. 學校結構與組織

　　瞭解學校的學生人數、學校所在位置（城市或鄉村）、學生入學與就讀情況、學校辦學的資金來源。

2. 全體師生

　　用以瞭解各校教師組成的學歷、背景、學校全職及兼職教師比例、學生數、留級比率、母語非國語的學生比例。

3. 學校資源

　　蒐集影響教學效能的因素以及校內的學生／電腦比例。

4. 學校教學、課程與評量

瞭解學校為學生提供的活動、課程、評量。

5. 學校風氣

瞭解影響學生學習的因素及家長對學校的期望。

6. 學校政策與做法

瞭解學校招生時考量的因素、學生轉學的原因、學校對家長的績效責任、學校決策的負責人。

7. 校長或其指定人士之特質

瞭解填答問卷者（學校校長或其指定人士）之性別。

　　學生問卷於評量後進行填寫，時間為30分鐘[9]。PISA 2009的學生問卷內容，包括學生背景變項「學生個人與家庭」、以及影響閱讀的相關變項，例如：「閱讀活動」、「學習時間」、「班級與學校氣氛」、「國文學習」、「圖書館使用」、「閱讀和理解文章策略」。問卷結果將有助學生測驗結果之解釋。以下是學生問卷各主題的介紹：

1. 有關學生個人與家庭

瞭解學生就讀類科、性別、年齡等背景資料，同時詢問學生的家庭及家庭成員之相關問題，例如：學生父母的職業與教育背景、家庭的學習環境、經濟狀況的差異。

2. 閱讀活動

此部分主要是瞭解學生在校外的閱讀活動。

3. 學習時間

詢問學生在校內、外的國文科及其他科目每週的學習時間，以及課後輔導或補習時間，可瞭解學習時間與學業成就之關聯性。

4. 學校

詢問學生理解的學校功用及師生相處的狀況，可瞭解學校對學業成就

---

[9] 若填答時間不夠，可延長時間。

的影響。

5. 國文課

詢問有關國文課的上課情形與教師的教學策略。

6. 圖書館

此部分詢問有關圖書館的問題，如學生到校內、外圖書館的頻率、對校內圖書館視聽中心的描述等。

7. 閱讀和理解文章的策略

此部分主要在詢問有關學生閱讀和理解文章的方法。

另外，在PISA 2009新增電腦化評量時，問卷的部分也同時增加了資訊與通訊科技（Information and Communication Technology [ICT]）問卷。ICT問卷設計的目的是想瞭解學生使用電腦的經驗、頻率以及對電腦的熟悉度，其主題包括「ICT的使用性」、「一般電腦使用情形」、「校外ICT的使用情形」、「學校ICT的使用情形」、「對電腦的態度」五大項。這些ICT問卷的題項置於學生問卷後半部分，在PISA 2009和PISA 2012均有使用。

歷屆的問卷試題都是公開的，讀者可進一步參閱歷屆的PISA評量架構，例如：《*PISA 2012 Assessment and Analytical Framework*》（OECD, 2013a, p.167）。中文版的問卷則可至網站http://www.sec.ntnu.edu.tw/PISA/PISA 2006/PISA_004.html和http://pisa.nutn.edu.tw/sample_qa_tw.htm查詢。至於如何發展問卷試題、如何利用問卷試題訂定各項指標，可進一步參閱歷屆的PISA技術報告，例如：《*PISA 2009 technical report*》（OECD, 2012a, p. 47; p. 279）。

第三節 PISA的施測程序

歷屆PISA的實施程序都會先舉辦預試（field trial），隔年再進行正式施測（main survey）。預試和正式施測的流程均相同，預試主要的目的在於檢核試題的品質是否符合標準、試題翻譯是否適切、以及讓各國的計畫

執行人員熟悉施測的程序（OECD, 2012a, p. 97）。整個施測程序主要包括抽樣、閱卷和計分三項，以下將逐一說明。

壹、抽樣

PISA的施測對象是經由二階段抽樣產生（OECD, 2012a, p. 57）。第一階段的抽樣單位是學校。參與評量的國家必須提供有15歲學生就讀的學校清單[10]給負責PISA評量學校抽樣的機構ACER及WeStat。學校的抽樣是依學校15歲學生的比例來選取。例如：A學校有100位15歲學生，B學校有200位15歲學生，B學校被抽中的機率會是A學校的2倍。第二階段的抽樣單位是學生。完成學校抽樣後，PISA總部會將抽中的學校名單給予各國的PISA中心，再由各國的PISA中心依據名單進行學生抽樣。抽樣時，只能使用PISA總部認可的抽樣軟體進行學生抽樣，例如：SAS、SPSS，否則需要向總部報備，並獲得他們的認可，以維持抽樣的公平性。PISA抽樣手冊（OECD, 2008）規定，各國至少需要225所學校或4,500位學生參與評量，並建議每校抽取35名學生。以臺灣在PISA 2012的抽樣為例，第一階段共抽選163所的國中、高中、高職和五專[11]；第二階段於每校隨機抽選40位學生，參與人數約6,037人。

在完成抽樣程序後，各國的PISA中心需要照規定召開學校協調主任會議（OECD, 2012a, p. 98），目的在於向各學校說明PISA施測的程序以及相關的注意事項，並確定學校方面協助施測的人員[12]。PISA的施測大約在該年的3-6月期間，各學校的協調主任在安排施測時間時，要避開學校的重要活動，例如校慶、月考。以PISA 2012為例，臺灣各級學校的施測安排主要是排在3-4月之間。

施測時，學生必須完成一份試題本，每份題本約有60題，做答時間為

---

[10] 抽樣時可排除部分特殊學校，例如：監獄學校、未使用中文教學的外僑學校（因為臺灣只使用中文題本），但排除的比率不能超過5%。

[11] 臺灣15歲的學生可能來自國中、高中、高職或五專。

[12] 一般為主任或組長擔任協助人員。

2小時。完成評量後，再填答一份學生問卷，大約30分鐘。電腦化評量必須在紙筆評量之後實施，約一半的學生需繼續參與40分鐘的電腦化評量。以臺灣PISA 2012為例，紙筆評量在上午舉行，電腦化評量在同一天的下午舉行[13]。參加電腦化評量的學生是從參加紙筆評量的40人中，隨機選取20位。

貳、閱卷

為確保評分一致性及跨國比較的可靠性，在閱卷前，PISA總部會舉行閱卷會議，訓練各國的種子閱卷人員。參與PISA總部舉行閱卷會議的種子教師回國後，再訓練一批人員來協助閱卷。參與閱卷的人員需要經過篩選，主要的限制條件是閱卷者需是該領域學科的專家，最好是有相關的教學經驗，才能夠瞭解學生的作答習性。在臺灣，PISA 2009的閱卷人員是以退休教師為主；PISA 2012的閱卷人員則是中央及各縣市的輔導團教師。

閱卷人員在閱卷前，必須先進行下列的訓練程序[14]（OECD, 2012a, p. 102）：

1. 試題練習

閱卷人員先完成試題的練習，充分瞭解試題的內容與可能的做答方式。

2. 評分規準[15]講解

由參加PISA總部閱卷訓練的種子教師講解試題的評分標準及所有可得分的範例，期間若有問題，必須充分的溝通。

3. 國際學生作答反應評分練習與討論

利用PISA總部提供的學生作答進行評分練習。

---

[13] 少部分的學校是分成二天施測。

[14] 此程序會執行二次，第一次由各領域的組長參與，第二次所有閱卷員（組長和組員）同時參加。

[15] 每個領域均有一本評分規準，詳細說明各試題的評分方式。

4. 本國學生作答反應評分測試

利用部分本國學生的作答反應進行評分測試[16]。評分正確率需達85%，才可正式開始評分。

除選擇題與部分簡單的填充題外，其餘試題皆需人工閱卷。人工閱卷分為單人評分（single coding）和多重評分（multiple coding）二類，其中多重評分是指學生作答反應需同時由4位閱卷員評分[17]，目的是確認評分的一致性（OECD, 2012a, p. 234）。若多重評分的一致性低於PISA訂定的標準，閱卷員必須再次接受閱卷訓練，然後重新閱卷。另外，PISA評分程序規定在人工閱卷時，會將數個具正確評分的仿學生作答反應混雜在學生作答反應中讓閱卷人員評分，此目的是要檢測閱卷員的評分嚴苛（寬鬆）程度。

PISA 2009開始推出線上卷閱（OECD, 2012a, p. 321），閱卷員可藉由電腦進行學生作答評分的工作。線上閱卷的好處是評分方便，並可同時簡化紙本多重評分的繁複工作，評分一致性指標也可在閱卷後立即計算。PISA 2009的閱卷臺灣並未採用線上閱卷；PISA 2012閱卷時，則全面採用線上評分的方式。

參、計分

大部分PISA試題的計分方式為二元計分，包括「零分」和「滿分」二類，滿分以數字1代表，而零分則再細分為二類，數字0代表作答錯誤，而數字9代表沒有作答。除了二元計分外，部分試題為多元計分，包括「滿分」、「部分分數」、「零分」，其中數字2代表滿分[18]，1代表部分

---

[16] 在第一次的閱卷訓練會議，組長需挑選部分的本國學生作答反應，並進行評分、確認評分代碼；在第二次的閱卷訓練會議，利用組長挑選出的這些作答反應進行組員的評分測驗。

[17] 評分時，閱卷人員會進行分組。PISA規定最少4人為一組。

[18] 少數試題的滿分為3。

分數、0和9代表零分（臺灣PISA國家研究中心，2010a, 2010b, 2010c）。

　　少部分PISA試題會以雙位數代碼來進行計分。在雙位數代碼中，第一碼代表答題的能力，即代表「滿分」、「部分分數」或「零分」；第二碼代表不同的解題或回答方式，以圖2-1的數學範例「M150成長」第三小題為例，此題滿分為1，但符合滿分的作答方式可分成三類，因此滿分代碼可再細分為「11」、「12」、「13」，其中代碼11代表學生是用日常用語回答問題、代碼12是以數學術語回答、代碼13則是利用比較的方式回答，如下表所示：

代碼11	用日常用語而非數學術語，指出由12歲開始，曲線的斜度減少。　例如： ・它不再向上升，而是往水平方向延伸。 ・曲線變得不那麼傾斜。 ・12歲後，曲線變得更平。 ・「女生身高曲線」開始變平坦，「男生身高曲線」剛開始增大。 ・它往水平方向延伸，而「男生身高曲線」則持續上升。
代碼12	用數學術語指出由12歲開始，曲線的斜度減少。例如： ・可以見到，斜率減少。 ・由12歲開始，曲線的改變比率減少。 ・［學生計算12歲前和12歲後，x軸與曲線之間的角度。］
代碼13	比較真正的增加高度（比較可以是不明顯的）。 ・由10到12歲，約增高15公分，但由12歲到20歲，只大約增高了7公分。 ・由10到12歲，每年的平均增高率約是7.5公分，但由12到20歲，每年的平均增高率約為2公分。
代碼01	學生指出女生身高跌至男生身高以下，但沒有提及「女生身高曲線」的斜度，或比較12歲前後女生的成長速度。 ・「女生身高曲線」跌至「男生身高曲線」之下。
代碼02	其他錯誤答案，例如：雖然問題問的是圖表顯示了什麼，但答案卻沒有提及圖表的特點。 ・女孩較快成熟。 ・因為女生比男生先經歷青春期，並較早達到成長高峰。 ・12歲後，女孩便成長得不多。［指出12歲後女孩的成長減慢，亦沒有提及圖表的特點。］

資料來源：臺灣PISA國家研究中心（2012, pp. 21-24）

　　PISA的單碼與雙碼計分是一種較有結構的方式呈現代碼，使得評分更有系統，同時能清楚地顯示代碼群組的階層水準。雙碼計分可以蒐集到更多有關學生的迷思概念、常犯的錯誤，以及瞭解學生不同解題方法的訊息，例如上表「M150成長」的評分代碼為「01」和「02」。比較特別的是，PISA評量並非書寫表達能力的測驗，因此一般是不理會答案中的錯別字或文法錯誤。

　　不同試題的滿分代碼2或代碼1所代表的意義並不相同，它會因試題難度的不同而有差異。PISA評量的計分是利用試題反應理論（item responds theory），同時考量學生能力與試題難度。計算所得的學生能力值會轉換成平均為500分，標準差為100的分數。因此，我們看到的PISA成績大約都會在300-700之間，成績愈高，代表能力愈強。

　　PISA各領域的專家團隊，會將PISA的成績再進一步劃分成六個水準（OECD, 2012a, p. 258），並根據各水準學生的答題表現、試題內容，描繪出各水準的能力特徵，例如：PISA 2009的數學評量成績達669分以上屬於水準六，水準六的學生特徵為：「水準六的學生可以根據他們在複雜問題情境的探索和建模進行訊息的概念化、一般化、以及進階的運用。他們可以連結不同的訊息來源和表徵，並且進行彈性的轉換。在此水準的學生能夠進行高階的數學思考和推理，這些學生能精熟符號的數學運算，洞察、理解並發展出解決陌生情境的新方法和策略。在此水準的學生能夠針對他們對於原始情境的發現、詮釋、論證、以及觀察的行動及反思，進行系統的闡述以及明確的溝通。」一般而言，成績達水準五和水準六的學生屬於精熟度高；水準二以下的學生則屬於待加強。OECD（2010）建議，減少待加強學生的比例是提升整體學生表現最好的方式。

肆、高品質的PISA評量程序

　　嚴謹的程序才能得到可信的測驗結果，才能進行有效的比較與推論。高品質的PISA評量主要是來自於二方面（OECD, 2013a, p.116）：第一，在執行各項程序或步驟時，均有完備的指導手冊教導各參與國如何執行或配合。例如：在預試時，PISA總部會撰寫執行預試各項程序的手冊，提

供給各參與國使用；此外，在執行單一步驟時，像預試時的學生抽樣，PISA會再提供有關執行抽樣之各個詳細步驟的手冊。如果參與國在執行上有任何問題，可直接詢問相關項目的執行單位。第二，執行每項評量相關的步驟，均有詳細的檢查機制。例如：臺灣在完成預試學生抽樣後，需要將結果回報給PISA總部，他們則會逐一檢查臺灣的執行程序和抽樣結果是否都符合手冊上的規定。若有問題，PISA專司抽樣業務的人員會直接與臺灣PISA中心聯絡以進行修正。

除了提供指導手冊、設定檢查機制外，PISA評量還有監控的機制，目的在於觀察並記錄各國執行評量程序的過程（OECD, 2013, pp.116-118）。監控的機制包括：

1. 提供回饋

在預試和正式施測後，各國的計畫主持人可提供各項程序的回饋給PISA總部，並於日後的國際會議中共同討論。

2. 評量材料的檢查

PISA總部提供檢查清單要求參與國對題本和問卷進行逐頁的檢查，完成後，PISA總部會再進行一次檢查。

3. 國家中心的訪察

PISA總部會派專員訪問各國的PISA中心，並與中心的計畫主持人訪談，確認執行步驟是否與PISA的規範一致。

4. 施測的訪察

施測期間，PISA總部會派專員至試場訪察，並與學校方面協助PISA評量的聯絡人以及施測人員訪談，實地瞭解施測的程序。

5. 評量資料的監控

評量後，PISA技術人員進行資料除錯，若學生的資料有問題，會直接詢問各國的PISA中心進行確認。

6. 資料備份

完成評量後所有評量程序的紀錄，均會整理成檔案作為備查。

參考文獻

林煥祥（2008）。**臺灣參加PISA 2006成果報告**。行政院國家科學委員會專題研究成果報告（編碼：NSC95-2522-S-026-002）。花蓮市：國立花蓮教育大學。

柯華葳、詹益綾、張建好、游婷雅（2008）。**PIRLS2006報告，臺灣四年級學生閱讀素養**。檢自http://lrn.ncu.edu.tw/pirls/Download.html

教育部十二年國民基本教育專案辦公室（2013）。十二年國民基本教育實施計畫。2013.10.06檢自http://12basic.edu.tw/Detail.php?LevelNo=43

張俊彥、林碧珍、洪志明、曹博盛、張美玉、任宗浩、李哲迪（2013）。**TIMSS2007國際數學與科學教育成就趨勢調查**。2013年9月檢自http://www.dorise.info/DER/download_T2007/resault/TIMSS-2007-full_ver.pdf

臺灣PISA國家研究中心（2010a）。**PISA閱讀應試指南**。2010年12月檢自http://pisa.nutn.edu.tw/download/sample_papers/2009/2011_1205_guide_reading.pdf

臺灣PISA國家研究中心（2010b）。**PISA數學應試指南**。2010年12月檢自http://pisa.nutn.edu.tw/download/sample_papers/2009/2013_0311_guide_mathematics.pdf

臺灣PISA國家研究中心（2010c）。**PISA科學應試指南**。2010年12月檢自http://pisa.nutn.edu.tw/download/sample_papers/2009/2011_1205_guide_science.pdf

臺灣PISA國家研究中心（2011）。**臺灣PISA 2009結果報告**。心理出版社。

臺灣PISA國家研究中心（2012）。**數學樣本試題（中文版含評分規準）**。2012年12月檢自http://pisa.nutn.edu.tw/download/sample_papers/2009/2011_1223_mathematics_s.pdf

OECD (1999). *Measuring student knowledge and skills: A new framework for assessment.* OECD Publishing.

OECD (2001). *Literacy skills for the world of tomorrow: further results from PISA*

2000. OECD Publishing.

OECD (2003). *PISA 2003 assessment framework: mathematics, reading, science and problem solving knowledge and skills.* OECD Publishing.

OECD (2006). *Assessing scientific, reading and mathematical literacy: A framework for PISA 2006.* OECD Publishing.

OECD (2007). *PISA 2006: Science competencies for tomorrow's world: Volume 1: Analysis.* OECD Publishing.

OECD (2009). *PISA 2009 Assessment framework-key competencies in reading, mathematics and science.* OECD Publishing.

OECD (2008). *School sampling preparation manual.* OECD Publishing. http://www.oecd.org/pisa/pisaproducts/pisa2009/49023542.pdf

OECD (2010). *PISA 2009 Results: What students know and can do–student performance in reading, mathematics and science* (Volume I). OECD Publishing.

OECD (2011). *Lessons from PISA for the United States, strong performers and successful reformers in education.* OECD Publishing.

OECD (2012a). *PISA 2009 technical report.* OECD Publishing.

OECD (2012b). *Lessons from PISA for Japan, strong performers and successful reformers in education.* OECD Publishing.

OECD (2013a). *PISA 2012 assessment and analytical framework: mathematics, reading, science, problem solving and financial literacy.* OECD Publishing.

OECD (2013b). *PISA 2012 Results: What students know and can do-student performance in mathematics, reading and science* (Volume II), PISA, OECD Publishing.

Rychen, D. S. E., & Salganik, L. H. E. (2003). *Key competencies for a successful life and a well-functioning society.* Hogrefe & Huber Publishers.

Wu, M. (2010). *Comparing the similarities and differences of PISA 2003 and TIMSS.* OECD Education Working Papers, No. 32, OECD Publishing.

第三章

閱讀素養

林吟霞

　　本章主要從兩個目前國際間最受重視的閱讀評量測驗談論閱讀素養，包括國際閱讀素養評量PIRLS，以及第二章提到的國際閱讀素養評量測驗PISA。第一節首先說明PIRLS與PISA的閱讀素養內涵，第二節介紹這兩個國際測量的閱讀素養評量架構，第三節分析PIRLS與PISA評量文本的特性以及試題設計的原則，第四節則說明我國不同年齡層的學生參與這兩個閱讀素養檢測的表現，並於最後第五節探討如何培養學生的閱讀素養。

　　PIRLS評量與調查的對象為9歲國小學生，PISA則是針對15歲中學生進行測量評估，這兩個閱讀素養評量測驗，為當前國際間主要的、且具公信力的閱讀素養評量測驗，是評估全球各地區學生閱讀素養表現的重要依據。PISA於2000年首次進行國際評量，每三年一次，輪流針對閱讀、數學和科學三大主軸領域進行檢測。臺灣於2006年開始加入這項國際評量計畫，至今共參與了三次檢測，分別為2006年、2009年和2012年。有關PISA

評量的簡介、評量內容與施測程序，請參閱本書第二章詳細的介紹與說明。

　　PIRLS是由美國的國際教育學習成就調查委員會IEA（International Association for the Evaluation of Educational Achievement [IEA]）主持，經由多年的醞釀與準備，於2001年正式施測，之後每五年一輪，進行國際閱讀素養調查。PIRLS的評定對象為各國9歲學生，這些受試者大多數是國小四年級學生，但由於各地區學童入學年齡和學校教育正式推行閱讀的年齡略有差異，因此每個受試區域的學童年級和平均年齡，也略有差異。參與PIRLS調查研究的國家和地區遍布全球各地，臺灣於2004年開始加入此項國際性評量測驗，2005年首度進行預試，並於2006年正式參與PIRLS第二輪檢測。PIRLS計畫主要在瞭解不同國家教育政策、學校與家庭環境，以及教師教學等背景環境下各國9歲學童的閱讀能力表現，並希望藉由測驗結果，提供參與檢測的國家或地區，瞭解學童的閱讀學習表現，以及掌握學童的閱讀表現與環境相關因素之間的關係。因此，PIRLS透過解釋不同國家的教育政策、學校與家庭環境，以及教師教學等背景之間的差異，提供各個參與國家和地區閱讀教育政策的參考，以期進一步協助改善全球各地的閱讀教學和學習成效（林吟霞、葉韋伶，2009）。

第一節　閱讀素養的定義

　　素養具有多面向的特性，是知識、能力與態度的統整（蔡清田，2012），閱讀素養是個體對於閱讀所展現的知識、能力與態度。閱讀素養在資訊與科技極度發展的現代社會中，其重要性不言而喻，透過文字、圖表、符號等不同類型資料的讀取與解讀，讀者可以依照自己的學習特性與步調來攝取知識，豐富個人的思想、拓展理解力與判斷力。因此，培養學生閱讀興趣與正向的態度、提升閱讀理解能力，可為學童的自主學習能力與終身學習能力奠定重要的根基。換句話說，培養學生閱讀素養是提升國民素質的關鍵，對於提升國家社會資本和經濟成長極為重要。有鑑於閱讀素養的重要性，近年來國際間愈來愈重視閱讀教育，國際教育學習成就

調查委員會（IEA）與國際的經濟合作暨發展組織（OECD）先後於2000與2001年舉辦國際閱讀素養評量，試圖檢測受試國家與地區學生之閱讀能力，瞭解國際間各地學生的閱讀素養表現，幫助各個參與的國家和地區瞭解當地的閱讀教育成果（表3-1為PIRLS與PISA舉行閱讀素養評量的時間表）。

表3-1　PIRLS與PISA舉行國際閱讀素養評量的年份時間表

國際評量	舉行年份					
PIRLS （對象：9歲學生）	2001 首次 舉行		2006 臺灣加入	2011		2016 籌劃中
				（五年舉行一次）		
PISA （對象：15歲學生）	2000 閱讀主軸 首次 舉行	2003 數學主軸	2006 科學主軸 臺灣加入	2009 閱讀主軸	2012 數學主軸	2015 科學主軸 籌劃中
				（三年舉行一次）		

註：灰底標示的年份表示臺灣參與檢測。

PIRLS國際評量的對象是國小四年級學生，目的在於比較分析世界各地9歲孩童的閱讀能力，因為小學四年級學生在閱讀能力的發展上處於一個重要的時間點，這時候大多數的孩童已經學會閱讀（learned to read），開始進入透過閱讀進行學習（reading to learn）的階段（Mullis, Martin, Kennedy & Foy, 2007）。根據PIRLS評量架構中的說明，PIRLS 2011的閱讀素養的定義為：

For PIRLS, reading literacy is defined as the ability to understand and use those written language forms required by society and/or valued by the individual. Young readers can construct meaning from a variety of texts. They read to learn, to participate in communities of readers in school and everyday life, and for enjoyment. (Mullis, Martin, Kennedy, Trong & Sainsbury, 2009, p.11)

　　由前文可知，PIRLS 2011的閱讀素養是指學生理解並運用書寫形式語文的能力，以及從文章中建構意義、透過閱讀進行學習，並參與學校或日常生活中的閱讀社群活動，透過閱讀獲得樂趣。PIRLS評量主要在瞭解小學四年級學童的閱讀能力、閱讀行為，以及對於閱讀的態度和動機等，並透過「文學賞析」和「資訊取得與使用」的*閱讀目的*、「直接理解」與「詮釋理解」*閱讀理解能力*，以及*閱讀行為與態度*三大面向，分析年輕讀者的閱讀素養表現。

　　PISA對於閱讀素養的定義與PIRLS則有些微差異。如本書第二章所述，PISA國際評量的目的在於瞭解不同國家15歲青少年在真實情境中應用習得知能的程度，PISA 2009與PISA 2012對閱讀素養的定義如下：

　　Reading literacy is understanding, using, reflecting on and engaging with written texts, in order to achieve one's goals, develop one's knowledge and potential, and participate in society. (OECD, 2009, p. 23/ OECD, 2013, p. 61)

　　PISA的閱讀素養內涵包括個體使用知識，以及運用知識於社會情境中的能力兩大面向，除了強調讀者主動運用資訊、投入文本的能力，以達成個人的目標、發展個人的知識和潛能，並能有效參與社會活動。由於評量的對象是青少年，PISA檢測的閱讀知能，除了基本的理解並運用書寫語言能力的低層次閱讀理解能力之外，更著重於讀者擷取訊息並依據不同閱讀目的來解釋文本、運用文章訊息，以及主動省思和批判閱讀內容等高層次的閱讀理解能力。而在行為與態度方面，除了瞭解學生在學校活動的表現之外，PISA更強調青少年社會參與的表現。

　　PIRLS和PISA所定義的閱讀素養是多元性的，除了檢測國際間學生不同層次的閱讀理解能力之外，同時調查學生在閱讀動機、興趣和閱讀投入、行為等各面向的表現，分析並呈現不同國家和區域的學生透過閱讀所展現的生活運用能力、問題解決能力，以及面對生活挑戰的能力。學生的閱讀理解能力，例如對語言的辨識、文字的理解、以及內容訊息的運用能

力，屬於閱讀知能，是可以藉由語文的教學和閱讀教育的訓練加以提升。但學生的閱讀行為以及情意表現的建立，則需要長期閱讀教育的涵養和培育。

第二節 閱讀素養評量架構

壹、PIRLS評量架構

　　由於閱讀成就、態度和行為，與學生成長的環境關係密切，因此PIRLS評量包括9歲學童的閱讀成就表現、學生的閱讀行為和態度，並進一步探討影響閱讀能力表現的相關環境因素，如圖3-1的評量架構圖所示，PIRLS從國家的教育政策、學校、家庭、班級等面向，來瞭解學生的成就表現和成長環境之間的關係。PIRLS的評量工具包括閱讀測驗卷和學習環境問卷兩大部分：

一、閱讀測驗卷

　　這個部分是評估學生的閱讀理解能力，評量內容包括受試學生所需閱讀的文章和待作答的題目，文體類型包括故事體和說明文兩大類，PIRLS 2006閱讀測驗文本每一篇約1,200至1,600個字，PIRLS 2011則每一篇介於900至1,600個字左右（柯華葳、張建妤、游雅婷、詹益綾，2008；柯華葳、詹益綾、丘嘉慧，2013）。

　　在第一部分學生的閱讀能力表現評量上，PIRLS從兩個不同層次的閱讀理解歷程進行檢測：（一）直接歷程，如提取特定的觀點、推論；（二）詮釋歷程，如詮釋並整合訊息和觀點，以及檢驗或評估文章的特性。不同閱讀歷程層次又可細分為下列兩個部分（Mullis, Martin, Kennedy, Trong & Sainsbury, 2009；柯華葳等，2008；柯華葳、詹益綾、丘嘉慧，2013）：

　　（一）直接歷程

1.「直接提取」

直接提取指閱讀過程中能集中焦點並找出文中清楚寫出的訊息，例

如：找出與閱讀目標有關的訊息、找尋特定的觀點、找尋字詞或句子的定義、指出故事的場景，如時間和地點，以及搜尋主題句或主旨。

2.「直接推論」

直接推論則是閱讀時能進行簡單明確的推測、論斷，連結文中兩項以上的訊息，例如：推斷事情的因果、總結論據的要點、尋找代名詞與主詞的關係、歸納文章主旨、描述人物之間的關係。

（二）詮釋歷程

1.「詮釋整合」

詮釋整合是指讀者能解釋說明、詮釋、整合觀點和訊息，提取自己的知識，以連結文中未明顯表達的訊息，例如：明白文章的主旨或教訓、比較及對比文章的資料、推測故事的語調、把文章資料應用在現實生活，並加以解釋。

2.「比較評估」

比較評估則是比較、檢視、評估內容、語言和文章的元素，批判性考量文章中的訊息，例如：評估文中的事情，是否在現實生活中發生、形容作者怎樣設計一個出乎意料的結局、評論文章資料是否完整或清晰、解釋形容詞的選擇怎樣影響意義。

表3-2　PIRLS檢測之閱讀理解歷程

閱讀理解歷程	直接歷程	直接提取：從文中找到清楚寫出的訊息
		直接推論：連結文中兩項以上的訊息
	詮釋歷程	詮釋、整合觀點和訊息：提取自己的知識以便連結文中未明顯表達的訊息
		檢視、評估內容、語言和文章的元素：批判性考量文章中的訊息

資料來源：柯華葳等，2008；柯華葳、詹益綾、丘嘉慧，2013。

二、學習環境問卷

PIRLS國際評量針對學校、教師、課程、學生和家長或主要照顧者，設計了五份問卷，以評估學生的閱讀學習環境。學習環境問卷調查內容包

括國家閱讀教育政策、學校環境與設施、國語文教師教學情形、學生的閱讀行為與動機，以及家庭背景和現況等資料。

Contexts for Developing Children's Reading Literacy

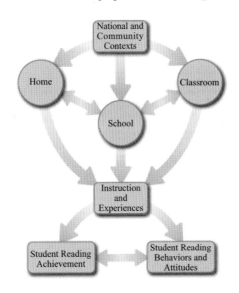

圖3-1 PIRLS 2011評量架構圖

資料出處：摘自Mullis, I. V. S, Martin, M. O., Kennedy, Trong, K. L. & Sainsbury, M. (2009). *PIRLS 2011 Assessment Framework*. p. 35.

貳、PISA評量架構

PISA 2009的評量架構設計如圖3-2所示，閱讀評量的設計主要考量閱讀的文本（texts）、角度（aspects）與情境（situation）三種特性，以下說明這三個特性的內涵（OECD, 2009; OECD, 2012）：

Main features of PISA 2009 reading framework

TEXTS What kind of text must students read?	Medium In what form does the text appear?	▪ On paper ▪ Digitally
	Environment Can the reader change digital texts?	▪ *Authored* (reader is receptive) ▪ *Message-based* (reader can change)
	Text format How is the text presented?	▪ *Continuous texts* (in sentences) ▪ *Non-continuous texts* (in lists, like this one) ▪ *Mixed texts* (combining these) ▪ *Multiple texts* (brought together from more than one source
	Text type What is the rhetorical structure of the text?	▪ *Descriptive* (typically answering "what" questions) ▪ *Narration* (typically "when") ▪ *Exposition* (typically "how") ▪ *Argumentation* (typically "why") ▪ *Direction* (providing instructions) ▪ *Transaction* (exchanging information)
ASPECTS What is the reader's purpose and approach to the text?		▪ *Access and retrieve* information in the text ▪ *Integrate and interpret* what they read ▪ *Reflect and evaluate,* standing back from a text and relating it to their own experience
SITUATIONS What is the intended use of the text, from the author's point of view?		▪ *Personal:* To satisfy one's own interests ▪ *Public:* Relating to wider society ▪ *Educational:* Used in instruction ▪ *Occupational:* Related to the world of work

圖3-2　PISA 2009閱讀素養評量結構（OECD, 2009, p. 38）

一、文本

PISA評量設計的文本是指學生必須閱讀的文本類型，又包括文本的媒介（medium）、環境（environment）、格式（text format）與文體（text tpye）：

（一）媒介

指文本透過何種媒介呈現？PISA評量的文本設計包括紙本（on paper）和數位（digitally）兩種媒介。紙本是傳統的文本媒介形式，種類很多，如表單、說明書、新聞與雜誌報告、書籍文章等等。數位文本則是隨著數位科技的發展與演進，在現代日常生活中逐漸普及。PISA 2009與PISA 2012的評量除了紙本閱讀測驗之外，也加入數位文本的閱讀測驗，但臺灣在PISA 2009與PISA 2012僅參與紙本文本的閱讀測驗。

（二）環境

PISA閱讀評量架構中的環境類型僅針對數位文本，指讀者是否可以變化文本內容，在數位文本情境中進行資訊的互動？PISA視紙本的形式文本為「作者本位」（authored）閱讀環境，因為讀者閱讀資料時，基本

上是書面訊息的接收者，無法改變資訊內容。而數位文本，例如部落格、聊天室、電子郵件等等，讀者可以增添、改變訊息，PISA將之視為訊息本位的（message-based）閱讀環境。有關數位文本的說明，請參閱第六章「電腦化素養評量」。

（三）格式

指文章呈現的格式為何？PISA評量的閱讀文本包括連續性內容（continuous texts）、非連續性內容（non-continuous texts）、混合型（mixed texts）和多重型（multiple texts）四種文章格式。連續性內容如散文、小說、評論性等文章；非連續性內容則如圖、表形式的資料；包括上述兩種格式的文章則稱為混合型，常見於期刊雜誌的報導文章；多重型內容是指文本由多個獨立無關聯的文章所組合而成，主要出現在數位閱讀評量上，例如讀者閱讀關於某個主題的網頁資料，而這些網頁資料可能各自都以不同的格式呈現。

（四）文體

指文本的修辭類型。PISA閱讀文本的文體多元，包括以事件為主的描述性文章（descriptive）、以時間為主的敘事性文章（narration），以及說明文（exposition）、議論文（argumentation）等等文體，另外也包括說明書（direction）、報告書（transaction）等性質的資料。

二、角度

PISA所謂的閱讀角度是指閱讀文本的目的和途徑，亦即讀者在閱讀文章時採取的理解歷程與方式。從圖3-3中，PISA 2012閱讀理解層次圖可知，PISA 2012將理解歷程分為「以文中的訊息為基礎的閱讀理解歷程」（use content primarily from within the text），以及「以文本外在知識為基礎的閱讀理解歷程」（draw primarily upon outside knowledge）兩大層次（臺灣PISA國家研究中心，2011）：

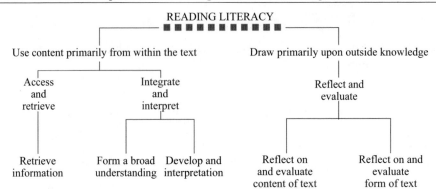

Relationship between the reading framework and the aspect subscales

圖3-3　PISA 2012閱讀理解層次圖（OECD, 2013, p. 67）

（一）以文中的訊息為基礎的閱讀理解歷程

這個部分的閱讀理解歷程包括讀者提取文本資訊的能力，以及解讀訊息的能力，又可分為擷取與檢索和統整與解釋兩個面向。

1. 擷取與檢索（access and retieve）

指讀者搜尋、辨別、選擇和蒐集文章資訊的閱讀歷程，擷取與檢索通常在於辨識文中直接陳述的訊息，例如：故事或事件的主題、發生的地點或時間、字句的意涵，以及文章中陳述的特定觀點等等。

2. 統整與解釋（integrate and interpret）

指閱讀文章之後，讀者對於文本不同段落所提供的訊息、進行分析、比較和推論，以掌握部分和整體的關係，並進行詮釋。統整與解釋閱讀理解歷程，又包括「形成廣泛的理解」和「發展解釋」兩個層次。

（二）以文本外在知識為基礎的理解歷程

這個部分指的是讀者的思考力和判斷力，是讀者從個人的經驗、想法和價值觀出發，對於文章內容所進行的省思與評鑑，亦即讀者運用自我的經驗和已獲取的知識、理解力，來評鑑文本訊息時，包括對「文本內容」的省思與評鑑，以及對「文本形式」的省思與評鑑。

三、情境

指作者透過文章所欲表達的目的。PISA從情境的角度，將文本內容分為個人性（personal）、公共性（public）、教育性（educational）和職業性（occupational）四種用途。下一節介紹PISA和PIRLS的閱讀測驗文本與試題，將進一步說明不同類別的文本範例。

第三節 閱讀素養測驗文本與試題

壹、PIRLS閱讀素養測驗題本設計

一、文本特性

PIRLS 2011閱讀理解測驗文本共十篇，五篇為故事體，五篇為說明文。其中三篇故事體和三篇說明文是沿用先前的PIRLS測驗文本，其餘四篇則為新的閱讀材料，包括故事體和說明文各兩篇。題本的重複是為了分析學生閱讀成就的發展趨勢。重複的文本中，其中兩篇為PIRLS 2001和PIRLS 2006共同使用過的文章，另外四篇則僅出現於PIRLS 2006（Mullis, Martin, Kennedy, Trong & Sainsbury, 2009）。

PIRLS閱讀理解測驗的文本長度約包括1,000個英文詞，翻譯成中文文本則長度略有出入，PIRLS 2006閱讀測驗中文文章的長度約為1,200個字至1,600個字，而PIRLS 2011的中文測驗文本長度則介於500 至 900 個中文詞，約900至1600個中文字（柯華葳等，2008；柯華葳、詹益綾、丘嘉慧，2013）。雖然每篇文章的長度、難度不一定相同，但每一個文本的設計以學生約40分鐘可完成一篇閱讀測驗為原則。PIRLS運用「矩陣抽樣技術（matrix sampling technique）」將十篇測驗文章分配至十三個題本中，每一個題本包含兩篇文章（柯華葳等，2008），而接受測驗的每一位學童進行一個題本的填答，也就是兩篇閱讀測驗。

前面提到PIRLS從閱讀目的和閱讀理解歷程評估學生的閱讀素養表現，閱讀目的包括「文學賞析」以及「資訊取得與使用」兩個面向。故

事體的閱讀測驗文本在於檢測學生的文學賞析能力,說明文則著重於評量學生獲得與使用資訊的能力,例如在PIRLS 2011公開的範例文章中,〈敵人餡餅〉一文為故事體,〈發現一日健行的樂趣〉一文則為說明文。圖3-4與圖3-5為文章節錄,完整的範例文章內容,讀者可於國立中央大學學習與教學研究所柯華葳教授主持的研究團隊網站上查詢並下載,其中包括PIRLS 2006和PIRLS 2011所公布的中文文本和樣本試題,網址為:http://140.115.107.22/PIRLS_home.htm。

表3-3 PIRLS 2011文本屬性

Purpose for Reading	Block				
Literacy Experience	L1	L2	L3	L4	L5
Acquire and Use information	I1	I2	I3	I4	I5

註:L表示故事體,I表示說明文
資料來源:摘自Mullis, Martin, Kennedy, Trong & Sainsbury, 2009, p. 63.

此外,為提升學生閱讀興趣,PIRLS文章採用類似繪本的彩色印刷,並附有彩色插圖(如圖3-4),說明文部分也輔以「圖」或「表」呈現,可參考PIRLS 2006說明文範文〈尋找食物〉,以及PIRLS 2011說明文範文〈發現一日健行的樂趣〉(圖3-5)。

敵人餡餅

德瑞克・芒桑 著

達拉・克拉罕・金 繪圖

在羅傑米搬到我最要好的朋友史丹利家的隔壁之前，那本來是個完美的夏天。我不喜歡傑米。他辦一個派對，居然沒有邀請我，但邀請了我最要好的朋友史丹利。

在傑米搬到這個社區來之前，我從來沒有敵人。爸爸跟我說，他在我這個年紀時，他也有敵人。但是他知道有個方法能夠擺脫他們。

爸爸從一本食譜書裡抽出一張發黃破舊的紙條。

「敵人餡餅。」他得意的說。

圖3-4　PIRLS 2011故事體中文範文〈敵人餡餅〉文本第一頁節錄

資料來源：柯華葳、詹益綾、丘嘉慧，2013，頁132。

計畫你的一日健行

- 挑一個有趣又好玩的地方。如果是團體健行，選擇目的地時，要考慮每一個成員的興趣。
- 出發前先了解步道有多長，需要走多久。
- 查一查天氣狀況和預報，根據天氣狀況做行程的安排，穿適當的衣服。
- 輕裝便行，行李不要太重（參考清單）。

裝備清單

- ☐ 充足的水──讓你不會口渴。
- ☐ 食物──高熱量點心或帶野餐。
- ☐ 急救箱──起水泡、擦傷和刮傷時使用。
- ☐ 防蟲液──防蟲叮咬(例如：蝨子、蜜蜂、蚊子和蟎類)。
- ☐ 備用襪子──腳可能會弄濕。
- ☐ 哨子──一個人時尤其重要。吹三聲短哨表示出了狀況，需要協助。
- ☐ 地圖和指南針──對較高難度的健行很重要。

健行的安全守則

- 早點出發。這會讓你有充分的時間享受健行，而且能在天黑前回來。
- 不要離開健行步道，除非你熟悉這個地區。
- 調整自己的速度。不要走得太快，維持體力。只要跟團體中速度最慢的成員一樣就好。
- 留意你走的地方。小心會絆倒你的東西，例如鬆動的石頭、落葉堆和枯枝、走到濕滑的地方要小心。如果必須涉水，先確認水有多深。
- 注意野外的動物。撿枯枝或石頭、以及坐下來之前，甚至落腳的地方都要小心。絕對不要靠近野外的動物。也許牠們看起來很可愛、不會傷人，但是牠們的行為很難預測，而且非常保護自己的領域。

重要：告訴你要去哪裡健行和預定什麼時候回來，萬一發生了什麼事，出了什麼狀況，這會有幫助，回來的時候記得讓他知道。

發現一日健行的樂趣

在家或放假的時候，想不想找個有趣好玩的活動呢？

圖3-5　PIRLS 2011說明文範文〈發現一日健行的樂趣〉文本第一頁節錄

資料來源：柯華葳、詹益綾、丘嘉慧，2013，頁143。

二、試題設計

　　PIRLS每一篇文章包含的閱讀理解題目數量不等，PIRLS 2011針對每一篇文章設計了13至16個不等的閱讀理解問題，平均一篇文章的閱讀和作答的時間約40分鐘，而每一位學生拿到的題本包含兩篇文章，因此閱讀測驗時間總共80分鐘（Mullis, Martin, Kennedy, Trong & Sainsbury, 2009）。試題形式有選擇題和問答題兩種類型，每篇文章約一半的測驗題型為選擇題，另一半為問答題。每個選擇題有四個答案選項，為單選題，只有一個正確答案，答對為1分，例如圖3-6中PIRLS 2011〈敵人餡餅〉的選擇題舉例。問答題需要由學生自己「建構」答案，問答題分數介於1分至3分，依據答題所需理解之深度或答案包含的範圍而有所差異，計分是以學生的理解程度而論，而不是以寫作或文辭的好壞來評斷，並且每一個問答題都有標示分數（參閱圖3-6、圖3-7、圖3-8），因此，學生作答時可以知道回答該題答案所需的理解深度為何（柯華葳、張建好、游雅婷、詹益綾，2008）。

| 問題 | 敵人餡餅 |

1. 是誰在說這個故事？
   - (A) 傑米
   - (B) 爸爸
   - (C) 史丹利
   - (D) 湯姆

2. 在故事的一開始，為什麼湯姆覺得傑米是他的敵人？
   _____
   _____

圖3-6　PIRLS 2011閱讀測驗題目舉例：〈敵人餡餅〉選擇題第一題與問答題第一題

資料來源：柯華葳、詹益綾、丘嘉慧，2013，頁136。

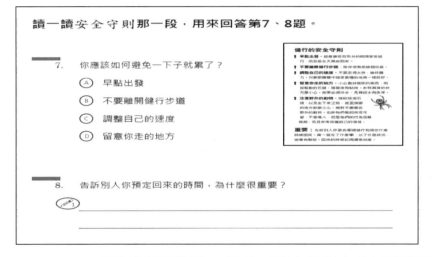

圖3-7　PIRLS 2011閱讀測驗題目舉例：〈敵人餡餅〉問答題第五題

資料來源：柯華葳、詹益綾、丘嘉慧，2013，頁137。

圖3-8　PIRLS 2011閱讀測驗題目舉例：〈發現一日健行的樂趣〉第七題選擇題與第八題問答題

資料來源：柯華葳、詹益綾、丘嘉慧，2013，頁137。

　　無論是選擇題或問答題，都可包括「直接歷程」或「詮釋歷程」等四種不同層次的閱讀理解思考。但一般而言，選擇題多為直接提取和推論訊息，例如圖3-6中PIRLS 2011〈敵人餡餅〉的選擇題，以及圖3-8中PIRLS 2011〈發現一日健行的樂趣〉的選擇題，讀者的任務在於找出文中清楚寫出的訊息，以及連結文中兩項以上的訊息，進行推測或論斷。問答題通常更適於評估學生的詮釋整合、檢驗評估的能力，例如圖3-7中，PIRLS

2011閱讀測驗題目舉例：〈敵人餡餅〉問答題第五題，讀者需根據文本中的訊息，解釋說明、詮釋、整合觀點，並提取自己的知識，以連結文中未明顯表達的訊息。

PIRLS 2011的試題在閱讀目的比例設計上，文學賞析能力的題目和獲得與使用資訊的能力各占一半，其中不同理解歷程的題目設計比例則分別為：直接提取20%、直接推論30%、詮釋整合30%，而比較評估則為20%（請參閱表3-4）。

表3-4　PIRLS 2011不同閱讀目的與閱讀理解層次的題目比例設計

PIRLS	
Purposes for Reading	
· Literacy Experience	50%
· Acquire and Use Information	50%
Processes of Comprehension	
· Focus on and Retrieve Explicitly Stated Information	20%
· Make Straightforward Inferences	30%
· Interpret and Integrate Ideas and Information	30%
· Examine and Evaluate Content, Language, and Textual Elements	20%

資料來源：摘自Mullis, I. V. S, Martin, M. O., Kennedy, Trong, K. L. & Sainsbury, M. (2009). *PIRLS 2011 Assessment Framework*. p. 14.

在PIRLS 2011年臺灣四年級學生閱讀素養報告書（柯華葳、詹益綾、丘嘉慧，2013）的後面附錄中，有詳細舉例評分方式。讀者同樣可於國立中央大學學習與教學研究所柯華葳教授主持的研究團隊網站上查詢：http://140.115.107.22/PIRLS_home.htm。

貳、PISA閱讀素養測驗題本設計

一、文本屬性

PISA閱讀素養評量的文本包括各種閱讀素材，上一節對於PISA不同

的文本類別已經進行了說明，此處針對文章呈現的格式（text format）與情境（situation），進一步舉例說明PISA閱讀測驗文本的屬性。

（一）格式（text format）

不同的文章格式會引導讀者進行不同方式的思考，PISA評量的閱讀文本格式包括連續性內容（continuous texts）、非連續性內容（non-continuous texts）、混合型（mixed texts）和多重型（multiple texts）四種文章格式（OECD, 2012a）：

1.連續文本例如散文、小說、評論等，例如PISA 2009的公開樣本文章〈守財奴與他的金子〉（圖3-9）。

2.非連續性文本則是以圖表和圖形（charts and graphs）、表格（tables）、圖解（diagrams）、地圖（maps）、表單（forms）、訊息單（information sheets）、電話和廣告（calls and advertisements）、憑證（vouchers）、及證照（certificates）等形式傳達的訊息內容（林煥祥主編，2008；洪碧霞，2011），例如PISA 2009的公開樣本文章〈熱氣球〉（圖3-10為節錄，完整文章內容請參閱後面說明）。

3.混合型文章則包括連續性和非連續性兩種格式的文本。

4.多重型文本則是由多個獨立無關聯的文章所組合而成的，主要運用於PISA數位閱讀評量，紙本閱讀測驗中也有少部分為多重型文本，例如PISA 2009的公開樣本文章〈遠距辦公〉（圖3-11為節錄，完整文章內容請參閱下面說明）。

PISA閱讀評量的中文公開樣本資料，目前置於承辦單位臺南大學的臺灣PISA國家研究中心網站，內容包含文章和試題，以及試題評分說明，供大眾免費查詢並下載，讀者可進一步上網查詢：http://pisa.nutn.edu.tw。

R433：守財奴和他的金子

伊索寓言

有一個守財奴賣掉他所有的東西，買了一塊金子。他把金子埋在一座老牆旁邊的地洞裡，每天都要去看一下。守財奴的一個工人發現他常到那個地方去，決定監視他的行動。工人很快就發現藏寶的秘密，於是挖了金子並將它偷走。守財奴再來的時候，發現洞裡空空如也，於是撕扯著自己的頭髮嚎啕大哭。一個鄰居看到守財奴如此悲痛，知道原因後說：「別再難過了！去搬塊石頭，把它放在原來的洞，然後想像那金子仍在裡面，這樣做對你來說效果是差不多的。因為金子在的時候，其實你沒擁有它，因為你並沒讓它發揮一點作用。」

圖3-9　PISA 2009公開樣本文章R433（臺灣PISA國家研究中心，2013）

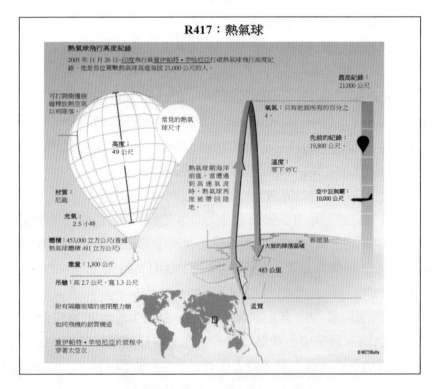

圖3-10　PISA 2009公開樣本文章R417（臺灣PISA國家研究中心，2013）

R458：遠距辦公

未來的方式

想像一下，「遠距辦公」[1] 是件多麼美好的事，在電信的高速公路上班，你所有的工作都是在電腦上或是藉著電話完成！你不再需要讓你的身軀擠塞在擁擠的公車或火車上，也不必浪費好幾個小時在上班的往返路途上。你可以在任何你想工作的地方工作—想想，所有的工作機會也將因此而開啟！

怡君

即將形成的災難

縮短通勤的時數和減少通勤的體力耗損，很明顯的是一個好主意。但是，這樣的目標應該藉由改善大眾運輸，或確保工作地點是在居家附近來達成。遠距辦公會是每個人未來部分生活方式的假想，只會導致人們變得越來越專注於自身。難道我們還要更進一步惡化我們的社會歸屬感嗎？

志明

[1] 「遠距辦公」是傑克‧尼爾斯在 1970 年代初期所創造出來的專有名詞，用來描述勞工在遠離中央辦公室的電腦上工作（例如在家裡），並藉著電話線將資料和文件傳送到中央辦公室的情形。

圖3-11　PISA 2009公開樣本文章R458（臺灣PISA國家研究中心，2013）

（二）情境

　　文章會隨著內容所欲表達的目的而產生不同的閱讀情境，PISA的文本設計包含個人性（personal）用途、公共性（public）用途、教育性（educational）用途，以及職業性（occupational）用途等四種情境文章。

　　1.個人性情境的內容，例如小說、書信、傳記、散文等，PISA 2009的公開樣本文章〈首財奴與他的金子〉（圖3-9）即是個人性情境的文章。

　　2.公共性情境的內容，常見於官方資料、報告、公告或法規等，例如PISA 2009的公開樣本文章〈捐血公告〉。

　　3.教育性情境的內容，例如呈現知識性內容的訊息或手冊，PISA 2009公開樣本文章的〈熱氣球〉（圖3-10）即是一例。

　　4.職業性情境的內容，則為傳達與職業相關的資料訊息，例如PISA 2009的公開樣本文章〈遠距辦公〉（圖3-11）一文。

二、試題設計

　　PISA閱讀測驗的試題包含選擇題、多重是非題、封閉式簡答題以及

開放式問答題，本書第二章針對PISA試題的開發以及四種題型的設計已有詳細的介紹和說明，讀者可參考。PISA試題在不同閱讀理解歷程的比重分配如表3-5所示，PISA 2009以及PISA 2012都是以「統整與解釋」為主，占一半以上，「擷取與檢索」和「省思與評鑑」則各占四分之一左右。

表3-5　PISA 2009與2012不同閱讀歷程的試題分配比例對照

	不同閱讀歷程		
	擷取與檢索	統整與解釋	省思與評鑑
PISA 2009	25%	50%	25%
PISA 2012	22%	56%	22%

　　PISA測驗的「擷取與檢索」試題，目的在於測驗讀者是否能夠從文章中直接陳述的內容，辨別重要訊息，比方字句的意涵、文章的主題、事件發生的地點、時間，或者文章的特定觀點。例如圖3-12所呈現的PISA 2009公開樣本文章R417〈熱氣球〉的問題2，要求學生根據文章陳述的訊息中找出主角使用的交通工具技術，屬於「擷取訊息」的布題設計。

賈伊帕特·辛哈尼亞採用了其他兩種交通工具的技術。是指哪幾種交通工具？

1. ....

2. ....

圖3-12　PISA 2009公開樣本文章R417〈熱氣球〉問題2
　　　　（臺灣PISA國家研究中心，2013）

　　PISA閱讀測驗的「統整與解釋」試題，目的在於測驗讀者是否能夠掌握部分和整體的關係，形成廣泛的理解或發展解釋。例如圖3-13為PISA 2009公開樣本文章R458〈遠距辦公〉的問題1，要求學生從文章前後不同段落的訊息中（文章內容參閱圖3-11），進行分析、比較，屬於「形成廣

泛的理解」的布題設計。圖3-14中，PISA 2009公開樣本文章R429〈捐血公告〉問題1，則是要求學生根據文章中的訊息進行推論和詮釋，則屬於「發展解釋」的布題設計。

「未來的方式」和「即將形成的災難」之間有什麼關係？

A　它們使用不同的論點達到相同的一般結論。
B　它們以相同的文體書寫，但針對的是完全不同的議題。
C　它們表達相同的一般看法，但是形成不同的結論。
D　它們表達在相同的議題上的對立看法。

圖3-13　PISA 2009公開樣本文章R458〈遠距辦公〉問題1
　　　　（臺灣PISA國家研究中心，2013）

有一名在過去 12 個月中已捐過兩次血的 18 歲小姐想再次捐血。根據〈捐血公告〉，在什麼條件下她會獲准再次捐血？

....

....

圖3-14　PISA 2009公開樣本文章R429〈捐血公告〉問題1
　　　　（臺灣PISA國家研究中心，2013）

　　PISA閱讀測驗的「省思與評鑑」試題，則在檢驗讀者是否能夠連結文章內容和個人的經驗、想法，進行的省思與評鑑。例如圖3-15為PISA 2009公開樣本文章R458〈遠距辦公〉的問題2，學生需要運用個人的經驗和已獲取的知識、理解力，對「文本內容」進行省思與評鑑（文章內容參閱圖3-11），屬於「省思與評鑑」的布題設計。

哪一種工作很難遠距辦公？請為你的答案提供一個理由。

....

....

圖3-15　PISA 2009公開樣本文章R458〈遠距辦公〉問題2

　　　　（臺灣PISA國家研究中心，2013）

第四節　學生閱讀素養表現

壹、臺灣四年級學生在PIRLS閱讀素養評量中的表現

　　PIRLS針對各參與國與地區的9歲學生進行閱讀素養評量，每隔五年檢測一次，分析並研究全球學童的閱讀表現與發展情形。臺灣截至目前為止，共參與了兩次PIRLS國際評量測驗，以下說明PIRLS 2006與PIRLS 2011臺灣學生的閱讀素養表現。

一、整體平均分數

　　PIRLS 2006閱讀素養平均數為500，臺灣的平均分數是535分，標準誤為2，在45個調查國家和地區中，排名第二十二（Mullis, Martin, Kennedy & Foy, 2007）。PIRLS 2011臺灣的平均分數是553分，標準誤為1.9，在49個調查國家和地區中排名第九，香港、俄羅斯、芬蘭、新加坡為主要領先群，臺灣與北愛爾蘭、美國、丹麥及克羅埃西亞同為次主要領先群（Mullis, Martin, Kennedy, Foy & Drucker, 2012）（參閱表3-6）。從前後兩次的測驗結果得知，在國際排名中，臺灣總名次進步了十三名、平均分數則進步18分，顯示臺灣四年級國小學生的閱讀素養整體平均分數，在這五年當中有了明顯的進步。

表3-6　PIRLS 2006與PIRLS 2011閱讀素養臺灣與前十五名國家排名

名次	2006			2011		
	國家	平均數	（標準誤）	國家	平均數	（標準誤）
1	俄羅斯	565	(3.4)	香港	571	(2.3)
2	香港	564	(2.4)	俄羅斯	568	(2.7)
3	加拿大亞伯特省	560	(2.4)	芬蘭	568	(1.9)
4	新加坡	558	(2.9)	新加坡	567	(3.3)
5	加拿大卑詩省	558	(2.6)	北愛爾蘭	558	(2.4)
6	盧森堡	557	(1.1)	美國	556	(1.5)
7	加拿大安大略省	555	(2.7)	丹麥	554	(1.7)
8	義大利	551	(2.9)	克羅埃西亞	553	(1.9)
9	匈牙利	551	(3)	臺灣	553	(1.9)
10	瑞典	549	(2.3)	愛爾蘭	552	(2.3)
11	德國	548	(2.2)	英國	552	(2.6)
12	荷蘭	547	(1.5)	加拿大	548	(1.6)
13	比利時法藍德斯區	547	(2)	荷蘭	546	(1.9)
14	保加利亞	547	(4.4)	捷克	545	(2.2)
15	丹麥	546	(2.3)	瑞典	542	(2.1)
（排名22）臺灣		535	(2.0)	－	－	－
PIRLS國際平均		500	－	PIRLS國際平均	500	－

資料來源：Mullis, Martin, Kennedy & Foy, 2007；Mullis, Martin, Kennedy, Foy & Drucker, 2012.

二、國際能力分級指標

　　除了根據平均分數來比較各參與國和地區學生的整體素養表現之外，PIRLS將閱讀分數區分為五個不同等級（Benchmark），以掌握各地學生不同層次閱讀理解能力的表現，如表3-7。

表3-7　PIRLS國際分級指標

國際分級指標	故事體	說明文
最高等級水準 625分	1.從文中檢視和評估訊息，以賞析全文主旨。 2.貫穿全文整合訊息，以解釋角色的特性、意圖、感受，並提出文章中的證據。	1.區辨和解釋文章中各部分複雜的訊息，並提出文章中的證據。 2.從全文找出訊息說明解釋重要性和序列性行動。
高等級水準 550分	1.找出相關情節，並在全文中分辨出重要的細節。 2.推論以解釋意圖、行動、事件、感受間的關係，並提出文章中的證據。 3.辨識文體的特徵（例如圖像語言、抽象訊息）。 4.貫穿全文，解釋和整合事件以及主要角色的行動。 5.從全文中評論事件和行動的重要性。	1.使用文章豐富的訊息或是複雜的表格建構出訊息，以及分辨相關的訊息。 2.從邏輯連貫的抽象或是隱藏的訊息中作推論。 3.全整合，找出要旨並提供解釋。 4.整合文章和視覺的訊息，去解釋概念間的關係。
中等級水準 475分	1.找出主要事件、情節順序以及相關的故事細節。 2.直接推論主要角色的特質、感覺以及動機。 3.能解釋出明顯的理由和原因，並提出文章中簡單的證據。 4.開始辨識文體的特徵和風格。	1.能從文章找出一、兩件訊息。 2.可以使用次標題、圖表等線索找尋訊息。
低等級水準 400分	找出並辨識已清楚說出的細節。	找出已明確描述的訊息，如文章的開頭或是已明確定義的部分。
最低等級 400分以下	未符合水準	

資料來源：柯華葳、詹益綾、丘嘉慧，2013，頁18。

　　從表3-8臺灣學生PIRLS 2006與2011不同國際分級指標學生人數百分比對照圖中可以看出，臺灣學生的閱讀水準表現有成長的趨勢，達高級與最高級水準的學生人數分別成長了6%，中級、低級與最低級人數則呈現減少的趨勢。

表3-8　臺灣學生PIRLS 2006與2011不同國際分級指標學生人數百分比

國際分級指標（最低分數）	PIRLS 2006	PIRLS 2011
最高等級水準 625分	7%	13%
高等級水準 550分	36%	42%
中等級水準 475分	41%	32%
低等級水準 400分	13%	11%
最低等級 400分以下	3%	2%

資料來源：柯華葳、詹益綾、丘嘉慧，2013，頁21。

貳、臺灣九年級學生在PISA閱讀素養評量中的表現

目前為止，臺灣共參與了PISA 2006、2009和2012三次國際閱讀評量，以下針對上述三次PISA評量結果，比較說明臺灣學生在閱讀素養方面的成績表現。

一、整體平均分數

PISA 2006閱讀素養表現的國際平均數為492，臺灣的平均分數是496分，在57個調查國家和地區中排名第十六（林煥祥，2008）；PISA 2009所有參與國家或地區的閱讀素養表現平均數為493，臺灣的平均分數是495分，在65個調查國家和地區中排名第二十三（OECD, 2010）；PISA 2012閱讀素養表現的國際平均數為496，臺灣的平均分數是523分，在65個調查國家和地區中排名第八（OECD, 2013b）。2009年與2006年兩次PISA閱讀測驗成績相近，與其他國家相較，表現中等，但第三次2012年的評量結果顯示，臺灣九年級國中生的閱讀素養大幅提升，這與PIRLS 2011的國際報告結果有同樣的趨勢，顯示臺灣學生的閱讀表現已有明顯的進步。

表3-9　PISA 2006、PISA 2009與PISA 2012閱讀素養國際排名前十五名

名次	2006		2009		2012	
	參與地區	平均數	參與地區	平均數	參與地區	平均數
1	韓國	556	上海	556	上海	570
2	芬蘭	547	韓國	539	香港	545
3	香港	536	芬蘭	536	新加坡	542
4	加拿大	527	香港	533	日本	538
5	紐西蘭	521	新加坡	526	韓國	536
6	愛爾蘭	517	加拿大	524	芬蘭	524
7	澳洲	513	紐西蘭	521	愛爾蘭	523
8	列支敦斯登	510	日本	520	臺灣	523
9	波蘭	508	澳洲	515	加拿大	523
10	瑞典	507	荷蘭	508	波蘭	518
11	荷蘭	507	比利時	506	愛沙尼亞	516
12	比利時	501	挪威	503	列支敦斯登	516
13	愛沙尼亞	499	愛沙尼亞	501	紐西蘭	512
14	瑞士	498	瑞士	501	澳洲	512
15	日本	501	波蘭	500	荷蘭	511
(排名16)臺灣	496	(23)臺灣	495		
國際平均	492	國際平均	493	國際平均	496

資料來源：林煥祥，2008；OECD, 2010；OECD, 2013b。

二、國際分級能力水準

　　除了以平均分數來比較各參與國和地區的表現之外，PISA也以不同的閱讀素養能力水準（proficiency levels）來呈現各地學生的表現。PISA 2006將學生的閱讀表現分為五個能力水準，自PISA 2009開始，則在原本的最高級第五級之上增加一個等級，並在原本最低的第一級之下增加一個等級1b，區分至七個能力水準（OECD, 2010；林煥祥，2008）。

表3-10　PISA 2009、2012閱讀能力水準的定義

水準等級（最低分數）	試題特徵
6 (698)	通常需要讀者能詳實且精確進行多項推論、比較和對比。能全面詳細理解、整合文本訊息。針對複雜訊息，處理不熟悉的觀點並產生抽象的類別。就不熟悉的主題提出假設、批判性評鑑複雜文本、考量多個標準或觀點，並應用來自文本以外的精細理解。擷取與檢索作業最重要的一個條件是分析的精確性，及小心留意文本中不顯眼的關鍵細節。
5 (626)	尋找、組織潛藏文本訊息，推論文本中訊息的關聯性。依據特定知識形成批判、評鑑或假設。需要對不熟悉的文本內容或形式全面詳細的瞭解。就所有的閱讀歷程來說，此水準的作業通常涉及處理與預期相反的概念。
4 (553)	需要針對全文，解釋一節文本中語文意義的精微差異。理解與應用陌生情境下的分類。使用正式或一般知識對文本提出假設或批判評鑑。針對陌生內容、冗長或複雜文本，呈現準確的理解。
3 (480)	尋找與辨認符合多個條件訊息間的關係。整合文本以確認大意、瞭解關係，或詮釋字詞的意義。比較、對照或分類時考量多項特徵，所需的訊息不明顯、複雜或有其他文本阻礙，例如與預期相反的想法或負面用語。需要連結、比較和解釋，或需要讀者評鑑文本的單項特徵。就熟悉的日常知識呈現對文本的精緻理解。運用不常見的知識，進行一般性理解。
2 (407)	需要讀者尋找一個或多個可能需要推論及符合多個條件的訊息。其他則需辨認文章的大意、理解關係、或在訊息不明顯且讀者必須做出低階推論時，就有限的部分文本詮釋意義。此水準的作業可能包括依據文本的單一特徵進行比較或對照。此水準典型的省思作業需要讀者依據個人的經驗與態度，做一個比較或若干個文本與外部知識間的連結。
1a (335)	需要讀者尋找一個或多個明確陳述的獨立資訊；辨認某個熟悉主題的主旨或作者目的，或簡單連結文本訊息與常見的日常知識。通常所需的文本訊息是明顯的，且很少有複雜的訊息。明確地引導讀者考量與作業和文本有關的因素。
1b (262)	需要讀者從簡短、句法簡單的文本中，尋找一個位於明顯位置的明確訊息，該文本具有熟悉的情境和文本類型，例如一個故事或一個簡單列表。該文本通常能對讀者提供支持，諸如重覆的訊息、圖表或熟悉的符號。具有最少量的複雜訊息，對於需要解釋的作業，讀者可能需就相鄰的訊息做簡單連結。

註：灰底為PISA 2006區分的五個能力水準
資料來源：摘自臺灣PISA國家研究中心主編，2011，頁35-36；OECD, 2013a

　　從表3-11臺灣學生PISA 2006與PISA 2009不同能力水準的學生人數百分比對照圖中得知，2006年與2009年九年級學生在不同等級的閱讀表現上，在最高兩個等級（第五與第六等級）的人數百分比呈現些微增加（1.7%），其他並沒有明顯的改變（林煥祥，2008；OECD，2010）。因此，整體而言，2009年學生的閱讀素養並沒有比2006年學生的表現來得更好。PISA 2012的國際評量報告書剛剛於2013年底公告，表3-12為PISA 2012國際報告書中，對於不同閱讀能力水準的國際平均表現分析。從國際報告書中得知，臺灣有10%以上的學生表現達第五個水準，高於國際平均的8.4%（OECD, 2013b），至於臺灣學生在各個不同能力水準表現的百分比，有待臺灣國家報告書進一步說明，目前尚未出版。

表3-11　PISA 2006與PISA 2009臺灣學生不同能力水準表現

水準等級（最低分數）	PISA 2006	PISA 2009
6（698）	4.7%	0.5%
5（626）		5.9%
4（553）	21.6%	21.3%
3（480）	34.0%	32.7%
2（407）	24.4%	24.5%
1a（335）	11.5%	11.6%
1b（262）	3.8%	3.2%
未達1b等級		0.4%

表3-12　PISA 2012不同能力水準國際平均表現

水準等級（最低分數）	百分比
達6（698）以上	1.1%
達5（626）以上	8.4%
達4（553）以上	29.5%
達3（480）以上	58.6%
達2（407）以上	82.0%
達1a（335）以上	94.3%
達1b（262）以上	98.7%

關於PIRLS 2006、PIRLS 2011與PISA 2006、PISA 2009測驗結果的分析，完整的國內報告書可參閱下列網址：

http://lrn.ncu.edu.tw/Teacher%20Web/hwawei_old/files/PIRLS%202011%20National%20Report.pdf

http://pisa.nutn.edu.tw

國際報告的部分，則可於下列網站中查詢並下載：

http://timssandpirls.bc.edu/pirls2011/international-results-pirls.html

http://www.oecd.org/pisa/pisaproducts/PISA%202012%20items%20for%20release_ENGLISH.pdf

http://www.oecd.org/pisa/pisaproducts/PISA%202006%20new%20released%20items%20ENG.pdf

第五節　如何提升學生閱讀素養

綜合PIRLS 2006、PIRLS 2011，以及PISA 2006、PISA 2009和PISA2012多次的國際評量結果得知，近年臺灣學生的閱讀表現有明顯的進步，顯示我國推動多年的閱讀教育，終於有顯著的成效。最後本文從「教育理念與認知」、「教材選用」、「作業與評量設計」，以及「教學方法與技巧」四個面向，說明學校和教師未來仍可努力的方向和要點。

壹、教育理念與認知

一、閱讀教育不等同語文教育

閱讀是一種獲得知識的工具，是引導學生進入各種學科知識的重要方式。國小低年級的閱讀教育目標是協助學生能學會閱讀，中年級則是培養學生從閱讀中進行學習的能力，亦即透過閱讀獲取重要訊息，並且能將所學的知識、資訊加以應用的能力。

提升學生的閱讀理解能力、培養學生正向的閱讀行為與動機，學校可以透過各種全校性的閱讀相關活動來推動，例如圖書館閱讀推廣活動、

親子共讀活動，或是晨光閱讀活動等等，並且也可以透過各學習領域的課外讀物閱讀活動等等來達成。然而，語文課程中包含閱讀教學，但閱讀教育不等同語文教育。閱讀教育不是只有在語文課程中才能進行，各學科的教學都能提供學生實際從事行為閱讀的機會，並給予學生閱讀的引導與啟發。分析PIRLS和PISA的閱讀測驗文本特性，我們得知，閱讀素養評量著重於學生能閱讀各種不同文體、形式以及知識內容的文章，檢視學生擷取各類資訊並加以應用的能力。而多元文本的接觸，很難只透過語文課程來達成，需經由各種不同學科的課程經驗，提供學生多元而豐富的閱讀經驗。

語文教育是一門學科知識，包括了語言的聽、說、讀、寫等能力的教育，以及寫作文章的能力。語文課程中的語文知識教學，為學生的詞彙、文句理解等基本閱讀能力奠定基礎，而課程中提供學生文學閱讀的經驗，以及給予學生閱讀策略的指導，對於提升學生的閱讀樂趣和閱讀理解能力至為重要。但許多國語文老師感到目前語文科教學時數不足，尤其是中學老師，在每週有限的教學時間中，對於要把課文裡所涵蓋的各項語文知識內容傳授給學生，感到很吃力。在時間窘迫的「趕教學進度」情境下，若還要再將閱讀教育的活動和教學內容安排進來，至為困難。因此，若學校能視閱讀教育為全校性的教育目標，而不單單是語文科老師的教學任務，並規劃專責的單位或組織來負責，將可收到更高的實效。一方面可以使學校的閱讀教育目標更容易落實，另一方面也能釐清國語文老師的教學任務和權責，對於學校閱讀教育的推展會有很大的幫助。

二、學生閱讀活動的質更甚於量

為提升學生的閱讀素養，目前國內許多學校積極辦理各種活動推行閱讀教育，常見如設計「學習護照」登記表，將學生的借書量、閱讀活動以及讀書心得等登錄在學習護照上，並核發積分，進行獎勵。這些設計的原意在於鼓勵學生廣泛且主動地閱讀，以期學生能漸漸養成良好的閱讀習慣，以奠定學生終身學習的基本能力。但閱讀護照推動至今，從部分學校老師和家長的經驗中，也顯現了一些值得我們注意的問題。

　　雖然「學習護照」一開始的原意很好，但由於制度推動需要人力與資源的投入，往往推行一段時間之後，原本重視的閱讀品質，例如學生閱讀心得、閱讀理解的表現等部分，已無法兼顧。許多學校閱讀積分制度的設定，是以讀本的頁數為積分累計的主要依據，例如至少100頁以上的書才能累積一分，或者每100頁給予積分一點，這樣的方式很容易引導學生以書本的厚薄為選擇書的考量，而不是作品的內容、屬性或品質。久而久之，許多學校的積分制度，最後只是變成了學生圖書借閱量或閱讀量的比較，可能於無形之中，鼓勵學生看重書的厚度，而不是書的內容。

　　我們從PIRLS或PISA評量得知，學生的閱讀素養包含閱讀理解表現，以及學生的閱讀行為和動機，這些素養的內涵不是單單透過圖書借閱量可以達成的。因此，這類以記點進行的閱讀活動，常常推行到後來，無法提升學生的閱讀理解能力，對學生而言，重點可能是「讀得快」，而不是「讀得懂」、「讀得愉快」。

　　因此，學校在推動閱讀教育時，應該更重視學生的閱讀品質，而不只是閱讀的量。雖然提升學生的閱讀量對於學生的閱讀能力、行為和動機可能會有幫助，但我們更應該要著重的是：學生如何閱讀文本、是否確實理解文本，具備文學作品的賞析能力，以及學生是否能應用文本中提供的訊息，且具反思能力，將之運用於生活中。

貳、教材選用

一、掌握國際閱讀測驗的趨勢，對閱讀文本進行扎實的分析

　　從PIRLS與PISA國際評量得知，閱讀素養中檢測的是不同層次的閱讀理解能力，包括提取文章中特定的觀點、對文章的訊息進行推論、詮釋，整合訊息和觀點，以及檢驗或評估文章的特性等等。老師在進行閱讀教學之前，首先應該能確實掌握閱讀文本，瞭解文本的特性、內容，並且應對不同的理解層次進行提問分析，例如：哪些訊息是本文中重要的資訊？如何引導學生擷取和檢索這些重要的訊息？而文本的形式與內容，哪些部分更適合引導學生形成廣泛的理解與發展解釋？哪些內容適合引導學生進行

省思？

　　為提升對閱讀文本的分析能力，學校應該提供老師更多閱讀理解相關知能的研習機會，並鼓勵老師進行PIRLS與PISA國際評量文章與試題的研讀與分析。瞭解國際閱讀測驗的內容與特性，可以提升老師對於閱讀文本選用的敏銳度，對於老師未來在文本的選擇，以及文本的教學運用，將有很大的幫助。此外，學校應鼓勵老師們組成研讀小組或閱讀社群，針對課文、閱讀文章等共同研讀討論，提升教師對於選擇與運用閱讀教材的能力。

二、善用文學作品並提供學生多元文本的閱讀經驗

　　文學作品提供讀者良好的語言運用與溝通的範例，讀者可以透過文學家巧妙的寫作技巧，進入文章世界，與作品產生互動和關聯，因此，文學作品是閱讀教育很好的文本。在優美的文學作品中，我們往往可以接觸到正義、勇氣、真善美等品格典範，一方面可以讓學生透過文字體驗道德價值之外，另一方面則提供學生美好的閱讀經驗與記憶。此外，優秀的文學作品也常常提供讀者許多創造和想像的空間，刺激並引發讀者對文字與閱讀的興趣，是提升學生正向閱讀動機與經驗的優良閱讀文本。

　　除了文學作品之外，平常老師給予學生的閱讀文章應該跨越課本、教科書的範圍，進行教材的擴充與延伸，給予學生更多元內容和形式的閱讀材料，以增加學生的閱讀廣度。PIRLS與PISA所選用的文本非常多樣化，除了一般語文課本中常見的故事體和說明文之外，還包括不同學科知識內容的短文、說明書、指引、統計圖，以及各種圖、表和解說等非連續性的文章。而且短文、說明書、指引解說、圖、表、統計圖等文本使用的詞彙，以及文句的運用方式，與故事體非常不同，若只運用課本上的文章作為閱讀材料，學生的閱讀情境不夠多元。因此，老師在教學上應該提供學生更豐富的閱讀情境，才不會使學生因為受限於詞彙量和使用經驗，而造成閱讀這類文本時的理解困難和障礙。

　　另一方面，學校應該持續擴充圖書館藏書量，並且增加和更新書本類型的多元化，提供學生豐富的閱讀環境，讓即使是家裡沒有辦法提供課外

書的孩子，都能夠透過學校的閱讀環境，擁有一個良好的閱讀學習機會。

參、教學方法與技巧

一、引導學生成為主動的讀者，給予學生意見表達與溝通的機會

　　根據閱讀素養國際調查發現，我國的國語文老師重視字詞教學，相較於其他閱讀素養表現優良的國家，字詞教學時間較多，而理解教學時間較短。因此，為強化學生的閱讀理解能力，語文科教學應該從知識的背誦，提升為思考探究、感受省思，以及解決問題等應用能力的引導。教學上除了基本的文本理解之外，老師應該安排學生更多的討論和主動參與的機會，提供學生更多表達的機會，讓學生有更多機會表達對文章的感受。並透過小組或全班討論、交流，一方面給予學生更豐富的刺激，增加閱讀的深度，另一方面，也讓學生有機會進行意見表達，可提升學生運用語言進行溝通的能力。

　　傳統的課文教學流程，通常先介紹作者背景、內容梗概，接著進行課文閱讀和講解，這樣的教學方式，以教師的講課為主，較不易促進學生主動進行文章思考。要讓學生與文章作者互動，較好的方式是透過提問來激發學生的學習興趣和好奇心，例如運用課文中的插畫、與文章內容相關聯的圖片、ppt、影片等輔助材料，激發學生的創造力和想像力，引導學生進入作品的想像世界。

　　因此，教學上老師可以跳脫以講課為主的課文導讀方式，減少學生聽課抄筆記的時間，在學生掌握文本的基本詞語與文句能力之後，給予學生更多提問的機會。當讀者自己對即將閱讀的文本進行提問時，較容易對於作品產生興趣，而成為一個與作品有關聯的讀者，因此，引導學生在作品賞析過程中成為主動的讀者是閱讀教學的要點。此外，當學生經由提問活動，對於文本、作品產生了興趣，老師可以接著安排文章欣賞與品味的時間，讓學生直接閱讀文章內容，如此，更可以提升學生與文章的親近性與對話性。

二、著重學生問題解決能力和生活運用能力，提升閱讀理解層次

　　要提升學生的閱讀理解能力，除了培養學生成為主動的讀者之外，提升學生高層次的閱讀理解能力也很重要。從PIRLS和PISA評量中得知，我國學生的高層次閱讀理解能力較弱，特別是對於問題解決和生活運用的能力，表現不佳。因此，如何強化學生的推理詮釋、整合評估、批判省思，以及問題解決與應用能力，是目前閱讀教學應該改進與突破的重點。

　　問題解決和生活運用的能力並非只在閱讀活動中或經由閱讀策略教學可以達成，而是需要透過不同知識領域的學習活動來培養與訓練。因此，無論是生物、地球科學、物理、化學等自然學科，或是歷史、地理等人文學科的教學，應該更致力於創造學生發現問題和提出問題的機會，進一步訓練學生在閱讀資訊後的思考力和判斷力，從個人的經驗、想法和價值觀出發，進行的省思與評鑑，以及建立為未來生活準備的問題解決能力和終身學習的能力。例如：課程規劃與設計方面，可以善加運用方案教學、觀摩、實習或實作等活動，提供學生更多實地觀察、參與、調查探究的機會，透過問題解決方案的執行，讓學生瞭解到問題意識以及問題解決能力的重要性。

三、教導學生閱讀策略與答題溝通能力

　　從PISA的結果來看，我國大多數中學生對於擷取文本中明確陳述的訊息沒有問題，但當與問題相關的資訊分散在文章不同段落時，或者出現在數則小文章中，而必須由讀者自行將個別訊息連結統整，並進行比較、分析、辨識與判斷時，則許多學生會有困難。然而，從國際閱讀評量的閱讀環境調查結果顯示，我國學校中閱讀策略教學的頻率偏低。因此，如何提升學生閱讀文本時的技巧，讓學生學習避免閱讀時偏重於某一段落的訊息，而忽略其他的重要內容，並引導學生進入高層次閱讀理解歷程，是我國目前的閱讀教育亟需加強之處。

　　國小低年級學生閱讀的文本，通常圖文並茂，文字量不大，文章的結構也比較簡單。當中年級的學生漸漸累積了一定的單字量、詞彙之後，閱

讀的篇幅也隨之愈來愈長，這時候閱讀策略與技巧是很重要的。對大多數的學生而言，如何在長篇幅或多元形式的文本中，進行重點式閱讀，擷取重點資訊，或者學會閱讀句子而非閱讀字、詞，由句子的閱讀，提升到段落的閱讀，這些能力的獲得是需要老師的教導，以及豐富的閱讀經驗。

　　教育部為提升學生閱讀理解能力，邀請國內學者柯華葳、幸曼玲（2010）等多位教授，針對預測、連結、摘要、摘大意找主旨，以及做筆記等閱讀策略，進行詳細的解說和分析，編印成《閱讀理解策略教學手冊》，手冊中針對上述各種閱讀策略，有詳細的教學說明，並提供範例，是教師閱讀教學很實用的參考資料。這些資料已公告於網路並可下載，有興趣的讀者請參考下列網址http://blog.ilc.edu.tw/blog/gallery/6222/6222-691368.pdf。

　　此外，林美琴（2011）所著的《教出國中生的閱讀力》一書，對於國中閱讀教學提出許多實用的教學策略和技巧，適合國中老師參考。

四、創造愉悅的閱讀情境

　　從國際閱讀素養評量的結果來看，我國學生的閱讀動機並不高，因此，如何建立學生正向的閱讀經驗、引發學生閱讀興趣，是我們應該努力改善的目標。由於並不是每一位學生在家裡都能有課外閱讀的機會，或是良好的閱讀環境，因此，學校若能提供一個愉快而喜悅的閱讀環境，對於文化不利和弱勢的學生，會大有幫助。學校可以透過圖書館的管理來達成，除了前面提到豐富圖書量與讀本的多元性之外，美化圖書館的環境也很重要，例如在空間、採光、以及色彩、布置方面，設計一個安詳、寧靜的空間，讓學生可以有一個安靜而愉快，不被干擾的閱讀環境，可提升圖書館的親近性。

　　此外，老師可以運用班級空間以及課程的安排，為學生提供更多的閱讀空間和時間，讓學生可以隨時很方便、且輕易地進行閱讀活動。例如：班級圖書角落的設置，或者善用學校生活作息中零碎、片段的時間，例如：在課程中加入彈性閱讀時段、運用上課前的晨光時間安排晨讀，或是午餐後安排一小段午後閱讀時光等等。老師可以營造安靜輕鬆的氛圍，例

如：閱讀時間不聊天，播放溫和的背景音樂，讓學生每天有機會可以擁有自己閱讀、不被干擾的小片刻，體驗愉悅的閱讀情境。

肆、作業與評量設計

一、改變閱讀測驗的型態與計分方式

　　閱讀作業的形式和測驗的題型往往引導著學生閱讀的習慣和方式，例如：我們常運用有標準答案的選擇題、填充題或簡答題作為出題的主要形式，因此學生直接提取訊息的閱讀理解能力表現特別好。然而這種形式的題型大多在於瞭解讀者是否能對文章中清楚呈現的訊息，進行比較、歸納或統整，但很難評估學生的應用能力，以及反思、批判的能力。

　　要提升省思與評鑑文本的能力，需要透過開放性、評論性問題的刺激，例如：詢問學生是否同意作者的觀點，為什麼？並要求學生提出具體的例子或證據，以佐證自己的看法。此外，應用性問題也有助於學生省思能力與問題解決能力，例如：關於環境汙染主題的文章，可以請學生根據文章中提到的訊息，舉例說明生活中的現象，以及如何解決生活中的問題。

　　布題方面，題型上應給予更多變化，尤其不同理解歷程的題型，以交錯方式呈現較佳。題目難易度的設計方面，也應避免連續出現難度高的題目，以免學生容易感到挫敗，而降低學生回答問題的意願和信心。

　　此外，問答題的計分方式應該要有彈性，例如：以閱讀理解能力為主的題型，若學生寫錯字，但並不影響學生對文意的理解與掌握，則這個時候，可以考慮不扣分，或者僅給予少許扣分，以免影響學生回答問題或表達意見的意願。對於每一道閱讀測驗的問答題，老師應該要事先制定評分規則，分析各種可能的答案，並決定怎樣的回答可以得滿分，哪些答案屬於部分得分，以及可能的無效答案是哪些。為求給分規則的客觀性和周延性，最好是透過預試，以及老師們之間的討論，並獲得共識和修正後採用。

二、適量而非過多的閱讀作業與測驗練習

　　國際閱讀評量顯示，我國學生對於問題的回答技巧有許多需要改善的地方，例如：答非所問、寫出跟問題無關的答案，或者用字不清晰，以及完全照抄文本中的句子回答問題等狀況，顯示我國學生運用文字進行表達與溝通的技巧不足。此外，學生對於立場的說明能力較差，例如：無法提出充分證據或具體例子來支持自己的主張。

　　為加強答題技巧，可以提供學生適量的閱讀作業和測驗練習，並給予訓練與指導，將有助於學生掌握閱讀和答題技巧。然而，閱讀作業或測驗更應注意避免過量，因為太多的練習除了消耗許多時間之外，更可能致使學生對閱讀感到反感和排拒。尤其市面上以選擇題形式為主的閱讀測驗本，很多都以字、詞測驗為主，或是直接提取訊息的簡單文意測驗。這類型的閱讀測驗本，與目前閱讀素養測驗的內容有很大的出入，而且常出現不需要看文章就可以回答的題目，不適合學校作為教材題庫使用，也不建議家長提供這類型的題本給孩子進行練習，對這孩子的閱讀素養並沒有太大的幫助，無法引導學生運用高層次的閱讀理解歷程。

　　最後值得一提的是「閱讀心得」。書寫心得報告是國內中小學老師或閱讀活動常提供的作業形式，但閱讀心得作業若過於頻繁，往往加重學生的學習負擔，因而降低了學生的閱讀樂趣。而且閱讀心得作業若沒有經過設計或引導，可能會導致學生回答與題目或文章中心主旨無關的內容，這樣的作業並不具備閱讀理解的提問功能，而可能更接近於寫作性質。因此，老師給予學生閱讀心得作業前，應該事先設計心得撰寫說明或標準，引導學生撰寫閱讀文章後才能寫出的內容，例如：從個人經驗或價值觀出發，省思作者的觀點，或對文章進行評論。

參考文獻

林吟霞、葉韋伶（2009）。PIRLS 2006「國際閱讀素養成就調查」東亞地區學生閱讀素養表現——臺灣、香港與新加坡三地比較分析。**研習資訊**，**26**（**6**），51-60。

林美琴（2011）。**教出國中生的閱讀力**。臺北：天衛文化。

林煥祥主編（2008）。**臺灣參加PISA 2006成果報告**。行政院國家科學委員會成果報告NSC95-2522-S-026-002。花蓮：國立花蓮教育大學。

柯華葳（2007）。**臺灣四年級學生參加國際閱讀素養調查結果**。2009年11月7日，取自http://www.nsc.gov.tw/_newfiles/head.asp?add_year=2007&tid=56

柯華葳、幸曼玲、陸怡琮、辜玉旻（2010）。**閱讀理解策略教學手冊**。臺北市：教育部。

柯華葳、張建妤、游雅婷、詹益綾（2008）。**PIRLS 2006報告：臺灣四年級學生閱讀素養**。2013年11月13日，取自http://lrn.ncu.edu.tw/pirls/PIRLS%202006%20Report.html

柯華葳、詹益綾、丘嘉慧（2013）。**PIRLS 2011報告：臺灣四年級學生閱讀素養**。臺北：國家科學委員會科學教育發展處、教育部國民暨學前教育署、國立中央大學學習與教學研究所。2013年10月28日取自http://lrn.ncu.edu.tw/Teacher%20web/hwawei/Project/PIRLS%202011%E5%AE%8C%E6%95%B4%E5%A0%B1%E5%91%8A.pdf

臺灣PISA國家研究中心主編（2011）。**臺灣PISA 2009結果報告**。臺北：心理出版社。

臺灣PISA國家研究中心（2013）。**PISA國際學生能力評量計畫**。2013年7月10日，檢自http://pisa.nutn.edu.tw/

蔡清田（2012）。**課程發展與設計的關鍵DNA：核心素養**。臺北：五南。

Mullis, I. V. S, Martin, M. O., Kennedy, A. M. & Foy, P. (2007). *PIRLS 2006 international report. IEA's progress in international reading literacy study in primary schools in 40 countries.* Chestnut Hill, MA: Boston College.

Mullis, I. V. S, Martin, M. O., Kennedy, Trong, K. L. & Sainsbury, M. (2009). *PIRLS 2011 assessment framework.* Chestnut Hill, MA: Boston College.

Mullis, I. V. S, Martin, M. O., Kennedy, A. M., Foy, P. & Drucker, K. T. (2012). *PIRLS 2011 international results in reading.* Chestnut Hill, MA: Boston College.

OECD (2009). *PISA 2009 assessment framework - key competencies in reading, mathematics and science.* Paris, France: Organisation for Economic Co-operation and Development.

OECD (2010). *PISA 2009 results: What students know and can do – student performance in reading, mathematics and science (volume I).* PISA: OECD Publishing.

OECD (2012). *PISA 2009 technical report.* PISA: OECD Publishing.

OECD (2013a). *PISA 2012 assessment and analytical framework: Mathematics, reading, science, problem solving and financial literacy.* Paris, France: Organisation for Economic Co-operation and Development.

OECD (2013b). *PISA 2012 Results: What Students Know and Can Do Student Performance in Mathematics, Reading and Science. (Volume I).* Paris, France: Organisation for Economic Co-operation and Development. Retrieved 15 October, 2013, from: http://www.oecd.org/pisa/keyfindings/pisa-2012-results-volume-i.htm

第四章

數學素養

李源順

有關數學素養，主要有PISA的國際研究計畫、美國國家研究院（National Research Council, 1989）所提的理論，以及學者對它的見解，以下將進一步說明。

第一節　數學素養的定義

陸昱任和譚克平（2006）曾經文獻探討過數學素養的意涵，他們發現數學素養有不同的用語，例如：英國大多用Numeracy及Mathematical Literacy；美國大多用Mathematical Literacy與Mathematical Proficiency，也有部分學者使用Matheracy來談數學素養（Bishop, 2000; Bonotto, 2001; D'Ambrosio, 1999b; Skovsmose, 1998；引自陸昱任和譚克平，2006）。PISA（OECD, 2003）則以Mathematical Literacy作為其評量的用語，我國則把它

翻譯成數學素養。本書以Mathematical Literacy為數學素養之英文用語。

　　PISA 2003（林煥祥，2008）是以數學素養為主要評量科目，當時定義數學素養為「個體能夠辨認和瞭解數學在世界上所扮演的角色，能夠進行有根據的評斷，並且針對個體在生活中的需求來運用或者投入數學活動，以成為一個積極的、關懷的、以及反思的國民」。之後PISA 2006和PISA 2009的主要評量科目不是數學，因此都沿用此一定義。

　　PISA 2012（臺灣PISA國家研究中心，2012a）再度以數學素養為主要評量科目，因此稍微做了修正，將數學素養定義為：

　　　　「在不同情境脈絡中，個人能辨識、做及運用數學的能力，以及藉由描述、建模、解釋與預測不同現象，來瞭解數學在世界上所扮演的角色之能力。數學素養是連續的，即數學素養愈高的人，愈能善用數學工具做出有根據的判斷，這也正是具建設性、投入性及反思能力的公民所需具備的。」

　　教育部提升國民素養專案辦公室（2013a）所發表的數學素養白皮書建議文中，將數學素養定義為：

　　　　「個人的數學能力與態度，使其在學習、生活、與職業生涯的情境脈絡中面臨問題時，能辨識問題與數學的關聯，從而根據數學知識、運用數學技能，並藉由適當工具與資訊，去描述、模擬、解釋與預測各種現象，發揮數學思維方式的特長，做出理性反思與判斷，並在解決問題的歷程中，能有效地與他人溝通觀點。」

　　作者發現教育部提升國民素養專案辦公室（2013a）所定義的數學素養與PISA 2012（臺灣PISA國家研究中心，2012a）的定義大同小異。因此，作者以PISA 2012的定義為數學素養的定義。

　　由於數學素養的相關文獻，目前以PISA的大型評量較受到關注。因此，本書主要報導PISA的相關文獻，再加入一些學者與個人的見解。

第二節　數學素養的內涵

　　有數學素養的內涵或者架構，除了PISA之外，還有美國國家研究院（National Research Council, 1989）提出的見解。

壹、PISA的架構

　　PISA 2012（OECD, 2013）的數學素養評量架構，主要分為三個面向（如圖4-1）：數學歷程（Mathematical processes）、內容領域（Content categories）、和脈絡（Context categories）。此外，個人要能夠運用基本的數學力（Fundamental mathematical capabilities），也就是運用數學概念、知識和技能解決真實世界脈絡的挑戰。

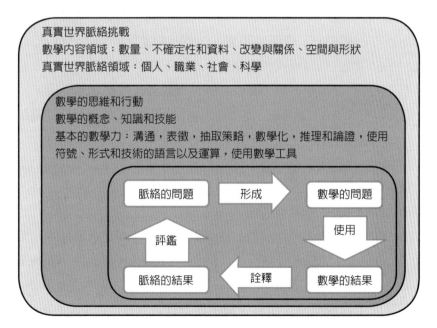

圖4-1　在實務中的數學素養模型（OECD, 2013, p. 26）

一、數學歷程

在數學歷程面向，分為形成數學情境（Formulating situations mathematically），使用數學概念、事實、過程和推理（Employing mathematical concepts, facts, procedures, and reasoning），以及詮釋、應用和評鑑數學結果（Interpreting, applying, and evaluating mathematical outcomes）。

（一）形成數學情境

在數學素養的定義中，「形成」一詞指的是個人能夠認知和辨識使用數學的時機，在某種脈絡情境內對呈現的問題提出數學化的結構。在「形成數學情境」的歷程中，個人需要決定從何處抽取基本的數學去分析、建立以及解決問題。他們將問題從現實世界中轉換到數學領域，並且提出具有數學結構、表徵的真實世界的問題。他們在具限制與假設的問題內，進行推理與瞭解問題（OECD, 2013, pp. 28-30）。

1.在真實世界脈絡內辨識問題情境中的數學元素，以及辨識重要的變因。

2.在問題或情境內認知數學的結構（包括規則、關係和樣式）。

3.簡化（simplifying）情境或問題，以便能夠進行數學的分析。

4.從脈絡中辨識每個模式和簡化資訊背後的條件和假設。

5.使用適當的變因、符號、圖表和標準模式去表徵數學的情境。

6.從不同的方向表徵問題，包括組織相關的數學概念和做適當的假設。

7.瞭解和說明問題脈絡的特定語言以及表徵它的數學符號和形式語言之間的關係。

8.轉換問題成數學語言或表徵。

9.認知與問題相關的已知問題，或者數學概念、事實、過程的元素。

10.在脈絡化的問題內使用科技（例如：在圖形計算機使用試算表或者列出現象）描繪數學的關係。

（二）應用數學概念、事實、程序與推理

在數學素養的定義中，「應用」一詞是指個人能夠應用數學概念、

事實、程序與推理，去解決數學形式的問題以獲得數學結論。在應用數學概念、事實、程序與推理去解決問題的過程中，個體需要執行獲得結果所需要的數學程序（例如：執行算術運算、解方程式、從數學假設中進行邏輯演繹、執行符號操弄、從圖表中提取訊息、表徵與操弄空間中的圖形，以及數據分析），並且找出數學的答案。他們於問題情境的模式中工作、建立規律、在數學個體間辨識連結，並且創造數學論證（OECD, 2013, pp. 28-30）。

1.設計和實施找尋數學答案的策略。

2.使用數學工具，包括科技，去找尋精確或適當的答案。

3.在找尋答案時，應用數學的事實、規則、演算法和結構。

4.操弄數字的、圖表的與統計的資料和資訊，代數式和方程式，以及幾何表徵。

5.在求解的過程中，使用和選擇不同的表徵。

6.將運用數學過程以求解的結果一般化。

7.反思數學的論證，並且說明和辯證數學的結果。

（三）詮釋、應用與評鑑數學結果

在數學素養的定義中，「詮釋」一詞著重在個人有能力去反思數學解法、結果或結論，並且在真實生活的情境中進行詮釋。它的內涵包括轉化數學解法或推理回到問題的脈絡之中，並且確認結果在問題情境中是否合理或者有意義。這個數學的歷程包括先前所談，在實務中的數學素養模型（圖4-1）的「詮釋（Interpret）」和「評鑑（Evaluate）」兩個箭頭方向。在這個歷程中，個人可能被要求在問題脈絡中建構和溝通其說明與論證，反思其建模歷程與結果（OECD, 2013, pp. 28-30）。

1.詮釋數學的結果到真實世界脈絡。

2.評鑑數學結果在真實世界脈絡內的合理性。

3.為了瞭解結果應該如何被調整或者應用的脈絡判斷，需要瞭解真實世界如何影響數學過程或者模式的結果和計算。

4.說明為什麼數學的結果或者結論對問題的脈絡有或者沒有意義。

5.瞭解數學概念和數學結果的廣度和限制。

6.評論和辨識用來求解的模式的限制。

二、基本的數學力

PISA 2012認為需要辨識一般的數學力，去補充特定數學脈絡知識的數學學習。PISA 2012（OECD, 2013, pp. 30-31）提出七個數學力，分別為溝通（Communication），數學化（Mathematising）、表徵（Representation），推理和論證（Reasoning and argument），為解決問題抽取策略（Devising strategies for solving problems），使用符號、形式和技術的語言以及運算（Using symbolic, formal and language and operations），以及使用數學工具（Using mathematical tools）。

（一）溝通

溝通主要是因為個人感受到一個問題情境存在某些挑戰，以及需要被認知和瞭解。溝通時，閱讀、解碼和詮釋一個敘述、提問、任務或目標，使個人形成情境的心理模式，這是瞭解、澄清和形式化問題的重要步驟。在解答的過程，中介的結果可能需要被總結和表徵。後來，一旦解答被發現，問題解答者可能需要表徵答案，或者跟他人說明或辯護。

（二）數學化

數學化包含在真實世界中所界定的問題轉換成數學形式（它可以包括結構化、概念化、形成假設、和／或形成一個模式），或者詮釋或評鑑與原問題相關的數學結果或者數學模式。數學化一詞常用來描述包含基本的數學活動。

（三）表徵

數學素養通常包含數學物件和情境的表徵。它包含問題之間的選擇、詮釋、轉換，以及使用各種表徵去捕捉情境，或者呈現一個工作。表徵包含圖、表、圖形、圖像、方程式、公式或者具體物。

（四）推理和論證

這個能力包含經由探究和連結問題元素，以便對它們做推論或驗證所給予的，或者提供問題敘述或答案的驗證等等邏輯根源的過程。

（五）為解決問題抽取策略

它包含一連串的嚴謹控制過程，去引導個人有效的辨識、公式化和解答問題。這個技巧包括選擇或者設計計畫或策略，以便使用數學去解答從任務或者脈絡提出的問題，以及引導計畫或策略的執行。這個數學能力在解決問題過程的每一個階段都需要。

（六）使用符號、形式和技術的語言以及運算

它包含瞭解、詮釋、操作和利用符號表示式（包含算術式和運算），在數學脈絡內使用數學的規約或規則。它也包含瞭解和利用基於定義、規則和形式系統的形式化結構，以及在它們之間利用算則。符號、規則和系統的使用會依據特定任務所需要的特定數學內容知識，去公式化、解答或者詮釋數學。

（七）使用數學工具

數學包括實物工具，例如：測量儀器、計算器和愈來愈被廣泛使用的電腦工具。這個能力包括知道和能夠使用各種有助於數學活動的工具，以及知道這些工具的限制。數學工具在溝通結果也扮演重要的角色。以前以紙筆形式的PISA評量使用的工具是較小的途徑，在PISA 2012數學評量可以使用電腦化的數學工具，提供學生使用數學工具的機會，並且在部分的評量中提供作為觀察的工具。

PISA 2012把上述數學歷程需要用到的數學力，使用表4-1來描述。

表4-1　數學歷程和數學力的關係

	形成數學情境	應用數學概念、事實、過程和推理	詮釋、應用和評鑑數學結果
溝通	對敘述、提問、任務、物件、圖像或者動畫（在電腦基礎評量內）閱讀、解碼和產生感覺，以便對情境形成心理的模式。	說明答案，解釋工作，包括如何得到答案或者總結與呈現數學和／結果的中介過程。	在問題的脈絡內，建構和溝通它的說明和論點。

（續上表）

	形成數學情境	應用數學概念、事實、過程和推理	詮釋、應用和評鑑數學結果
數學化	辨認真實世界問題的數學變因和結構，以及用它來進行假設。	運用對脈絡的瞭解去引導或者促進數學的解題過程，例如：在精準的脈絡適合層次中工作。	瞭解使用數學模式得到的數學解答之廣度和限制。
表徵	對真實世界的資訊中，創造數學的表徵。	在與問題互動時，對相關和使用的各種表徵有感覺。	用各種方式對相關的情境詮釋數學的結果；比較或者評鑑與情境相關的兩種或者多種表徵。
推理和論述	為真實世界之確定或者制定的表徵，說明、辯護或者提供理由。	為得到數學結果或者答案的過程或者程序說明、辯護，或者提供理由。連結片段的資訊以達成數學的答案，使用一般化或者創造多步驟的論述。	對數學的答案反思，並且對脈絡化問題的數學解答創造說明和論述做支持、反駁或者限制。
為解決問題抽取策略	選擇或者設計一個計畫或者策略，以便使用數學重構已脈絡化的問題。	多步驟過程的主動、有效和持續控制的機制，以引導數學的解答、結論或者一般化。	為了數學解答能對脈絡化問題的詮釋、評鑑和有效性，抽取和實施策略。
使用符號、形式和技術的語言以及運算	使用適當的變數、符號、圖形和標準模式等符號／形式語言，以表徵真實世界問題。	瞭解和利用以定義、規則和形式系統為基礎的形式結構，以及使用演算法。	瞭解問題脈絡和數學答案的表徵之間的關係。使用這個瞭解去幫助詮釋答案在脈絡的意義，以及衡量答案的可行性和可能的限制。
使用數學工具	為了再確認數學結構或者描繪數學的關係，使用數學工具。	為了決定數學的答案，在實施過程和程序中，知道可以使用各種適當的工具。	對給定的問題脈絡，使用數學工具以確定數學答案的合理性和答案的可能限制。

資料來源：OECD, 2013, p. 32.

三、內容領域

在內容面向，分為改變與關係（change and relationships）、空間與形

狀（space and shape）、數量（quantity）、不確定性和資料[1]（uncertainty-and data）等四個數學內容知識。這四個數學內容，和九年一貫課程四大主題：數與量、幾何、代數、統計與機率的分類，概念是相同的。PISA（OECD, 2013, p. 33-35；臺灣PISA國家研究中心，2012a, pp. 4-5）的定義如下：

（一）改變與關係

在自然和設計的世界中，物件和環境之間呈現許多暫時和永久性的關係。在系統內的物件或者環境的元素發生改變，便會影響另一個。在許多情況下，這些變化隨著時間而變；在其他情況下，一個物件或者數量改變會影響另一個相關的改變。某些情況涉及離散的變化，某些則是連續的變化。某些關係是持續的或不變的、自然的。有素養的人對改變和關係，能瞭解改變的基本形態和再次確認它們的發生，也可以使用適當的數學模式去描述或者預測改變。模式化改變關係的數學意義是使用適當的函數和方程式，以及在符號和圖形表徵之間創造、詮釋和轉換關係。

例如：有機體的成長、音樂、四季循環、潮起潮落、就業率和經濟條件等，是顯而易見的改變與關係。例如：函數、代數的傳統數學內容，包括代數式、等式和不等式、表格和圖形的表徵是描述、模式化和詮釋改變現象的中心。

（二）空間與形狀

空間與形狀包括我們視覺和實體世界到處可遇的廣泛現象：樣式、物件的性質、位置與方位、物件的表徵、視覺資訊的編碼與解碼、真實形狀和表徵的導航和動態互動。幾何是空間和形狀的基礎，但是在內容、意義和方法上是超越傳統的幾何，它可以是從其他數學領域像空間視覺、測量和代數提取元素。例如：可變的形狀，和沿著軌道移動的點，因此需要函數概念。測量公式是這個領域的中心。從動態幾何軟體到全球定位系統（GPS）軟體工具環境中的形狀操作和詮釋，都包括在這個內容領域。

---

[1] PISA在2003-2009年只稱為不確定性（uncertainty）。

（三）數量

數量是指在我們的世界中，所從事的最普遍和最基本的數學內容。在世界中物件、關係、情境和實體特徵的量化，都包含其中。瞭解這些量化的不同表徵，以及基於這些數量進行詮釋和論述。從事世界的量化包括瞭解測量、計數、震幅、單位、指數、相對大小、和數字的趨勢與樣式。數量的推理，例如：合理結果的數感、數字的多元表徵、計算、心算、估計和評估，都是關於數量的數學素養之基礎。

（四）不確定性和資料

在科學、科技和日常生活中，不確定性到處存在。因此一個現象的不確定性，是許多問題情境的數學分析的核心，同時機率和統計與資料表徵與描述的理論已經被建立起來解決它。不確定性和資料的內容，包括再認在過程中的變異位置，變數量化的感覺，知道在測量中的不確定性和錯誤，以及知道機會。它也包括以不確定性為中心之情境的形成、詮釋和評鑑結論。資料的呈現和詮釋是這個領域的關鍵概念。

在科學預測、選舉結果、天氣預測、經濟模型中，都有不確定性。在製造過程、測驗分數和調查結果，以及機會內的變異是個體參與許多活動的基礎。傳統機率和統計的課程提供形式意義的描述、模式化、和詮釋某類的不確定性現象。此外，數的知識以及圖形和符號表徵的代數範疇，在這個領域內對問題的處理是有利的貢獻。

四、脈絡

PISA（OECD, 2013）數學素養的評量架構與其他數學成就評量不同之處，主要在於PISA提出的脈絡面向。脈絡是指個體所處的世界的問題面向。適當的數學策略和表徵的選擇，通常與所提出問題的脈絡相關。因為個人在不同情境脈絡中，能辨識、做及運用數學的能力，以及藉由描述、建模、解釋與預測不同現象；需要強調的就是不同的情境脈絡。PISA 2012（臺灣PISA國家研究中心，2012a, p. 8）認為，最接近學生的情境脈絡為個人生活，接著是學校生活、工作以及休閒，然後是日常生活中所接觸到的社區及社會，最後是科學情境。因此PISA所界定和使用的

四個情境脈絡問題分別為：個人（Personal）、職業（Occupational）、社會（Societal）、以及科學（Scientific）問題。至於PISA 2003, 2006, 2009（OECD, 2009）的分類與PISA 2012的名稱略有不同，PISA 2003, 2006, 2009分成個人（Personal）、教育／職業（Educational/Occupational）、公共（Public）、以及科學（Scientific）情境。PISA（OECD, 2013, p. 37）對四個脈絡的定義如下：

（一）個人

個人的脈絡問題聚焦在與學生本身、學生的家庭或者同儕群體有關的活動。這類的脈絡是考慮個人的（但沒那麼侷限），包括食物準備、購物、遊戲、個人健康、個人交通、運動、旅遊、個人日程安排和個人財務。

（二）職業

職業的脈絡問題是以實際工作的情境為中心。被歸類到職業的題目（但沒那麼侷限），包括測量、建築材料的成本和訂購、工資／會計、品質控制、調度／庫存和工作相關的決策。職業的脈絡可能和員工的層級相關，從非技術性的工作到高技術性的專業工作。

（三）社會

社會脈絡的問題聚焦在個人的社會（無論本地、國家或全球）。它（但沒那麼侷限）包括選舉制度、公共交通、政府、公共政策、人口統計學、廣告、國家統計和經濟。雖然個人身處在這些事情之中，但社會脈絡領域聚焦的問題為社會的觀點。

（四）科學

科學領域的問題是關於從數學的應用到自然世界，以及關於科學和科技的議題和主題。特定的脈絡（但沒那麼侷限）包括天氣或氣候、生態學、醫學、太空科學、遺傳學、測量以及數學本身的世界。

五、各面向分數的百分比

PISA 2012（OECD, 2013）在設計時認為應該盡可能將試題做平均分配，或者依據內容的重要性進行分配。最後PISA 2012期望試題在數學歷

表4-2　PISA 2012試題在數學歷程、內容領域、脈絡的分數百分比

數學歷程	形成數學情境	大約25%
	使用數學概念、事實、過程和推理	大約50%
	詮釋、應用和評鑑數學結果	大約25%
內容領域	改變與關係	大約25%
	空間與形狀	大約25%
	數量	大約25%
	不確定性和資料	大約25%
脈絡	個人的	大約25%
	職業的	大約25%
	社會的	大約25%
	科學的	大約25%

程、內容領域、脈絡的試題分數分配百分比，除了數學歷程面向的使用數學概念、事實、過程和推理類別大約占50%之外，其他類別都大約25%，如表4-2。

貳、National Research Council的分類

　　美國國家研究院（National Research Council,1989）與Steen（1990）認為數學是一種無形的文化（an invisible culture），雖然數字和圖形在報章雜誌上常常見到，但是更深層的洞察卻是深藏在其中，也就是數學或統計的概念深層且微妙的嵌入在生活當中。Steen（1990）因而將數學素養分為五類，第一，實用素養（Practical numeracy），它是將數學及統計有信心的應用在日常生活工作，並進行決策的素養，它傾向和個人的利益有關；第二，公民素養（Civic numeracy），它傾向和社會的利益有關，是將數學概念應用於公共議題（例如：酸雨、溫室效應等等）的素養；第三，專業素養（Professional numeracy），它傾向和職業的工作場合有關，是個人對不同職業所需求的數學素養；第四，休閒素養（Numeracy for leisure），它傾向社會大眾在休閒娛樂（例如：拼圖、遊戲策略、運動賭注

等等）中所需要的數學素養；第五，文化素養（Cultural numeracy），它傾向讓社會大眾體會數學的力與美的素養，是關於哲學、歷史與認識論的層面。

這五類的議題雖然和PISA情境脈絡的分類不太相同，但是也有類似之處，例如：實用素養強調和個人的利益有關，因此偏向個人的脈絡；公民素養強調公共議題，因此偏向社會的或科學的脈絡；專業素養強調不同職業所需求的數學素養，因此偏向職業的脈絡；休閒素養強調在休閒娛樂中所需要的數學素養，因此偏向個人的脈絡；文化素養是強調體會數學的力與美的素養，因此和科學脈絡內數學本身的世界相關。

第三節　數學素養試題設計與規準

壹、試題結構

PISA 2012（OECD, 2013）的紙筆評量，總共有270分鐘的數學試題。這些試題被放在九個群組（clusters），每一個群組施測30分鐘。其中有三個群組（90分鐘的施測時間）是使用鏈結先前PISA測驗的試題，四個標準的群組（120分鐘的施測時間）包含有廣泛難易度的新試題，以及二個簡單的群組（60分鐘的施測時間）是低困難度的試題。

每個參與國家使用七個群組：三個是鏈結的群組，二個新的標準群組，以及二個不是新的標準群組就是新的簡單群組。簡單和標準的群組主要提供每個參與國家更合適的評量目標。然而試題都已被定描，因此不會因為一個國家施測簡單或者標準的群組而影響國家的分數。每個群組試題依據旋轉測驗設計放入測驗冊子（Test Booklets），每個試題本（form）包含四個群組，它由數學、科學、閱讀試題組成。每個學生做一個試題本，總共施測120分鐘。

PISA 2009測驗冊子的組成，請參見表2-5。至於PISA 2012的組成方式，我們尚未找到。

貳、試題形式

PISA 2012（OECD, 2013）的紙筆測驗有三種形式：開放性建構反應題（open constructed-response items）、封閉性建構反應題（closed con-structed-response items）、以及選擇反應題（selected-response items）。開放性建構反應題需要學生一些擴展性的答案書寫，這樣的試題需要學生表現得到答案的過程或者說明如何得到答案，其範例請參見圖4-12。這類的問題需要訓練專家，來手動編碼學生的回答。

封閉性建構反應題提供一個較有結構的環境讓學生呈現他的答案，並且學生的回答很容易去判斷正確或者不正確，其範例請參見圖4-11。通常這類型問題的學生回答，可以被輸入到資料擷取軟體並且自動編碼，但是某些情況還是需要訓練專家手動編碼。通常封閉性建構反應題都是單一數值。

選擇反應題需要從一堆可選擇的答案中，選擇一個或者多個答案。這些問題的答案都可以被自動編碼，其範例請參見圖4-14。在所有評量試題中，各種形式試題的數量大約相等。

PISA的政策是允許學生在紙筆測驗中使用計算機，這表示大部分的學生可以完成正式的評量，因此評量結果可以提供完成教育系統後的有效資訊。

參、評量規準

PISA（OECD, 2013）素養的測驗題目，選擇反應題由電腦自動計分，每題的計分編碼，答對為1，答錯為0。開放性建構反應題和封閉性建構反應題則由經過訓練的評分老師評分，每題的計分從不適切答案至完全適切，可能編碼為0、1，0、1、2，或0、1、2、3。

當代碼包含0、1（可能是雙位代碼10,11,……分別代表不同的答題類型）時，1代表完全計分。當代碼包含0、1、2（可能是雙位代碼10, 11, 20, 21,……分別代表不同的答題類型）時，2代表完全計分，1代表部分計分。當代碼包含0、1、2、3（可能是雙位代碼10, 11, 20, 21,……分別代表

不同的答題類型）時，3代表完全計分，2和1代表部分計分。

　　代號0代表「其他答案」。假如學生的作答反應中沒有任何證據顯示其內容是正確的，即用代號0。下列情況也使用代號0：以「我不知道」、「這條題目太難」、「不夠時間」作為答案，或填上問號或破折號；被刪去或塗掉的答案；並非認真填寫的答案，例如：寫下笑話、粗言穢語、明星姓名，或批評這次測驗的文字。

　　代號9代表「沒有作答」。假如學生明顯地沒有作答或完全空白，則使用代號9（或雙位數代號99）。應注意的是，如果學生寫上「我不知道」、「不夠時間」則使用代號0。

　　另有一位數的「不適用」代號「7」，或者雙位數代號為「97」。這是當試題有印刷上的錯誤，以致學生無法作答，則使用此代號；例如：由於影印或印刷錯誤，以致試題無法清楚可讀。使用「不適用」代號的機會很小。

　　學生答題反應的編碼工作由各國（或地區）來完成，學生的分數計算工作則由PISA總部統一進行。每位學生的PISA分數不是採用傳統的加總方式，而是根據學生在其所有受測題目的反應題型，並考量題目的難易度計算而成。為確保跨國比較或跨年比較的合理性，還需經由共同試題、校準不同國家及不同年度的量尺。PISA的量尺分數平均數訂在500，標準差則訂在100。

　　PISA的評分流程是每四人一組，由Table Leader進行一天的特訓。首先講解試題和國際共同的評分規準，並進行試題評分練習，以取得國際評分的信度。之後以臺灣的試題進行評分練習，以取得四人的共識，之後才開始評分。PISA 2012採線上計分系統（事前臺南大學的臺灣PISA國家研究中心把開放性建構反應題和封閉性建構反應題的題本全部掃描成電子檔，以便進行電腦化的計分系統；選擇反應題則由工作人員直接輸入學生的回答），評分者透過電子閱讀的方式檢視學生的作答反應，並且將適切的代碼直接輸入系統。碰到作答反應看不清楚，則找出原來試卷，重新檢視。在評分過程中採控制文稿（Control scripts）以取得信度。它是由一組常見的（具正確評分）學生作答反應，混雜在學生作答反應中，讓閱卷人

員評分。目的在評量各個國家之間以及各個國家的國內評分人員之間,對試題評分的一致性。

因為PISA數學評量並非書寫表達能力的測驗,因此評分的一般原則(吳正新,2011)是不去理會答案中出現的錯別字或文法錯誤(除非該錯誤嚴重影響答案的意思)。除非在個別試題的評分指引中有特別指出,否則抄寫數字到答案區時出現的小錯誤也不以理會,也就是評分者必須去觀看答題者的計算過程,而不是以答案區的答案為唯一依據。

同時,每個問題都有「評分規準」,它的內容陳述各種可能的說明與舉例,主要目的在減低評分者的主觀性。

雖然評分規準盡可能的詳細說明與舉例,但是在決定把答案歸入哪個代碼或者釐清代碼所涵蓋的答案範圍時,閱卷員仍然不免要自己做出判斷。因此,閱卷員在判斷時,主要是思考填答試卷的學生是否能回答該問題;閱卷員不應採取瑕疵模式(即答案不夠完美,便扣分);假如閱卷人員無法決定某一答案應給予哪個代碼,或者學生所提供的答案清楚顯示對該文本和問題的理解,但卻未能適用任何一個代碼時,閱卷員便需要諮詢數學科評分督導,或者將問題向國家計畫主持人反應。

當作答反應包含超出問題所要求的內容,或者有其他額外的作答時,或部分答案與另一部分答案前、後相互矛盾時,則選擇代號0;例如:答案要求提供一個數字,但學生提供兩個不同數字的作答反應,而且自相矛盾。假如作答反應中出現的額外部分是與答案無關,非相互矛盾的,則不去理會無關的內容,只將反應中相關的部分進行評分。

當學生的作答反應並非問題所要求的方式,此時閱卷員需考慮學生是否瞭解問題的本質以及是否展現回答問題的能力;例如:問題要求學生圈出「是」或「否」,但學生用文字寫出「是」或「否」。此作答方法視同與題目中要求的圈法一樣。再如,作答區設有編號的作答線,並且要求學生依序寫下答案,但學生卻寫在同一條線上(答案是正確的)。此時閱卷員需要忽視作答線的問題,也就是作答反應中的每個部分應加以分開看待,不管問題在作答線的排列方式的要求。

某些問題會要求學生「寫出你的計算過程」。對於這種情形,只要學

生寫出答案就可以獲得分數，即使沒有列出計算過程。

肆、公布之評量試題位置

一開始，PISA所公布的樣本試題是預試時使用的試題，這些試題已被翻譯成中文。PISA所公布的中文樣本試題（臺灣PISA國家研究中心，2012b）公開在臺南大學的臺灣PISA國家研究中心（http://pisa.nutn.edu.tw），有興趣的讀者可上網下載、觀看。

其後，作者在網站中找到PISA 2012和2006正式施測的試題，有興趣的讀者可以到http://pisa.nutn.edu.tw/download/sample_papers/PISA_2012_items_for_release_Chinese_final.pdf和http://www.oecd.org/pisa/pisaproducts/PISA%202012%20items%20for%20release_ENGLISH.pdf，以及http://www.oecd.org/pisa/pisaproducts/PISA%202006%20new%20released%20items%20ENG.pdf下載進行研究。

因為本文後面會運用一些例子來說明學生的表現，以及數學素養可以解決的問題與限制，因此在此我們不再舉例說明。

2011年林福來教授帶領一群數學教育的教授，以及各縣市國中輔導團的教師，共同開發一本屬於臺灣的數學素養評量試題，這些試題值得大家參考，有興趣的讀者請到http://pisa.nutn.edu.tw/download/sample_papers/other/Taiwan2011MathLiteracyPDF.zip下載。

第四節　學生的數學素養表現

PISA 2012的正式評量已於2012年施測完畢，並於2013年12月3日正式公布各國施測成績，在此，我們報導PISA 2006、PISA 2009和PISA 2012的成績。

壹、平均分數與標準差

PISA的量尺分數平均數定在500，標準差則定在100。PISA 2006（臺灣PISA國家研究中心，2010）臺灣的平均分數是549分，排名第一；PISA

2009臺灣的平均分數是543分，相較於2006 年退步6分，排名第五；PISA
2012（行政院國家科學委員會，2013）臺灣的平均分數為560分，排名第
四，與2009年對照，分數進步17分，名次進步一名，如表4-3。同時三年
的標準差分別是103、105和116，比前幾名國家的標準差都高，甚至PISA
2012的標準差是所有評量國家之中最高的。也就是說，學生的數學素養是
最為分散的，而且有愈來愈分散的趨勢。

　　另外，PISA 2012（行政院國家科學委員會，2013）就數學三個歷程
分測驗來看，臺灣學生在形成數學情境分測驗的平均數為578分，排名第
三。應用數學概念、事實、程序與推理，以及詮釋、應用與評估數學結
果，兩個歷程分測驗的平均數都是549分，排名依序為第五和第四。就數
學內容分測驗的結果來看，空間與形狀臺灣學生平均數為592分，排名第
二。改變與關係、不確定性、數量三個分測驗的平均數依序為561、549、
543，排名都是第四。就情意變項的調查結果而言，相較與OECD國家的
學生，臺灣學生數學素養與情意變項的關聯更為密切。

表4-3　PISA 2006、PISA 2009與PISA 2012數學素養國家排名（前十八名）

名次	2006			2009			2012		
	國家	平均數	標準差	國家	平均數	標準差	國家	平均數	標準差
1	臺灣	549	103	上海	600	103	上海	613	101
2	芬蘭	548	81	新加坡	562	104	新加坡	573	105
3	香港	547	93	香港	555	95	香港	561	96
4	韓國	547	93	韓國	546	89	臺灣	560	116
5	荷蘭	531	89	臺灣	543	105	韓國	554	99
6	瑞士	530	97	芬蘭	541	82	澳門	538	94
7	加拿大	527	86	列支敦斯登	536	88	日本	536	94
8	列支敦斯登	525	84	瑞士	534	99	列支敦斯登	535	95
9	澳門	525	93	日本	529	94	瑞士	531	94
10	日本	523	91	加拿大	527	88	荷蘭	523	92
11	澳洲	522	88	荷蘭	526	89	愛沙尼亞	521	81

（續上表）

名次	2006			2009			2012		
	國家	平均數	標準差	國家	平均數	標準差	國家	平均數	標準差
12	紐西蘭	522	93	澳門	525	85	芬蘭	519	85
13	比利時	520	106	紐西蘭	519	96	加拿大	518	89
14	愛沙尼亞	515	80	比利時	515	104	波蘭	518	90
15	丹麥	513	85	澳洲	514	94	比利時	515	102
16	捷克	510	103	德國	513	98	德國	514	96
17	冰島	506	88	愛沙尼亞	512	81	越南	511	86
18	奧地利	505	98	冰島	507	91	奧地利	506	92
	OECD平均	498	92	OECD平均	496	92	OECD平均	494	92

資料來源：臺灣PISA國家研究中心，2010；OECD，2013.

貳、能力水準

PISA使用不同的方法來報導調查結果。另一種是利用抽樣學生對每一個參與國家報導整體的數學能力（mathematical proficiency），同時也對能力水準（proficiency levels）進行定義。在2003、2006、2009年將學生的數學表現分為六個能力水準（OECD, 2010；林煥祥，2008），如表4-4，這個能力水準也被用在2012的評量上面。

表4-4　2003-2009年數學能力水準的描述性定義

水準（最低分數）	試題特徵
6 (669)	在水準六的學生可以基於他們對複雜問題情境的探索和建模，進行資訊的概念化、一般化以及運用。他們可以連結不同的資訊來源和表徵，並且彈性的進行轉換。在此水準的學生有能力進行高階的數學思考和推理。這些學生能夠藉由對符號、形式化數學運算的精熟以及符號、運算之間關係的洞察和瞭解，去發展新方法和策略，用以解決陌生情境的問題。在此水準的學生，能夠針對他們對於原始情境的發現、詮釋、論證和恰當性進行行動和反思，同時能夠進行系統化和精確的溝通。

（續上表）

水準（最低分數）	試題特徵
5 (607)	在水準五的學生能夠針對複雜的情境、限制的辨識和特定的假設，發展和運作模式。他們能夠選擇、比較和評估適當的問題解決策略，來處理與這些模式有關的複雜問題。在此水準的學生，能夠有策略地使用廣泛、發展良好的思維和推理技能，適當地連結表徵、符號和形式的特性，以及洞察這些情境。他們可以對他們的行動反思，並且發展和溝通他們的詮釋和推理。
4 (545)	在水準四的學生能夠對複雜的具體情境，以明確的模式進行有效的工作，這些情境可能包含限制或者需要進行假設。他們可以選擇並且統整不同的表徵，包含符號表徵，並將它們直接與真實世界的情境進行連結。在此水準的學生可以在這些問題脈絡中，使用發展良好的技巧和彈性的推理，同時有某種程度的洞察。他們可以透過他們的詮釋、論證和行動，來建構和溝通他們的說明和論證。
3 (482)	在水準三的學生能夠執行清楚描述的程序，包含哪些必要的後續決定。他們能夠選擇和應用簡單的解題策略。在此水準的學生可以針對不同的訊息來源進行解釋和運用表徵，而且能夠直接從中推理。他們可以發展簡短的溝通，來報告他們的詮釋、結果和推理。
2 (420)	在水準二的學生可以在直接推論的脈絡中詮釋和認知情境。他們可以從單一來源中擷取相關的資訊，並且運用單一表徵模式。在此水準的學生可以運用基本的算則、公式、程序或者規約。他們可以針對結果，進行直接推理和字面上的詮釋。
1 (358)	在水準一的學生能夠回答熟悉脈絡的問題，這些脈絡中的相關訊息都已明確呈現而且清楚的定義問題。他們能夠在明確的情境中依據直接的指引，來辨識資訊和執行例行性的程序。他們可以執行明確的活動以及隨後給予的指令。

資料來源：OECD，2010，林煥祥，2008。

　　本書以2006年臺灣的成果報告（OECD, 2010；林煥祥，2008）的例子，說明各個能力水準的內涵。

　　水準六的試題，如圖4-2木匠（OECD, 2010, p.124；林煥祥，2008，p.139；臺灣PISA國家研究中心，2012b，pp. 43-44）。依據試題說明，這個選擇題是被設定為教育脈絡的情境問題，因為這個問題是一種數學課堂上可見的典型半真實性問題，而不是職業脈絡下的真正問題。雖然它不是PISA的典型試題，但仍有少數的這類問題被納進PISA的測驗中。

　　這個問題屬於空間與形狀的內容領域，因為學生需要有能力來辨識解決二維圖形A、C和D有相同周長的問題。學生需要找出圖形的外圍是否可用32公尺的木條來圍成。在三個設計圖案（A, C, D）中，因為都具有變化成長方形特徵的形狀而且相當明顯。但是第四個圖形（B）是一個平形四邊形，需要多於32公尺的木材。這個問題需要運用到幾何的洞察力和論證技巧，以及一些較高水準的技術性幾何知識，才能夠解決這個問題。

　　這個試題在OECD國家的平均答對率為20.2%，難度分數是687，屬於能力水準六。

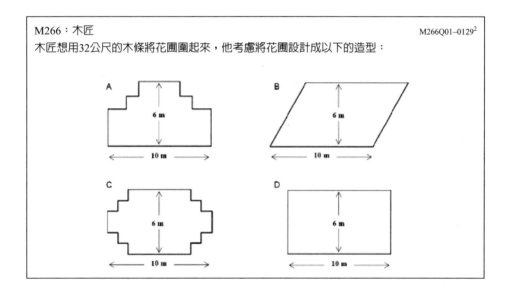

M266：木匠　　　　　　　　　　　　　　　　　　　　　　　　　　　M266Q01–0129[2]
木匠想用32公尺的木條將花圃圍起來，他考慮將花圃設計成以下的造型：

A　6 m　10 m

B　6 m　10 m

C　6 m　10 m

D　6 m　10 m

---

[2] M266Q01的意義是編號M266試題的第一個問題（Q01）。其後面的數字代表所有的編碼有滿分2分，部分分數1分，以及零分0或9。

問題1
上面花圃的設計是否可以用長度32公尺的木條來圍成,在下表中針對各個設計分別圈出是或否。

花圃的設計	是否能用長度32公尺的木條圍成
設計A	是 / 否
設計B	是 / 否
設計C	是 / 否
設計D	是 / 否

計分
滿分
代號2:答對四項
　　　A設計是
　　　B設計否
　　　C設計是
　　　D設計是

部分分數
代號1:答對三項

零分
代號0:答對二項或以下:
代號9:沒有作答

木匠－問題1
內容領域:空間與形狀
難度:678
能力水準:6
答對百分比:20.2%

圖4-2　能力水準六之試題:木匠

　　水準五的試題,如圖4-3測驗分數(OECD, 2010, p.125;林煥祥,2008,p.140;臺灣PISA國家研究中心,2012b,pp. 77-78)。這個開放式建構試題是設定在教育脈絡的情境上,因為這題的脈絡是學生都熟悉的「比較測驗分數」。在這個試題中針對兩組學生(A和B)進行科學測驗

的施測，結果以兩種不同的方式來呈現給學生，其中隱含了一些資料的文字和呈現每一區間兩組資料的統計圖。這個試題的問題是要受測者找出支持A組的確優於B組的論證，來反駁教師認為B組表現比較好（基於B組的整體平均數比較高）的說法。

　　這個試題的內容領域為不確定性。類似資料及圖表的統計圖表徵，在日常經驗的媒介及其他層面都扮演了重要的角色，因為統計圖之類的問題，有不確定性的因素在裡面，因此它是屬於不確定性的問題。

　　受試者必須選擇三個論點之一來反駁教師的論點，第一個是A組的大多數學生均通過測驗，第二個是A組的極端值會扭曲了實際的效果，最後則是A組有較多學生80分以上。能夠成功解題的受試者，必須在某種程度的結構化以及部分明顯的數學表徵情境中應用統計知識，他們也需要針對特定資訊進行詮釋以及分析的推理和洞察；同時，必須溝通他們的推理和論證。

　　這個試題在OECD國家的平均答對率是32.7%，屬於能力水準五的特徵，難度分數是620分。

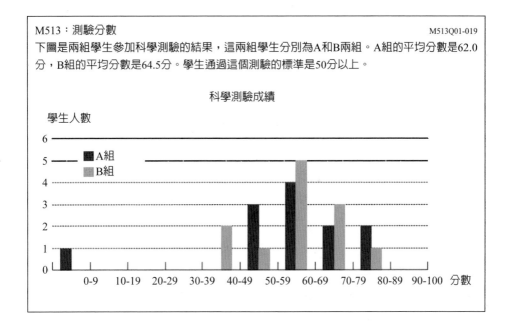

M513：測驗分數　　　　　　　　　　　　　　　　　　　　M513Q01-019
下圖是兩組學生參加科學測驗的結果，這兩組學生分別為A和B兩組。A組的平均分數是62.0分，B組的平均分數是64.5分。學生通過這個測驗的標準是50分以上。

科學測驗成績

問題1

由上圖，老師認為B組學生比A組學生的表現較佳。

但A組學生不同意老師的看法。他們試著說服老師B組並不一定比較好。

利用上圖，寫出一個A組學生可能使用的數學論點。

計分

滿分

代號1：列出一個恰當的論點。恰當的論點須提及合格人數、極端值造成的影響、或最高分
　　　 的學生人數。

　　　　・A組學生的合格人數較B組多。

　　　　・如果你忽略A組成績最差的學生，A組學生比B組學生做得較好。

　　　　・A組取得80分或以上的學生人數較B組多。

零分

代號0：其他答案，包括沒有列出數學上的原因，或列出錯誤的數學原因、或者只簡述成績
　　　 的差別，卻沒有恰當的論點指出B組的學生不一定做得較好。

　　　　・在科學的表現上，A組的學生通常比B組的學生好。這次測驗的結果只是巧合。

　　　　・因為B組學生最高分和最低分的差異較A組學生小。

　　　　・A組學生在80-89分的範圍及50-59分的範圍，取得較好的成績。

　　　　・A組的四分位差較B組大。

代號9：沒有作答

測驗分數—問題1

內容領域：不確定性

難度：620

能力水準：5

答對百分比：32.7%

圖4-3　能力水準五之試題：測驗分數

　　　水準四的試題，如圖4-4匯率問題（OECD, 2010, p.126；林煥祥，
2008，p.141；臺灣PISA國家研究中心，2012b，pp. 55-57），這個開放式
建構反應試題是屬於公共的脈絡。

　　　這個試題的內容領域為數量。就數學內容而言，學生需要運用牽涉到
乘法與除法運算的程序性知識，因此這個試題被歸為數量領域。

　　　解決這個題目所需要的能力並不簡單，學生必須要能針對匯率換算
的概念，以及特定情境裡的結果進行反思。雖然題目當中所有必要的資訊

都會很清楚地呈現，但這個問題所需要的數學化是相當高階的。不僅要辨識出有些複雜的相關數學概念，同時也須簡化成數學世界的問題，這對學生而言是一個相當大的要求。解決此問題所需的能力，包含彈性地運用推

M413：匯率
M413Q03-01021199
來自新加坡的美玲準備前往南非3個月當交換學生。她需要將新加坡幣（SGD）兌換為南非幣（ZAR）。

問題3
在這3個月間，匯率從每一元新加坡幣可以換4.2元南非幣，變成換4.0元南非幣。
此時以這個匯率換回新加坡幣，對美玲而言有利嗎？請寫出你的理由來支持你的答案。

計分
滿分
代號11：「是」，並附有適當的解釋。

　　·是，按照較低的匯率（就1SGD而言），美玲以她有的南非幣，將可換得更多的新加坡幣。
　　·是，4.2ZAR為一元將可換得929ZAR。〔注意：學生如寫了ZAR而非SGD，但有清楚正確的計算並作出正確的比較，這個錯誤可忽略。〕
　　·是，因為她先前以1SGD來換取4.2ZAR，而現在她只需用4.0ZAR來換回1SGD。
　　·是，因為每1SGD便宜了0.2ZAR。
　　·是，因為除4.2的結果是小於除4的。
　　·是有利於她，因為如果匯率沒有下跌，她會少大約$50。

零分
代號01：「是」，但沒有列明原因或沒有適當的解釋。

　　·是，較低的匯率是比較好的。
　　·是有利於美玲的，因為如果ZAR下跌，那麼她會有更多錢來兌換SGD。
　　·是有利於美玲的。

代號02：其他答案
代號99：沒有作答

兌率問題－問題3
內容領域：數量
難度：586
能力水準：4
答對百分比：40.5%

圖4-4　能力水準四之試題：匯率

理及反思能力。解釋結果也需要某種程度的溝通技能。它結合了熟悉的脈絡、複雜的情境、非例行性問題、以及對於推理、洞察、溝通的需求。

這個問題屬於能力水準四，難度分數為586分，OECD國家的平均答對率為40.5%。

水準三的試題，如圖4-5成長問題（OECD, 2010, p. 127；林煥祥，2008，p.142；臺灣PISA國家研究中心，2012b，pp. 23-26），這個試題著重於年齡及身高，屬於改變及關係的內容領域。

學生被要求進行兩組數據特點的比較、詮釋這些數據、以及提出結論。要能成功解決這個問題需要的能力，涉及對已知的數學物件之合理常識、標準的表徵進行詮釋和解碼。學生需具備思考及推理能力，才能回答這樣的問題：「這些圖表有哪些共通點？」並且有論證及溝通能力來解釋發現答案時，這些重點所扮演的角色。得到部分分數的學生，能夠展現他們的推理和／或洞察是有相當的掌握，但是他們無法寫出一個完整、周延的答案。他們可能是回答11歲和／或12歲和／或是13歲，此種標示年齡的方式只完成部分的答案，卻無法標示出從11到13歲的連續性。這個試題清楚說明水準一和水準二的界線。此題的滿分者可以達到水準三，難度為525分。得到滿分的學生不僅可以展現他們的推理和／或洞察能力有相當的掌握，同時他們也可以寫出完整且周延的答案。成功解決這個問題的學生，能夠熟悉地使用統計圖表所呈現的資訊、提出結論以及溝通他們的發現。這個問題屬於能力水準三，難度分數為525分，OECD國家的平均答對率為54.8%。

M150：成長

M150Q02-0011212299

下圖顯示1998年荷蘭的年輕男性和女性的平均身高：

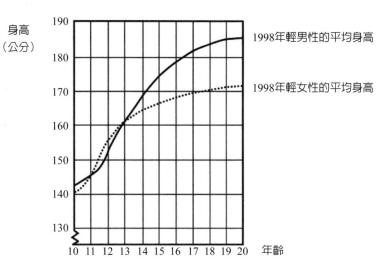

身高
（公分）

1998年輕男性的平均身高

1998年輕女性的平均身高

年齡

問題2
根據這張圖，平均而言，哪一段時期的女孩身高會比同年齡的男孩高？

_____

_____

計分
滿分
代號21：寫出正確的時期，11-13歲。
　　　　‧11-13歲之間。
　　　　‧11至13歲時，女孩的平均身高比男孩高。
　　　　‧11-13
代號22：指出在11和12歲時，女孩比男孩高。（以日常用語來說，這個答案是正確的，因為
　　　　它指的是11至13歲這段時期）
　　　　‧11和12歲時，女孩比男孩高。
　　　　‧11和12歲。

部分分數
代號11：其他11、12、13的搭配（不包含在滿分部分的搭配）。
　　　　‧12至13。
　　　　‧12
　　　　‧13
　　　　‧11
　　　　‧11.2至12.8。

零分
代號00：其他答案
　　　　‧1998
　　　　‧過了13歲之後，女孩比男孩高。
　　　　‧10歲到11歲這段時期，女孩比男孩高。
代號99：沒有作答

成長─問題2
內容領域：改變與關係
難度：525
能力水準：3
答對百分比：54.8%

圖4-5　能力水準三之試題：成長

　　水準二的試題，如圖4-6樓梯（OECD, 2010, p.128；林煥祥，2008，p.143；臺灣PISA國家研究中心，2012b，p. 99），這個封閉式建構試題著眼於木匠的日常生活脈絡中，因此它被歸類為職業性脈絡的問題。

　　樓梯問題歸屬於空間與形狀的內容領域，但是實際上的解決程序卻是簡單的除法。

　　學生並不需要真的成為一位木匠，才能瞭解這個問題的相關資訊。一個有教養的公民應該有能力解釋，並且解決像這類使用兩種不同表徵型態的問題：語言（包含數字）、以及圖表表徵。這個說明提供一個簡單但非必要的功能：學生知道樓梯看起來像什麼。這個試題值得注意的是，它包含有多餘的資訊（總長度是400公分），有時候對學生而言容易混淆，但這類的多餘訊息在真實世界問題解決中是常見的。因為所有需要的資訊，甚至多餘的資訊，都呈現在一個已知的情境裡，學生可以從單一來源來擷取相關的資訊。因此這個試題在本質上，使用單一的表徵方式與結合了基本算則的應用。

　　這個試題符合能力水準二的程度，難度分數為421分，OECD國家的平均答對率為78.3%。

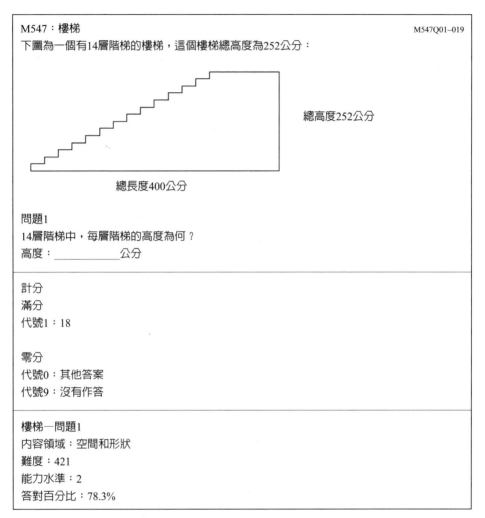

M547：樓梯　　　　　　　　　　　　　　　　　　　　　　　M547Q01–019

下圖為一個有14層階梯的樓梯，這個樓梯總高度為252公分：

總高度252公分

總長度400公分

問題1

14層階梯中，每層階梯的高度為何？

高度：＿＿＿＿＿＿公分

計分

滿分

代號1：18

零分

代號0：其他答案

代號9：沒有作答

樓梯—問題1

內容領域：空間和形狀

難度：421

能力水準：2

答對百分比：78.3%

圖4-6　能力水準二之試題：樓梯

　　水準一的試題，如圖4-7匯率問題（OECD, 2010, p.129；林煥祥，2008，p.144；臺灣PISA國家研究中心，2012b，p. 55），這個封閉式建構試題是設定在公共的社會脈絡。使用匯率來進行換算的經驗對於所有學生而言可能並不普遍，但這個概念仍可視為公民素養所應該具備的技能及知識。

　　這個試題的數學內容侷限在四則基本運算之一：乘法。因此，此題歸

M413：匯率　　　　　　　　　　　　　　　　　　　　　M413Q01-019

來自新加坡的美玲準備前往南非3個月當交換學生。她需要將新加坡幣（SGD）兌換為南非幣（ZAR）。

問題1

美玲發現新加坡幣和南非幣的匯率為：1SGD = 4.2ZAR

依此匯率，美玲將3000元的新加坡幣兌換為南非幣。

問美玲可兌換成多少元的南非幣？

答：＿＿＿＿＿＿

計分

滿分

代號1：12,600ZAR（不需要註明單位）

零分

代號0：其他答案

代號9：沒有作答

兌換匯率－問題1

內容領域：數量

難度：406

能力水準：1

答對百分比：79.9%

圖4-7　能力水準一之試題：匯率

屬於數量的內容領域裡，更明確來說，屬於數的運算。

　　就能力而言，需要數學化的歷程非常有限：瞭解簡單的文本，並將已知的資訊連結到必須的計算。所有必要的資訊都會非常明確地呈現出來。因此，解決這個問題所需要的能力，可以說是例行性程序的表現以及標準算則的應用。因此這個試題結合了熟稔的脈絡、清楚定義的問題、以及例行性的程序。

　　這個試題屬於能力水準一，難度分數為406分，OECD國家的平均答對率為79.9%。

　　2009年臺灣（臺灣PISA國家研究中心，2010）與上海、韓國、芬蘭、香港、新加坡、日本、澳門和OECD平均學生在各個能力水準的百分

率,如表4-5。發現在2009年學生能力水準六比率最高的地區是上海,高達26.6%;其次是新加坡,達15.6%,再來是臺灣11.3%。學生能力達水準五和六的地區仍以上海最高,達50.4%;新加坡次之,達35.6%;再來是香港達30.7%,臺灣達28.5%。若計算未達水準一和水準一的學生,發現2009年臺灣學生達12.8%,是上述國家或地區中最高者,但比OECD國平均的22%好。可見我國在上述國家中,學生的能力水準比較偏向兩極。

表4-5 2009年臺灣與參照國家在能力水準的學生比例分配

國家	未達1 低於 357.8	1 357.8– 420.1	2 420.1– 482.4	3 482.4– 544.7	4 544.7– 607	5 607– 669.3	6 高於 669.3
臺灣	4.2	8.6	15.5	20.9	22.2	17.2	11.3
上海	1.4	3.4	8.7	15.2	20.8	23.8	26.6
韓國	1.9	6.2	15.6	24.4	26.3	17.7	7.8
芬蘭	1.7	6.1	15.6	27.1	27.8	16.7	4.9
香港	2.6	6.2	13.2	21.9	25.4	19.9	10.8
新加坡	3	6.8	13.1	18.7	22.8	20	15.6
日本	4	8.5	17.4	25.7	23.5	14.7	6.2
澳門	2.8	8.2	19.6	27.8	24.5	12.8	4.3
OECD平均	8	14	22	24.3	18.9	9.6	3.1

資料來源:臺灣PISA國家研究中心,2010。

2012年臺灣(OECD, 2013)與上海、新加坡、香港、韓國、澳門、日本、列支敦斯登和OECD平均學生在各個能力水準的百分率,如表4-6。發現在2012年學生能力水準六比率最高的地區是上海,高達30.8%;其次是新加坡,達19.0%,再來是臺灣18.0%。學生能力達水準五和六的地區仍以上海最高,達55.4%;新加坡次之,達40.0%;再來是臺灣達37.2%,香港達33.7%。若計算未達水準一和水準一的學生,發現2012年臺灣學生達12.8%,是上述國家或地區中最高者,但比OECD國平均的23%好。可見我國在上述國家中,學生的能力水準比較偏向兩極。

表4-6　2012年臺灣與參照國家在能力水準的學生比例分配

國家	未達 1 低於 357.8	1 357.8- 420.1	2 420.1- 482.4	3 482.4- 544.7	4 544.7- 607	5 607- 669.3	6 高於 669.3
臺灣	4.5	8.3	13.1	17.1	19.7	19.2	18.0
上海	0.8	2.9	7.5	13.1	20.2	24.6	30.8
新加坡	2.2	6.1	12.2	17.5	22.0	21.0	19.0
香港	2.6	5.9	12.0	19.7	26.1	21.4	12.3
韓國	2.7	6.4	14.7	21.4	23.9	18.8	12.1
澳門	3.2	7.6	16.4	24.0	24.4	16.8	7.6
日本	3.2	7.9	16.9	24.7	23.7	16.0	7.6
列支敦斯登	3.5	10.6	15.2	22.7	23.2	17.4	7.4
OECD平均	8.0	15.0	22.5	23.7	18.2	9.3	3.3

資料來源：OECD, 2013.

　　若將臺灣2012年、2009年和2006年相比較（OECD，2013；臺灣PISA國家研究中心，2010），如表4-7和圖4-8，發現水準五和六的學生以2012年較高，約37.2%；2006年次高，約31.9%；2009年較低約29.5%。未達水準一和水準一的學生，以2012年和2009年較高，約12.8%，但2012年未達水準一的學生增加了3%；2006年則約11.9%，與2012年和2009年高約0.9%。顯示未達水準一的學生比例有逐年增加的趨勢，達水準六的學生也增加了許多。

表4-7　2006、2009、2012年臺灣在能力水準的學生比例分配

國家	未達 1 低於 357.8	1 357.8- 420.1	2 420.1- 482.4	3 482.4- 544.7	4 544.7- 607	5 607- 669.3	6 高於 669.3
臺灣2012	4.5	8.3	13.1	17.1	19.7	19.2	18.0
臺灣2009	4.2	8.6	15.5	20.9	22.2	17.2	11.3
臺灣2006	3.6	8.3	14.3	19.4	22.4	20.1	11.8

資料來源：臺灣PISA國家研究中心，2010；OECD，2013。

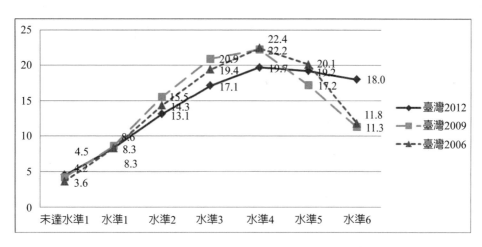

圖4-8 臺灣PISA 2006、2009和2012各數學能力水準人數比例分配對照

　　行政院國家科學委員會（2013）對歷年來參與PISA的結果給予評論，認為我國學生整體的數學素養仍然非常優異，但是未達水準一的學生明顯偏高，因此如何幫助明顯落後的學生是當務之急。同時，假如「降低水準二以下的學生比率將可以提振國家的經濟，所以適性精緻的補救教學是教育重要的投資。」

　　行政院國家科學委員會（2013）從PISA的評量結果也發現，驅力、動機和自信都是學生發揮潛力的必要條件，其中社經不利的學生以及女學生的數學學習，都需要給予更多的教育關懷。因此教育系統應該呈現並且支持所有學生學習，才能因為成就的進步而產生信念，才能讓學習落後的學生產生驅力和動機。

　　未來PISA 2015將重視數位學習與人際合作的能力，因此行政院國家科學委員會（2013）建議我國教育研究和實務社群，應該共同省思如何協助學生發展面對未來生活、學習或工作職場上挑戰的能力。同時「教育部與行政院國家科學委員會將更積極合作，針對數學、科學以及閱讀三大素養相關之課程、教學及評量等層面提出具體改進策略，希望能有效培養學生具備全球化現代公民的核心能力。」

第五節　公布試題告訴我們什麼

　　我們以PISA所公布的樣本試題（臺灣PISA國家研究中心，2012b）為一開始評量時所用的試測試題；PISA 2012（OECD, 2012）年開始公布正式評量所用的試題；此外林福來（2011）也召集學者和國中輔導團員開發臺灣2011數學素養評量樣本試題。我們利用來說明數學素養可以解決的問題以及限制，本書期望能因此讓讀者更加清楚數學的用處以及時機。

壹、樣本試題

一、理想化與逆概念的問題

　　從圖4-9地衣的試題（臺灣PISA國家研究中心，2012b, pp. 5-8），我們可以發現數學素養的試題可以是一個適度理想化的試題，因為在真正的自然生活中，地衣不會以真正的圓形增大，而是近似圓形增大，同時圓形的直徑與地衣的年齡之關係，不可能恰好是直徑 $= 7.0 \times \sqrt{（年齡 - 12）}$ 的關係，而是約略的關係。

　　此外，從地衣的評分設計來看，問題1所問的是地衣的直徑，問題雖然沒有寫明單位，但是只要學生在作答時給予正確的數學，即使沒有加上毫米的單位，仍然給予滿分。我們發現PISA試題是站在以學生為中心的角度來評分，而非以瑕疵原則來評分。

　　比較特別的是，因為問題1只是把數值代入而已，但未把真正的整數值算出來或者不會開根號，例如$d = 7\sqrt{4}$或者答16，都只給部分分數而已。

M047：地衣

全球性暖化會造成一部分冰川融化。約在冰川消失的十二年後，微小的植物—地衣，會開始在岩石間生長。

地衣會以近似圓形的方式成長增大。

圓形的直徑與地衣的年齡之關係約可用下列公式來表示：

$$d = 7.0 \times \sqrt{(t-12)}, t \geq 12$$

其中，d表示圓形直徑（毫米），t表示冰川消失後的年數。

問題1：地衣　　　　　　　　　　　　　　　　　　　　　　　　M047Q01-0189

利用公式，算出冰川消失後十六年的地衣直徑。寫出你的計算過程。

地衣一問題1計分

題旨：引出學生使用已知公式的能力

滿分

代號2：14毫米（單位非必要）。只要寫出正確答案14，無論是否寫出計算過程，就評為代號2。

　　　· $d = 7.0\sqrt{(16-12)}$　　　　$d = 14$

　　　· 14毫米

　　　· 14

　　　· $d = 7.0\sqrt{(16-12)}$　　　　$d = 14$年（注意此例的計算完全正確，但單位寫錯，視為是學生筆誤）

部分分數

代號1：部分反應包含：

　　　· 代入公式的值正確，但答案錯誤或未寫出答案。

　　　· 不完整的答案（如$7\sqrt{4}$）。

　　　· $d = 7.0\sqrt{(16-12)}$　　　　$d = 16$

　　　· $d = 7.0\sqrt{(16-12)}$　　　　$d = 7\sqrt{4}$

零分

代號0：其他答案

代號9：沒有作答

圖4-9　PISA公布之參考試題：地衣之問題1

從圖4-9和圖4-10的地衣問題（臺灣PISA國家研究中心，2012b，pp. 5-8），我們可以發現兩個問題是互逆的問題。一個是求直徑，另一個

則是求多少年。互逆的問題，或者逆概念的問題，在數學上時常可見，而且極為重要。例如：加與減、乘與除、指數與對數……。

問題2：地衣　　　　　　　　　　　　　　　　　　　M047Q02-01289
安安測量出某地區地衣的直徑為35毫米。
請問在這地區的冰川是多少年前消失？
寫出你的計算過程。

地衣─問題2計分
題旨：引出學生使用已知公式的能力
滿分
代號2：37年（單位非必要），無論是否寫出計算過程。

　　　　・$35/7 = 5$
　　　　$5^2 = 25$
　　　　$25 + 12 = 37$（嚴格的說代數符號寫法錯誤，但我們知道學生想表達的意思）
　　　・$t = 15$　$d = 12.1$
　　　　$t = 25$　$d = 25.2$
　　　　$t = 40$　$d = 37.0$
　　　　$t = 35$　$d = 33.6$
　　　　$t = 37$　$d = 35$（注意此處的正確答案37，已在正確算式中出現）
　　　　故在這地區的冰川是37年前消失的。

部分分數
代號1：代入公式的值正確，但答案錯誤或未寫出答案。
　　　　或
　　　　36年或38年（學生可能用嘗試錯誤法來算出這個答案）

　　・$35 = 7.0 \times \sqrt{(t-12)}$
　　　　$5 = \sqrt{(t-12)}$
　　　　$25 = t^2 - 12^2$
　　　　$t = 13$
　　・$35 = 7.0 \times \sqrt{(t-12)}$
　　　　$35^2 = 7^2 \times \sqrt{(t-12)}$
　　　　$49t = 1237$
　　　　$t = 25$
　　・$35 = 7.0 \times \sqrt{(t-12)}$
　　　　$5 = \sqrt{(t-12)}$
　　　　$25 = \sqrt{t} - \sqrt{12}$

太難了

零分
代號0：其他答案

$$35 = 7.0 \times \sqrt{(t-12)}$$

$$28 = \sqrt{(t-12)}$$

$$784 = t - 12$$

$$t = 796$$

40年

代號9：沒有作答

圖4-10　PISA公布之參考試題：地衣之問題2

二、找尋規律的問題

　　圖4-11和圖4-12之蘋果問題（臺灣PISA國家研究中心，2012b，pp.12-15）是一個生活中常見的規律問題，類似這種問題在臺灣的數學教科書也常見。找尋規律的問題在生活中非常重要，例如：地球繞太陽運行時的日與時、分、秒等等。

M136：蘋果
農夫將蘋果樹種在正方形的果園。為了保護蘋果樹不受風吹，他在蘋果樹的周圍種植針葉樹。
下圖你可以看到當農夫種植不同列數（n）的蘋果樹時，蘋果樹及針葉樹數量的變化：

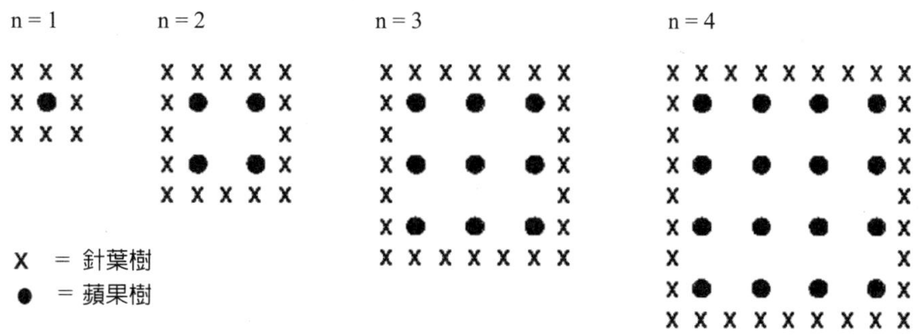

問題1：蘋果　　　　　　　　　　　　　　　　　　M136Q01-010211122199
完成下表的空格

n	蘋果樹數量	針葉樹數量
1	1	8
2	4	
3		
4		
5		

蘋果—問題1計分
完成下表的空格

n	蘋果樹數量	針葉樹數量
1	1	8
2	4	16
3	9	24
4	16	32
5	25	40

滿分
代號21：7格全對

部分分數
〔表格中僅有一個錯誤／空白。其中，代號11是針對n = 5中的一個細格錯誤，代號12是n = 2
或3或4中的一個細格錯誤〕
代號11：在n = 2、3、4時均答對，但n = 5答錯一格或未作答
　　　　・最後一格「40」答錯；其餘均正確。
　　　　・「25」答錯；其餘均正確。
代號12：n = 5中的數量均答對，但在n = 2或3或4中有一格答錯或未作答。

零分
〔表格中有兩個或以上的錯誤〕
代號01：在n = 2、3、4均答對，但n = 5兩個空格全錯。
代號02：其他答案
代號99：沒有作答

圖4-11　PISA公布之參考試題：蘋果之問題1

在圖4-12之蘋果問題2（臺灣PISA國家研究中心，2012b，pp.12-15）的評分規準中，比較特殊的地方是學生使用代數方法求解，求出n = 8或0仍然給予滿分，同時它也以不同代碼區分開來，這樣有助於我們瞭解有多少比率的學生，沒有特別注意到去除不適合的答案。

問題2：蘋果　　　　　　　　　　　　　　　　　　　　M136Q02-00111213141599

你可以用下列的2個公式來計算上述提到的蘋果樹數量及針葉樹數量的變化：

蘋果樹的數量 = n^2

針葉樹的數量 = $8n$

n代表蘋果樹的列數

當n為某一個數值時，蘋果樹數量會等於針葉樹數量。找出n值，並寫出你的計算過程。

_____

_____

_____

_____

蘋果—問題2計分

滿分

〔以下這些代號是指使用不同的方法，正確答出n = 8〕

代號11：n = 8，用明確的代數方法解出答案。

　　　　· $n^2 = 8n$, $n^2 - 8n = 0$, $n(n-8) = 0$, n = 0或n = 8，所以n = 8

代號12：n = 8，用不明確的代數解法，或沒有呈現出計算過程。

　　　　· $n^2 = 8^2 = 64$, $8n = 8 \cdot 8 = 64$

　　　　· $n^2 = 8n$，得n = 8

　　　　· $8 \times 8 = 64$, n = 8

　　　　· n = 8

　　　　· $8 \times 8 = 8^2$

代號13：用其他方法算出n = 8，如用規律延伸或畫圖。

〔以下這些代號是表示使用不同的方法，正確回答n = 8，但也回答n = 0〕

代號14：如同代號11（明確的代數解法），但答案寫n = 8或n = 0。

　　　　· $n^2 = 8n$, $n^2 - 8n = 0$, $n(n-8) = 0$, n = 0或n = 8，所以n = 8或n = 0。

代號15：如同代號12（不明確的代數解法），但答案寫n = 8或n = 0。

零分

代號00：其他答案，包含只回答n = 0

　　　　· $n^2 = 8n$（重複題目陳述）

　　　　· $n^2 = 8$

　　　　· n = 0。兩種樹木的數量不可能相等，因為種1棵蘋果樹就要種8棵針葉樹。

代號99：沒有作答

圖4-12　PISA公布之參考試題：蘋果之問題2

三、使用各種方法估計面積

　　圖4-13是大陸面積估計問題（臺灣PISA國家研究中心，2012b，pp. 20-22），PISA允許學生使用正方形、長方形、圓形、以及其他有規律的圖案來估計比例尺的面積，只要所估出來的面積在合理的範圍之間即可。同時，學生所估出來的答案太大或者太小，只要方法正確，PISA仍然給予部分分數。

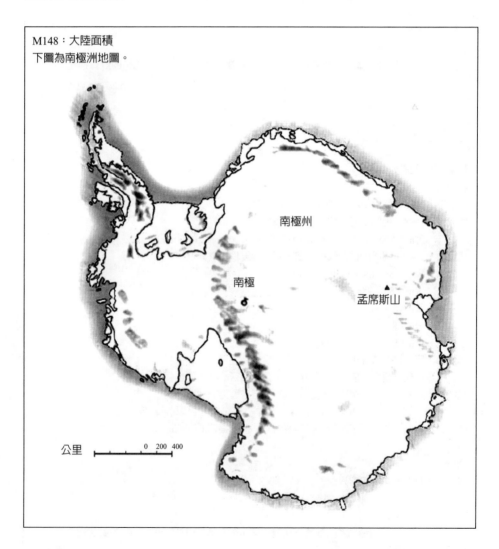

M148：大陸面積
下圖為南極洲地圖。

問題2：大陸面積　　　　　　　　　　　　　　　　　　　　　　　　M148Q02
利用地圖的比例尺估算出南極洲的面積。
寫出你的作法並解釋你是如何估計的。（若作圖能幫助你估計的話，可直接畫在地圖上。）

大陸面積—問題2計分
滿分
〔以下這些代號表示估計方法正確，以及得到正確的答案。代號的第二碼，代表不同的估計方法〕
代號21：畫一個正方形或長方形估計出面積在12,000,000平方公里和18,000,000平方公里之間
　　　　（不需要單位）。
代號22：畫一個圓形估計出面積在12,000,000平方公里和18,000,000平方公里之間。
代號23：加上數個規則的幾何圖形估計出面積在12,000,000平方公里和18,000,000平方公里之間。
代號24：運用其他正確方法得出面積在12,000,000平方公里和18,000,000平方公里之間。
代號25：答案正確（12,000,000平方公里和18,000,000平方公里之間），但沒有顯示計算過程。

部分分數
〔以下這些代號表示估計方法正確，但是得出來的答案不正確或不完整。這些代號的第二碼
與滿分代號的第二碼相同，代表不同的估計方法〕
代號11：畫一個正方形或長方形估計，方法正確但答案不正確或不完整。
　　　　・畫一個長方形，長乘以寬，但答案過大或過小（例如18,200,000）。
　　　　・畫一個長方形，長乘以寬，但位數不正確（例如4,000×3,500=140,000）。
　　　　・畫一個長方形，然後長乘以寬，但忘記利用比例尺轉為平方公里（例如12公分×
　　　　　15公分 = 180）。
　　　　・畫一個長方形，說明面積是4,000公里×3,500公里，沒有進一步的計算。
代號12：畫一個圓形估計，方法正確，但答案不正確或不完整。
代號13：加上數個規則的幾何圖形估計，方法正確，但答案不正確或不完整。
代號14：運用其他正確方法估計，但答案不正確或不完整。

零分
代號01：計算周長，但沒有計算面積。
　　　　・如：16,000公里是1,000公里的比例尺圍繞地圖16次。
代號02：其他答案
　　　　・如：16,000公里（沒有顯示計算過程，答案也不正確）。
代號99：沒有作答

計分摘要表
下面的摘要表呈現出這些代號之間的關係：

估計方法	代號		
	滿分－ 正確答案： 介於12,000,000和18,000,000 平方公里之間。	部分分數－ 正確方法但答案不 正確或不完整。	零分
畫一個長方形	21	11	
畫一個圓	22	12	
增加一些規則的圖形	23	13	
其他正確方法	24	14	
沒有顯示	25		
周長			01
其他不正確方法			02
沒有作答			99

圖4-13　PISA公布之參考試題：大陸面積之問題2

四、運用生活經驗

　　圖4-14到圖4-17是需要生活經驗的賽車速度問題（臺灣PISA國家研究中心，2012b，pp. 32-34）。假如學生沒有開車或者騎腳踏車競賽的經驗，學生應該很難答對此一問題。問題1，學生需要有經驗瞭解，當車子在進入彎道前需要先減速，過彎道之後的直線道才持續加速。否則他很難瞭解為什麼在1.5km的加速時，是最長直線的跑道。

　　對於問題4，學生也需要利用上述經驗才能正確瞭解車道B，才能描繪出此一車道與起點距離和車速的關係圖。因為它有三個減速區，表示有三處轉彎處；在第二次加速與等速區的距離最長。

M159：賽車速度

下圖顯示一輛賽車在跑第二圈時，沿著一段3km長的平坦跑道之速度變化。

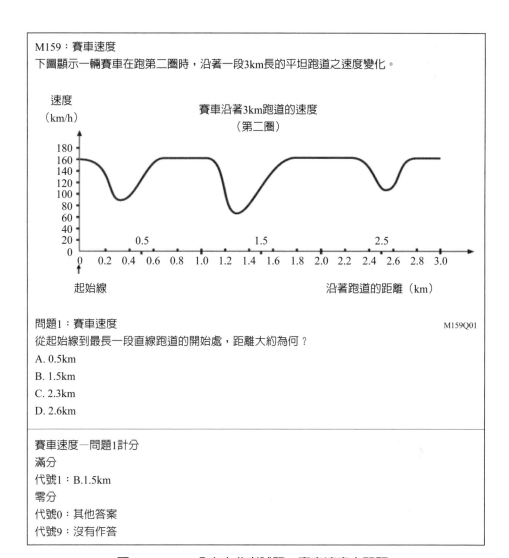

問題1：賽車速度　　　　　　　　　　　　　　　　　　　　　M159Q01

從起始線到最長一段直線跑道的開始處，距離大約為何？

A. 0.5km

B. 1.5km

C. 2.3km

D. 2.6km

賽車速度—問題1計分

滿分

代號1：B.1.5km

零分

代號0：其他答案

代號9：沒有作答

圖4-14　PISA公布之參考試題：賽車速度之問題1

問題2：賽車速度　　　　　　　　　　　　　　　　　　　　M159Q02

在跑第二圈時，哪個地方速度最低？

A. 在起跑線

B. 約在0.8km處

C. 約在1.3km處

D. 約在軌道的一半

賽車速度—問題2計分

滿分

代號1：C.約在1.3km

零分

代號0：其他答案

代號9：沒有作答

圖4-15　PISA公布之參考試題：賽車速度之問題2

問題3：賽車速度　　　　　　　　　　　　　　　　　　　　M159Q03

你能說明在2.6km到2.8km之間的車速代表什麼意思嗎？

A. 車速維持不變

B. 車速增加

C. 車速減少

D. 無法由圖中判斷車速

賽車速度—問題3計分

滿分

代號1：B.車速增加

零分

代號0：其他答案

代號9：沒有作答

圖4-16　PISA公布之參考試題：賽車速度之問題3

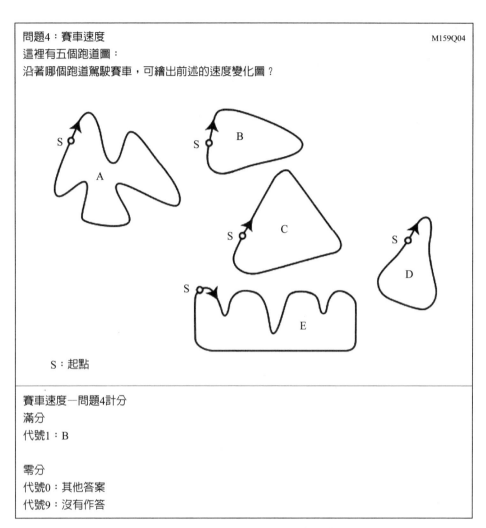

問題4：賽車速度　　　　　　　　　　　　　　　　　　　　M159Q04
這裡有五個跑道圖：
沿著哪個跑道駕駛賽車，可繪出前述的速度變化圖？

S：起點

賽車速度─問題4計分
滿分
代號1：B

零分
代號0：其他答案
代號9：沒有作答

圖4-17　PISA公布之參考試題：賽車速度之問題4

五、給予合理理由之統計問題

　　圖4-18的搶劫問題（臺灣PISA國家研究中心，2012b，pp. 37-39）是
一個需要學生給予合理說明的統計相關問題，問題中並沒有明白說明主播
認為搶劫案數量有巨幅的上升是否正確，而是要學生自行判斷。要學生給
予合理說明的問題，在臺灣的教育現場較少看到，而這種問題要學生展現

有批判反思能力的代表問題。此一統計表省略一部分的數據，同時把兩年的長條圖拉得差異很大，因此看起來有大幅上升的感覺，但事實上學生需要有相對比較的基準數據（可能是1997年到1998年增加的數據），才能依據相對的數據來判斷是否大幅增加。

特別要注意的是，若學生只以絕對的數據（由508至515不是一個大增加）來判斷不是大幅增加，只有給部分分數。

問題1：搶劫 M179Q01-01020304111221222399

電視主播呈現了下圖並報導：

「圖形顯示，從1998年到1999年搶劫案數量有巨幅的上升」。

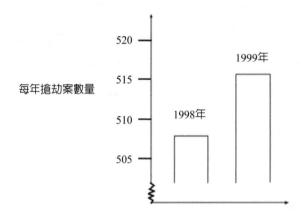

每年搶劫案數量

你認為這位主播對於上圖的解釋是否合理？請寫出一個理由來支持你的答案。

搶劫─問題1計分

注意：

以下代號中，答案「否」包括所有認為「該詮釋是不合理」的句子，而答案「是」則包括所有認為「該詮釋是合理」的句子。請不要單憑「是」或「否」來計分，而應看看答案解釋是否合理。

滿分

代號21：不，不合理。指出我們看到的只是整個圖表的其中一小部分。

　　　・不合理，須顯示整個圖表。

　　　・我不認為那是合理的詮釋，因為如果顯示全圖的話，便能看到搶劫案的數目只是輕微上升。

　　　・不合理，因為他只用了圖表上方的小部分。如果看到全圖由0到520的情況，便知道上升的幅度不是那麼大。

・不，那只是因為該圖表讓人覺得數字巨幅上升。看數字增加並不多。

代號22：不，不合理。用比率或百分比的數字作論據，論點正確。

　　　　・不，不合理。與總數500比較，10不是一個巨幅的增加。

　　　　・不，不合理。計算百分比，約只有2%的增加。

　　　　・不，多了8宗搶劫案，即上升了1.5%。我認為那不是很多！

　　　　・不，今年只多了8或9宗，與507宗比較，那不是很大的數字。

代號23：要有趨勢的數據資料才可作出判斷。

　　　　・我們不能說增加是否巨幅。若1997年的搶劫案數目與1998年的相同，那麼我們可以說1999年有巨幅增加。

　　　　・有多「巨幅」，我們無從得知。因為至少需要有兩個改變，才可判別哪個大，哪個小。

部分分數

代號11：不，不合理，但欠缺詳細解釋。

　　　　・只有討論搶劫案的實際增加數字，但沒有將它與總數比較。

　　　　・不合理。搶劫案數目大約增加了10宗。用「巨幅」一詞去形容搶劫案數目增加的真實情況不正確。搶劫案數目只大約增加了10宗，我不會稱之為「巨幅」。

　　　　・由508至515不是一個大增加。

　　　　・不，因為8或9不是一個大數目。

　　　　・有點不合理。由508至515是有增加，但不是巨幅的增加。

注意：

由於圖表的比例尺不是太清楚，因此如果搶劫案增加的數字在5至15之間，可以接受。

代號12：不，不合理。方法正確但有輕微計算錯誤。

　　　　・方法和結論皆正確，但計算出來的百分比是0.03%。

零分

代號01：不。表示不合理，但沒有提供解釋、沒有充分解釋或解釋不正確。

　　　　・不，我不同意。

　　　　・主播不應用「巨幅」這個字眼。

　　　　・不，這是不合理的。主播（記者）經常喜歡誇大。

代號02：是。基於圖表的形狀，因而指出搶劫案數字雙倍增加。

　　　　・是，圖形的高度雙倍增加。

　　　　・是，搶劫案數字差不多雙倍增加。

代號03：是。沒有提供解釋，或提供代號02以外的解釋。

代號04：其他答案

代號99：沒有作答

圖4-18　PISA公布之參考試題：搶劫之問題

六、積木實心與空心黏合

圖4-19到圖4-21是積木堆疊或者黏合問題（臺灣PISA國家研究中心，2012b，pp. 50-52），在我們的教科書中較常出現的是積木的實心堆疊問題，但這邊卻出現積木的空心黏合問題，它的難度比實心堆疊的問題稍難。

M309：積木

蘇珊想要利用下圖的小立方體來做出積木模型：

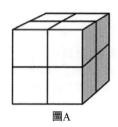

圖A

蘇珊有許多像上面這樣的小立方體，她利用膠水將許多的小立方體黏起來成為積木模型。

首先，蘇珊拿了8個小立方體做出圖A的積木模型。

然後，蘇珊再做出了圖B和圖C的積木模型。

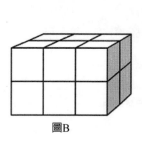

圖B

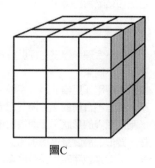

圖C

問題1：積木   M309Q01

蘇珊需要拿多少個小立方體才能做出圖B的積木模型？

答：_____個

積木—問題1計分

滿分

代號1：12個

零分
代號0：其他答案
代號9：沒有作答

圖4-19　PISA公布之參考試題：積木之問題1

問題2：積木　　　　　　　　　　　　　　　　　　　　　M309Q02
蘇珊需要拿多少個小立方體才能做出圖C的實心積木模型？
答：_____個

積木—問題2計分
滿分
代號1：27個

零分
代號0：其他答案
代號9：沒有作答

圖4-20　PISA公布之參考試題：積木之問題2

問題3：積木　　　　　　　　　　　　　　　　　　　　　M309Q03
蘇珊想到可以用比實際還要少的小立方體來做出圖C的積木模型。她想用膠水黏出一個看起
來像C，但是内部是中空的積木模型。請問蘇珊需要多少個小立方體才能做出看起來像圖
C，但内部是中空的積木模型。
答：_____個

積木—問題3計分
滿分
代號1：26個

零分
代號0：其他答案
代號9：沒有作答

圖4-21　PISA公布之參考試題：積木之問題3

七、邏輯推論問題

圖4-22是統計數據的邏輯推理問題（臺灣PISA國家研究中心，2012b，p. 70）。問題中兩位沒有來的學生測量身高後，重新計算男生和女生的身高平均數，發現均沒有改變，此時都無法推論「兩位學生都是女生」、「一個學生是男生，另一個是女生」、「兩個學生有相同的身高」、「所有學生的平均高度沒有改變」、「俊克仍是最矮的」永遠會對。因為前兩個問題，可能缺席的都是男生而且身高都是160公分；第三、四個問題，可能缺席的男生身高是160公分，女生身高是150公分，但第四個問題的所有學生平均數改變了（一個平均數是$\dfrac{男生數 \times 160 + 女生數 \times 150}{男生數 + 女生數}$，另一個平

M479：學生身高

問題1：學生身高

M479Q01

某一天的數學課，所有學生都測量了身高。男生平均身高為160公分，女生平均身高為150公分。曉蕾是最高的－她的身高是180公分。俊克是最矮的－他的身高是130公分。

那天上課有兩位學生缺席，但隔天他們都來上課了。他們也測量了身高，並重新計算身高的平均。令人驚訝的是，男生和女生的平均身高都沒有改變。

從這些訊息可以獲得下列何種推論？

針對每一個推論，圈出「是」或「否」。

推論	是否可獲得這個推論
兩位學生都是女生。	是／否
一個學生是男生，另一個是女生。	是／否
兩個學生有相同的身高。	是／否
所有學生的平均高度沒有改變。	是／否
俊克仍是最矮的。	是／否

學生身高—問題1計分

滿分

代號1：所有的結論均為「否」。

零分

代號0：其他答案

代號9：沒有作答

圖4-22　PISA公布之參考試題：學生身高之問題

均數是 $\dfrac{\text{男生數} \times 160 + \text{女生數} \times 150 + 160 + 150}{\text{男生數} + \text{女生數} + 2}$）。第五個問題可能兩位男生身高分別是最高（例如195公分）和最矮（例如125公分）。

值得注意的是，在數學上，我們說是否可以推論「兩位學生都是女生」，表示在任何情形下都要能推論「兩位學生都是女生」，不能是在某些情形下可以，在某些情形下不可以的情境。這個特性需要所有的學生都能夠清楚瞭解。

八、無法製作統計圖的問題

圖4-23是一個無法製作成統計圖的廢棄物問題（臺灣PISA國家研究中心，2012b，p. 74）。在我們的教科書中通常只教可以製作統計圖或者正確的例子，不教無法製作統計圖或者反例。有些老師認為教反例可能會誤導學習成就不佳的學生。作者認為教正例和反例可以讓學生清楚的瞭解什麼時候可以使用數學相關概念，什麼時候不能使用數學相關概念，這樣會使學生建構更完整的數學概念。因此，反例在教學過程應該被適度呈現。

M505：廢棄物

問題1：廢棄物   M505Q01-019

為了做有關環境的回家作業，學生蒐集了幾種廢棄物所需分解時間的資料：

廢棄物種類	分解時間
香蕉皮	1－3年
橘子皮	1－3年
瓦楞紙箱	0.5年
口香糖	20－25年
報紙	幾天
塑膠杯	超過100年

有一位學生想用長條圖來呈現這個調查結果。

寫出一個理由解釋，為何長條圖不適合用來呈現這個結果。

廢棄物一問題1計分
滿分
代號1：原因集中於資料變異太大。
　　　・長條圖中長條長度的差異會很大。
　　　・假如用一條長10公分的長條來代表塑膠杯，代表瓦楞紙箱的長條就只有0.05公分。
或
　　　原因集中於某些類別的資料的變化性。
　　　・「塑膠杯」長條的長度無法確定。
　　　・你不能做出一個表示1-3年的長條或者一個表示20-25年的長條。

零分
代號0：其他答案
　　　・因為這是不可行的。
　　　・用插圖說明會比較好。
　　　・你無法驗證這些資料。
　　　・因為表內的數字只是近似值。
代號9：沒有作答

圖4-23　PISA公布之參考試題：廢棄物之問題

九、概念的本質問題

　　圖4-24是評量機率概念的本質問題（臺灣PISA國家研究中心，2012b，p. 75）。機率的問題，在教學上，時常被當作比例在進行計算；較少有教科書或者試題在談機率的本質問題。地震問題，便是評量學生是否瞭解機率的本質，也就是當地震的機率大於二分之一時，發生地震的可能性比沒有發生地震的可能性大。

M509：地震

問題1：地震　　　　　　　　　　　　　　　　　　　　　　　　　M509Q01
有一個節目報導關於地震和其發生頻率，同時也討論地震的可預測性。
一個地質學家提到：「未來的20年內，在Zed這個城市發生地震的機會是三分之二。」
以下哪一個敘述最能夠反映出這個地質學家的說法？
A. 因為 $\frac{2}{3} \times 20 = 13.3$，所以從現在起往後算的13-14年之間，Zed這個城市將會發生一次地震。

B. 因為 $\frac{2}{3}$ 大於 $\frac{1}{2}$，所以我們可以確定，在未來20年內將會發生一次地震。

C. 未來20年內，在Zed這個城市發生地震的可能性比沒有發生地震的可能性大。
D. 我們不能判斷未來會發生什麼事，因為沒有人可以確定何時會有地震發生。

地震─問題1計分
滿分
代號1：C.未來20年內，在Zed這個城市發生地震比沒有發生地震的可能性大。

零分
代號0：其他答案
代號9：沒有作答

圖4-24　PISA公布之參考試題：地震之問題

十、集中量數的論點

前面圖4-3是有關集中量數的論點問題（臺灣PISA國家研究中心，2012b，pp. 77-78）。一般而言，大家都會以為成績平均數愈高的班級，學生成績愈好。可是平均數或者集中量數，有時候會受到特定數值的影響。因此，當集中量數有特定數值時，可以去除特定數值再來比較。測驗分數問題，就是因為A組學生有一個非常低的數值，使得平均數下降特別多，當我們不去理會此一數值時，它就不見得比較差了。

因為此一問題說明得分為50以上（含）時，他們便通過這個測驗，因此，它的說明也可以以50以上（含）的人數來回答問題。

十一、空間概念問題

圖4-25到圖4-28是有關高度的估計與空間概念的問題（臺灣PISA國家研究中心，2012b，pp. 92-95）。在問題1估計建築物的高度時，學生需有一層建築物大約有多高（約2.5-4公尺）的概念，以及正確瞭解題意中，總共有21層樓，才能得到滿分。若誤算20層樓，只得到部分分數。若每一層樓的高度估計錯誤，則無法得到分數。

此外，問題還需要學生運用空間能力，指出出現的平面圖形是從哪個方位看到的，甚至要求學生在第一層樓圖上畫出某一層樓的方向。

M535：旋轉建築物

在現代建築風格中，建築物通常會有不規則的形狀。下圖呈現一個「旋轉建築物」的電腦模型及其一樓的樓面設計。下圖指針的指向是建築物的方向。

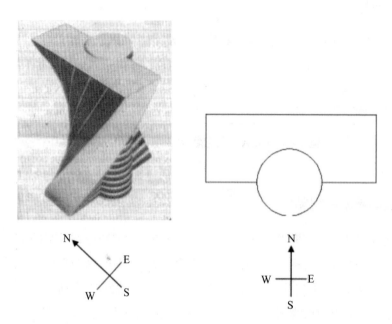

建築物的一樓有大樓的主要入口以及一些商店。在一樓之上另有20層的公寓。

每一樓層的平面設計圖都與一樓的平面設計相似，但每一層之間的方向都有一些差異。圓柱包含電梯和各層樓的樓梯平臺。

問題1：旋轉建築物　　　　　　　　　　　　　　　　　　　M535Q01-0129

以公尺為單位，估算建築物的總高度，並解釋你如何得到答案。

旋轉建築物—問題1計分

滿分

代號2：正確答案範圍在50到90公尺，且包含下列正確解釋：

　　・建築物一層大概高2.5公尺。每層樓之間還有額外的空間。因此估計會有21×3 = 63公尺高。

　　・假設每層樓高4公尺，所以20層樓會有80公尺，再加上一樓地板厚度有10公尺，所以總高度是90公尺。

部分分數

代號1：正確的計算過程和解釋，但計算的樓層數是20而不是21。

　　・每層樓的高度可能是3.5公尺，20層樓的總高度就是70公尺。

零分

代號0：其他答案，包含沒有任何解釋，其他不正確的樓層數，或以不合理的樓層高度做估
　　　 計（4公尺是上限）。

　　　　・每層樓的高度大概5公尺，所以5×21就是105公尺。

　　　　・60公尺

代號9：沒有作答

圖4-25　PISA公布之參考試題：旋轉建築物之問題1

以下兩個圖是這座建築物的側面圖。

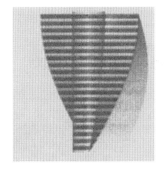 

側面1　　　　　　　　　　　　側面2

問題2：旋轉建築物　　　　　　　　　　　　　　　　　　　　　　　　M535Q02

「側面1」是從哪一個方位畫出來的？

A. 從北方

B. 從西方

C. 從東方

D. 從南方

旋轉建築物─問題2計分

滿分

代號1：C.從東方

零分

代號0：其他答案

代號9：沒有作答

問題3：旋轉建築物　　　　　　　　　　　　　　　　　　　　M535Q03
「側面2」是從哪一個方位畫出來的？
A. 從西北方
B. 從東北方
C. 從西南方
D. 從東南方

旋轉建築物─問題3計分
滿分
代號1：D.從東南方

零分
代號0：其他答案
代號9：沒有作答

圖4-27　PISA公布之參考試題：旋轉建築物之問題3

問題4：旋轉建築物　　　　　　　　　　　　　　　　　M535Q04-0129
每一公寓樓層和一樓相較，都有「旋轉」了一些角度。頂樓（一樓之上的第二十層樓）和一樓方向互為直角。
下圖是一樓的平面圖。

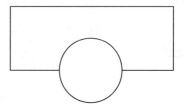

在這個圖上畫出一樓之上的第十層樓的平面圖，並顯示此層樓相對於一樓的位置。

旋轉建築物─問題4計分
滿分
代號2：正確的圖形表示正確的旋轉點，與逆時針旋轉。可接受的角度從40°到50°。

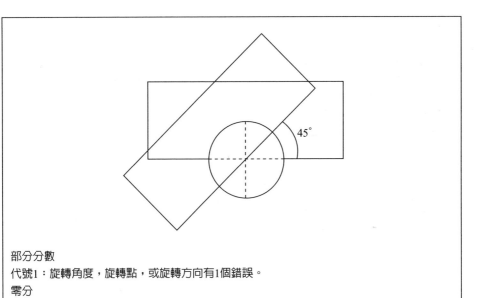

部分分數
代號1：旋轉角度，旋轉點，或旋轉方向有1個錯誤。
零分
代號0：其他答案
代號9：沒有作答

圖4-28 PISA公布之參考試題：旋轉建築物之問題4

十二、估計問題

　　圖4-29是估計參加音樂會人數的問題（臺灣PISA國家研究中心，2012b，p. 100）。估計問題在生活中也時常可以見到，因此數學素養的試題也會評量學生如何估計一個擠滿了人的音樂會的人數。當我們在估計人數時，大多會以1平方公尺大約可以站多少人（約四人）來估計，或者畫出特定區域，再點數有多少人乘以實際區域是特定區域的倍數來估計。

M552：搖滾音樂會

問題1：搖滾音樂會　　　　　　　　　　　　　　　　　　　　M552Q01
搖滾音樂會預留了長100公尺，寬50公尺的長方形場地作為觀眾席。音樂會的票全部賣光，
而且場地擠滿了歌迷。
下列哪一個最有可能是這場音樂會參加人數的估計值？
A. 2000
B. 5000
C. 20000
D. 50000
E. 100000

搖滾音樂會─問題1計分
滿分
代號1：C.20000。

零分
代號0：其他答案
代號9：沒有作答

圖4-29　PISA公布之參考試題：搖滾音樂會之問題

貳、PISA 2012公布之試題

一、語意問題

　　有關點滴速率的問題，圖4-30（OECD, 2012, pp. 18-19）學生的回答是
一個需要留意語意的問題。當點滴注射的時間變成2倍時，D的改變需要
說明改變的方向和大小，例如：變成50%，在中文語意中即有變小和變化
大小的意思。可是變50%，在中文語意中只有變化的大小，沒有改變的方
向。因此學生不能說它變50%，或者只說變小。

點滴速率

點滴注射（或者靜脈點滴）被用來輸送營養液和藥物給病人。

護士需要計算點滴的速率，D，每分鐘的滴數。

他們使用的公式$D = \dfrac{dv}{60n}$，其中

　　　　d是點滴係數，每毫升（mL）的滴數
　　　　v是點滴注射的體積，單位：毫升（mL）
　　　　n是需要點滴注射的時間，單位：小時

問題1：點滴速率　　　　　　　　　　　　　　　　　　PM903Q01-0129

一位護士將點滴注射的時間變成兩倍。

假如n變成兩倍，而且d和v沒有改變，請清楚地描述D是如何改變的？

_____

_____

_____

點滴速率—計分1

題旨

題目描述：在一個公式中，當其他變數固定不變時，描述一個變數變成兩倍的影響。

內容領域：改變和關係

情境脈絡：職業

過程領域：應用

滿分

代號2：說明方向和大小兩者的影響

　　　·它變成一半

- 它的一半
- D將變小50%
- D是原來的一半

部分分數
代號1：僅說明方向或大小其中一種
　　　· D變小
　　　· 改變50%

零分
代號0：其他答案
　　　· 無法回答，因為不知道n的數值
代號9：沒有作答

圖4-30　PISA 2012公開試題：點滴速率

二、數感與代數化能力

　　現今科技非常發達，計算機已非常普遍，利用計算機幫助計算已是必然趨勢。人們必須要有良好的數感，才能處理利用計算機進行計算時可能出現的問題。音樂城MP3專家的問題，圖4-31（OECD, 2012, pp. 21-22）就是評量學生有關利用計算機計算出現問題時的判斷能力。

　　MP3播放器的另一個問題，圖4-32（OECD, 2012, p. 23）是要評量學生是否能將問題利用代數，將批發價與售價之間的關係表徵出來的能力。這個問題可以讓我們的學生知道代數的有用性。

音樂城MP3專家		
MP3播放器	耳機	喇叭
155zeds	86zeds	79zeds

問題2：MP3播放器   PM904Q02

奧利維亞用她的計算機把MP3播放器、耳機和喇叭的價錢加起來。

她得到的答案是248。

奧利維亞的答案是錯的，她在下面的一個地方做錯了，她哪個地方做錯了？

A. 她把其中一個價錢加了兩次。

B. 她忘記加三個價錢中的一個。

C. 她漏按了其中一個價錢的個位數字。

D. 她減去其中一個價錢而不是用加的。

MP3播放器─計分2

題旨

題目描述：在計算機上輸入三個價錢的加法中，辨識得到錯誤數據的原因。

內容領域：數量

情境脈絡：個人

過程領域：應用

滿分

代號1：C.她漏打了其中一個價錢的個位數字

零分

代號0：其他答案

代號9：沒有作答

圖4-31　PISA 2012公開試題：MP3播放器問題2

問題4：MP3播放器　　　　　　　　　　　　　　　　　　　　PM904Q04

MP3產品的原來售價已經包含37.5%的利潤。不包括利潤的價錢被稱作批發價。

利潤是用批發價的百分數來計算。

下面哪個公式是批發價（w）和原來售價（s）的正確關係？

對下面每一個公式圈「是」或者「否」

公式	公式是否正確？
s = w + 0.375	是／否
w = s − 0.375s	是／否
s = 1.375w	是／否
w = 0.625s	是／否

MP3播放器—計分4

題旨

題目描述：決定正確的代數公式以便連結兩個價錢變數，其中一個包含給定的附加百分數。

內容領域：改變和關係

情境脈絡：職業

過程領域：形成

滿分

代號1：　四個正確答案：依序為否、否、是、否

零分

代號0：　其他答案

代號9：　沒有作答

圖4-32　　PISA 2012公開試題：MP3播放器問題4

參、臺灣2011數學素養評量樣本試題

一、估計

　　在現實生活中，我們從甲地到乙地，關心的是多久的時間可以到達，而不是甲地到乙地有多少距離。因此高速公路除了傳統的距離標誌之外，也利用電腦計算出現在到目的地大約需要多少分鐘，如圖4-33。

 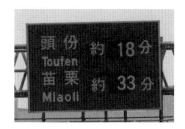

圖4-33 到某地的距離與時間標誌

　　類似上述問題的轉換，在日常生活中也時常碰到。試題P-RQ-034的排隊問題（林福來，2011，pp. 40-41），如圖4-34，就是由排隊所需時間估計大約有多少人排隊的問題。

試題P-RQ-034：排隊問題　　　　　　　　　　設計者：國立中興大學師培生涂健晏

小明的爸媽趁連續假期，帶著小明和小明的妹妹到臺北市花博遊玩。園區內人山人海，每個展覽館幾乎都要排隊。經過大家的討論，小明一家人決定要參觀夢想館、爭艷館以及流行館。

每個展覽館的排隊方式都是兩個兩個一起，地面畫有小型圓點，工作人員會請參觀民眾，站在小型圓點，以方便人數統計。

入〇〇〇〇〇〇〇〇〇〇〇

口〇〇〇〇〇〇〇〇〇〇〇

問題1

首先，小明和妹妹以及爸媽來到第一站夢想館，小明他們所排位置旁的告示牌寫著離入口處大約2小時。而工作人員平均約每10分鐘，開放30個人同時入場，請問排在小明一家人前面的人數大約是多少人？

(A) 150人

(B) 360人

(C) 450人

(D) 200人

計分說明－排隊問題－問題1

滿分（1分）

代碼1：（B）

　　　　2小時 = 120分鐘

　　　　120 ÷ 10 = 12

　　　　12 × 30 = 360人

零分
代碼0：其他答案
代碼9：沒有作答

圖4-34　臺灣2011樣本試題P-RQ-034：排隊問題

二、空間概念

在中、小學的數學學習過程中，空間概念是比較少被關注到的問題，因此學生在這方面的學習比較薄弱。圖4-35的涼亭問題（林福來，2011，pp.74-76）是作者發現學生常見的空間迷思概念，也就是六角亭的屋頂等腰三角形頂角等於幾度的問題需要用到反三角函數，但是屋頂等腰三角形頂角比60度角小的判斷，可以從生活中的撐開與收起雨傘來類比。也可以從圖4-36的涼亭立體圖示，看出BC＝BD，且三角形ABD是直角三角形，所以屋頂的三角形為腰（斜邊AB）比底（BC＝BD）還長的等腰三角形。

試題P-S-035：涼亭　　　　　　　　設計者：新北市林口國中（不具名）
這張照片是由三樓俯拍下來的涼亭，但看看它的屋頂這些三角形暗藏玄機，因為眼睛所見是有可能騙人的，請依序回答下列的問題：

問題1
實際的屋頂由幾個三角形所構成？請說明你如何得到這個結果。

問題2
假設有一個涼亭的屋頂是由6個全等的等腰三角形組成，則每一個排在屋頂三角形的頂角與60度的大小比較，其關係如何？
(A)大　(B)小　(C)相等　(D)資料不足，不能確定

問題3（1）

假設今天你要設計另一個涼亭，上方屋頂是由5個全等的等腰三角形所組成，則底下的三角形，哪一種是可以使用的？

(A)5個正三角形

(B)5個頂角為72度的等腰三角形

(C)5個頂角為90度的等腰直角三角形

(D)以上三種三角形都不可以使用

問題3（2）

假設今天你要設計一個五角亭，上方要有5個全等的三角形組成突起的頂部，則底下的三角形，哪些是可以使用的？

(A)5個正三角形

(B)5個頂角為40度的等腰三角形

(C)5個頂角為72度的等腰三角形

(D)5個頂角為90度的等腰直角三角形

(E)5個頂角為108度的等腰三角形

計分說明－涼亭－問題1

滿分（2分）

代碼2：6

1.由圖形的對稱，得知後方屋頂也有3個三角形，故上方屋頂共由6個三角形所構成。

2.右後方柱子有一根被前方擋住，故共有六根柱子，也就是上方屋頂共6個三角形所構成。

部分給分（1分）

代碼1：

1.僅寫出答案6，沒有說明理由。

2.無法觀察圖形的對稱性，誤以為底下的柱子與上方的三角形皆為5個。

零分

代碼0：其他答案

代碼9：沒有作答

計分說明－涼亭－問題2

滿分（1分）

代碼1：(B)

零分

代碼0：其他答案

代碼9：沒有作答

計分說明－涼亭－問題3（1）

滿分（1分）

代碼1：(A)

零分
代碼0：其他答案
代碼9：沒有作答

計分說明－涼亭－問題3（2）
滿分（2分）
代碼2：(A) (B)
部分給分（1分）
代碼1：僅寫出部分正確的答案。
例如：(A)或(B)

零分
代碼0：其他答案
代碼9：沒有作答

圖4-35　臺灣2011樣本試題P-S-035：涼亭

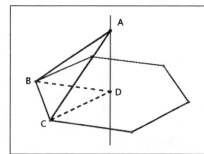
底面的六邊形，每邊等長，且內角都相等，因此為正六邊形。
$\angle ADC = 90°$　，因此$\overline{AC} > \overline{CD} = \overline{BC}$
即△ABC為腰比底邊長的等腰三角形
所以$\angle BAC < 60°$

圖4-36　六角亭的部分圖形

三、相對速度問題

　　會車問題也是生活中常見的問題，圖4-37是客車相遇的問題（林福來，2011，pp. 221-222），就是在瞭解會車有多少次的問題。這個問題對國中生而言非常的難，因為他們很少思考這樣的問題。它的解法，有一種是假設本車是12:00從羅東站開往臺北站，本車在路上的時間是12:00到16:00；此時，從臺北站開往羅東站的車子12:00到16:00之間在路上的都會

被碰到。因此8:30（12:30到羅東）到15:30開出的車子都會碰到，所以會碰到15 − 8 + 1 = 8班車子。

試題E-RQU-014：客運相遇　　　　　　　　　設計者：宜蘭縣冬山國中（不具名）
從羅東站到臺北站的首都客運，整點時發車（例如：15：00、16：00），每小時發車一次；而從臺北站到羅東站的首都客運，則每半點發車（例如：15：30、16：30），一樣每小時發車一次。兩站之間的車程假設要4個小時，若首都客運24小時對開，所有的車子行車速度相等，且都行駛在同一條固定路線上。

問題1
請問每一輛往臺北站的客運，會遇到往羅東站的客運多少次？請計算並說明。

計分說明－客運相遇－問題1
滿分（1分）
代號1：8次

零分
代碼0：其他答案
代碼9：沒有作答

圖4-37　臺灣2011樣本試題E-RQU-014：客運相遇

第六節　如何培養學生的數學素養

壹、培養仔細觀察周遭事物的習慣

　　作者在研究的過程中，有人說對於數學素養問題的解答，有過相同或者相類似生活經驗的學生比較吃香。例如：搭過高鐵的學生，在解答作者在第一章的問題時，比那些沒有搭過高鐵的學生容易；有特別留意過高鐵時刻表的學生，比那些沒有留意過高鐵時刻表的學生容易；有留意過高鐵在嘉義超車的學生，比那些搭高鐵又不留意周遭情況的學生容易。

　　例如：學生有開車的經驗，他一定有開車進入彎道時要腳踩剎車板、車速要減速的經驗，他在解答圖4-14的M159：賽車速度問題時，一定比

那些沒有開車經驗的學生來得容易。

例如：有些人就留意到在臺北市的紅綠燈和秒數倒數的問題。在車行道上的秒數倒數是呈現在車行道紅燈的時候，可是斑馬線上的秒數倒數是呈現在斑馬線綠燈的時候。當人行道的秒數倒數變成0轉成綠燈倒數，對方車行道的紅燈秒數還在倒數，大約有數秒的落差。

作者同意有類似生活經驗的學生比較容易解答數學素養問題的說法；但是別忘了，數學素養的目的是要培養學生利用所學到的數學知識解答生活脈絡的問題，若學生已能主動仔細觀察周遭事物，已經培養這樣的習慣，已有這樣的經驗，他利用數學來解答問題，一定可以解決得更好，這不是表示學生的數學素養很好嗎？因此學生有類似的生活經驗，我們是應該鼓勵的。

作者發現有些學者也有很好的數學素養，例如：參與數學教育改革非常知名的前臺大數學系教授黃敏晃教授就是一個例子。他出版許多與數學素養有關的書籍，其中很多都是來自自身的經驗。作者也時常留意生活中與數學相關的事物，時常利用數學來思考生活中碰到的問題，感覺自己的數學素養還可以。

因此，若我們能培養學生時常留意生活周遭事物的習慣，時常使用所學的數學來思考相關的問題，相信學生的數學素養會愈來愈好，學生數學的有用性會愈來愈清楚，學生會對數學愈有興趣。例如：作者想要從A點走到B點，如圖4-38，作者留意從家門口走到十字路口需要的秒數（例如：正常的步伐約80秒以及快步走所需要的秒數約40秒），十字路口允許行人通過的總秒數（例如：70秒），以及自己從十字路口這端走到那端所需要的秒數（例如：正常的步伐約20秒以及快步走所需要的秒數約10秒）。這個時候作者只要留意從自己家門口走出來，看到十字路口紅綠燈的號誌或者秒數（例如：從A點看到是綠燈或者紅燈倒數90秒），就自己知道走到十字路口這端時，大約要等多久才可以走到另一端，或者走到十字路口這端時，行人的號誌已是綠燈，同時是否需要快步走過去。

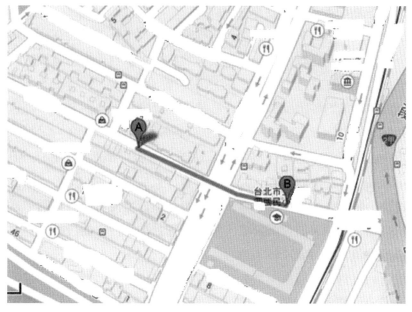

圖4-38

貳、培養推理的能力

培養學生留意生活周遭事物的習慣是非常重要的，但是我們不可能碰到所有的事情，不可能經歷所有的問題，因此培養學生的推理能力也變成是一件非常重要的事情。推理能力可以補足我們經驗不足的問題，可以讓我們更有能力處理沒有碰到的問題，或者合理推論碰見的問題，變成有文化、有教養的人。

例如：我們雖然沒有搭高鐵的經驗，或者沒有留意不是每站都停的快速車次在那個地方會超越每站都停的普通車次的問題，他也可以使用比例的概念合理推論，應該在那個地方超越。

例如：雖然我沒有開車的經驗，但是大部分人有騎腳踏車或者在操場跑步的經驗。假如我們可以把騎腳踏車或者跑步時的經驗提取出來類比開車，我們大概可以想像要進入彎道時應該減速，以免車速太快而釀禍，過了彎道才開始加速以取得在直線道路時該有的車速，這時候我們就比較容

易順利回答圖4-14的M159賽車速度問題。

　　例如：我們看到臺北市紅綠燈的秒數倒數，車行道是設在紅燈時、綠燈沒有；斑馬線則在綠燈時、紅燈沒有。我們可以合理推論這樣的設計應該比車行道是設在綠燈、紅燈沒有，斑馬線設在紅燈、綠燈沒有，比較安全。因為車行道的秒數倒數是設在紅燈時，車輛是靜止的，等到綠燈時，車子才開始啟動，車速慢，若發生車禍比較不會那麼嚴重。假如車行道的秒數倒數是設在綠燈時，開車的駕駛看到秒數已倒數到2秒了，他若心急，可能加快車速硬闖過去，此時，若有行人或者左右的來車已啟動；因為車速快，發生車禍會更加嚴重。因為車行道綠燈沒有倒數秒數，當車子看到黃燈時，駕駛可能會闖過去，但是交通號誌有秒差的設計，左右的來車會延緩起動，此時就比較不會發生車禍。

　　相對的，對行人而言，假如他看到綠燈已倒數，他就要加速通過，或者暫停通過（若過馬路需要20秒，同時他看到已倒數5秒，他就要等下一次），等到下次綠燈時再通過。

參、從個人脈絡到社會脈絡到科學與職業脈絡

　　數學素養的情境脈絡告訴我們，若我們想培養學生的數學素養，可以思考的方向有個人生活中會接觸到的情境，可以留意與社會運作息息相關問題，以及科學上的問題和職業上會用到的數學。

　　個人生活情境和社會脈絡的問題是大部分人所共有的，因此比較容易察覺。例如：總統選舉的民調，有時候不同的民調會有不同的數值，這是值得我們探究的，為什麼不同的民調公司或者機構得到的數值不同（有時候甚至差異很大）？還有人口的變化（出生率、就學人口）問題，也都是值得我們去留意，並成為提升數學素養的題材。

　　科學脈絡的問題，假如我們時常留意科學相關新聞或者觀看discovery等科學性節目，它也是大部分人可能碰到的脈絡。例如：科學家是如何計算星球與星球間的距離？大家不要忘了，依據PISA的定義，數學上的議題也是科學脈絡，因此數學上的好議題也是值得大家培養的素養。例如：地震的數據所用的數學內涵等等。

　　每個人從事的職業有限，因此職業脈絡的問題，大家都有一些侷限；但是這方面的議題是值得我們好好開發的問題。因為這些議題是數學運用到各行各業的具體實證，假如我們可以開發更多相關的議題，相信大家更會相信數學的有用性、會更喜歡數學；假如我們找不到數學在各行各業的議題，那麼真的就要質疑數學的有用性了。

肆、時常和不同領域的人對話

　　個人的生活經驗是有限的，除了培養我們推理能力以輔助生活經驗的不足之外，時常和不同領域的人對話，瞭解他們的脈絡也可以擴展我們的經驗。因為有愈多的經驗，可以用來解決問題的基礎就愈扎實，推理能力就愈容易培養，我們的數學素養就會愈好。

　　作者曾經和五金的師父對話，他問我一個問題：「螺絲的旋轉紋路是不是一個直角三角形在一個正圓柱上旋轉貼上所形成的？」作者曾經瞭解一位廚師的養成過程，發現傳統學派的師父教導徒弟把一板豆腐切108刀，學院派的老師教導學生切一板豆腐時，每塊要0.3公分。作者發現這個差異在數學上，是所謂等分除與包含除的概念差異。

伍、瞭解數學的使用時機

　　作者發現我們要利用**數學解決生活絡脈的問題時，很多時候都經過理想化或者簡化變因**。假如我們瞭解此一情形，可更清楚地瞭解數學的使用時機，瞭解它和真實生活的差異，相信我們可以把數學用得更好、更有數學素養。例如：我們所談的高鐵時刻表問題，從臺北到板橋的時間都是9分鐘（例如：403車次6:00從臺北開，6:39到板橋），事實上，它與真實生活有一些出入，因為高鐵到板橋不是6:39，而應該早2-3分鐘，6:39是高鐵離開板橋往下一站的時間；但是在解決數學問題時，我們把這個問題忽略掉、把這個變因簡化掉。當然，假如我們把高鐵在每站停留的時間都列入

考慮，所考慮的變因增加一個，就會更貼近真實生活一點[3]。

　　例如：談競標網站的問題，我們問得標者是否賺錢，問網站經營者是否賺錢的問題。我們也忽略掉一些變因，比如我們用網站經營者所公布的物件的價錢來計算，不去考慮得標者可以到處比價，找到同一物件但是更便宜的賣家之問題。比如我們不去考慮網站經營者，真正取得得標物件的成本問題、不去考慮經營一個網站所需要的人事成本問題。假如把網站經營者真正取得得標物件的成本問題列入考慮，我們又增加一個變因，我們所處的問題又更貼近真實生活一點。可以的話，也應該把經營網站的人事成本列入考慮，但是它太複雜了，因此有時候會以統計的方式，把它綜合起來，變成一個數據來處理（它也是簡化變因）。

---

[3] 我們也不去考慮高鐵是否準時到站的問題。

參考文獻

行政院國家科學委員會（2013）。**臺灣PISA 2012結果報告**。20131204檢自http://web1.nsc.gov.tw/ct.aspx?xItem=17649&ctNode=1637&mp=1。

吳正新（2011）。**PISA評量種子教師培訓方案數學領域評分規準研習**。20130804檢自http://pisa.nutn.edu.tw/download/data/0325PPT.rar。

林煥祥（2008）。**臺灣參加PISA 2006成果報告**。行政院國家科學委員會成果報告（編號NSC95-2522-S-026-002）。花蓮市：國立花蓮教育大學。

林福來（2011）。**臺灣2011數學素養評量樣本試題**（上、下）。臺南市：南一書局。

教育部提升國民素養專案辦公室（2013）。**數學素養向度建議文**。20130804檢自http://literacytw.naer.edu.tw/data/cht/20130725/20130725ok8od1.pdf。

陸昱任與譚克平（2006年12月）。**論數學素養之意涵**。發表在中華民國第22屆科學教育學術研討會（2006）論文彙編。臺北市：國立臺灣師範大學。

臺灣PISA國家研究中心（2010）。**臺灣PISA 2009精簡報告**。臺南市：臺灣PISA國家研究中心。

臺灣PISA國家研究中心（2012a）。**臺灣PISA國家研究中心**。2012年12月07日檢自http://pisa.nutn.edu.tw/。

臺灣PISA國家研究中心（2012b）。**數學樣本試題**（中文版含評分規準）。20121207檢自http://pisa.nutn.edu.tw/download/sample_papers/2009/2011_1223_mathematics_s.pdf

National Research Council (1989). *Everybody counts: A report to the nation on the future of mathematics education.* Washington, D.C.: National Academy Press.

OECD (2003). *PISA 2003 assessment framework: Mathematics, reading, science and problem solving knowledge and skills.* Paris, France: Organisation for Economic Co-operation and Development.

OECD (2009). *PISA 2009 assessment framework-key competencies in reading, mathematics and science.* Paris, France: Organisation for Economic Co-operation and Development.

OECD (2010). *PISA 2009 results: What students know and can do–student performance in reading, mathematics and science (volume I).* PISA: OECD Publishing.

OECD (2012a). *PISA 2009 technical report.* PISA: OECD Publishing.

OECD (2012b). *PISA 2012 items for release_english.* PISA: OECD Publishing.

OECD (2013a). *PISA 2012 assessment and analytical framework: Mathematics, reading, science, problem solving and financial literacy.* Paris, France: Organisation for Economic Co-operation and Development.

OECD (2013b). *PISA 2012 results: What students know and can do student performance in mathematics, reading and science. (Volume I).* Paris, France: Organisation for Economic Co-operation and Development.

Steen, L. A. (1990). *Numeracy.* Daedalus, 119(2), 211-231.

第五章

科學素養

李哲迪

　　科學教學的目的自然是讓學生認識科學。科學不僅包含知識內容，也包含科學的探究過程。長久以來，我國科學教育僅重視學科知識的傳授，不重視科學探究能力的培養。此教學的實際情況就反映在PISA 2006的調查結果中。該次調查以科學素養為調查重點。調查結果顯示我國學生在科學知識的學習上表現最好（運用學科知識解釋現象的能力排名第三）。在設計研究建立證據（排名第十七）和詮釋運用證據（排名第八）等科學探究的能力上就表現較差。長久以來，教師僅重視學科知識的教學，對學科知識的內涵掌握得較佳，對科學探究的內涵則較為陌生。本文旨在以PISA 2015的評量架構為例，說明科學素養的內涵和試題的設計方法，以供科學教師在設計課程和評量工具時參考運用。

第一節　科學素養的定義

作為課程的目標，科學素養一詞從1950年末期開始被賦予定義，並正式引入科學教育領域（DeBoer, 2000）。不過，這個詞的意義並沒有統一（Holbrook & Rannikmae, 2009; van Eijck & Roth, 2010）。由於這個詞包含的內容甚廣，有時在談論它的時候和在談論科學教育本身並沒有太大的差別，因此這個詞往往淪為標語，從而被認為只有鼓勵教師改善教學的作用。然而，要比較好地理解「科學素養」一詞的意義，其實必須考慮歷史脈絡（DeBoer, 2000），因為這個詞的內涵是隨著歷史的發展而逐漸擴充起來的。

雖然科學素養有前述內容過於廣泛的問題，但基本上大家都同意科學素養指涉的是公民所需要擁有的基本科學知識和能力。科學素養訴諸的教育對象是未來公民，而非未來的科學家和工程師。此一對象的差異對課程的內涵有根本的影響。因為公民在社會中的角色和科學家並不相同，所以科學素養的課程絕非僅僅是「簡化的」科學課程，而應考慮到公民在社會中恰當扮演其角色時所需具備的知識和能力。

科學素養是個複合的概念。從科學素養被引入科學課程至今，其內涵主要包含下列五個範疇：學科內容知識、科學探究能力、溝通表達能力、建立社群與人合作的能力、以及對科學的態度（DeBoer, 2000; Gräber et al., 2002; Holbrook & Rannikmae, 2009）。

壹、學科內容知識

學科知識包含事實、概念、理論等科學、科技和社會的內容知識。

從十九世紀科學進入學校課程以來，科學知識的價值是不容多疑的。不過，教育作為政策工具之一，在不同的時代背景下，知識這個範疇所納入的內容是有差異的。以美國為例，從十九世紀開始，科學對當代生活的實際影響逐漸重要，因此科學知識的內容主要側重於應用層面，例如：為了有助個人身體保健，小學教育特別重視生物學。這個趨勢到二十世紀初

達到高峰。有識之士慢慢發現科學知識的應用被過於強調，結果使得當初科學進入學校課程時所標舉的更廣大的價值逐漸喪失。到了1932年，美國國家教育學會（1932）在出版三十一年教育年鑑時特別指出，科學對個人和社會生活的效用需要被學習，但對自然界和科學思考方法的廣泛理解也應同時平衡地被注意到。經過二次大戰，以及隨後的美蘇軍事對抗，尤其是1957年蘇聯火箭Sputnik（旅行者號）升空，政策上有培養科學家和工程師的需要，於是學校科學教育轉而強調理論知識的傳授。

在二次大戰（1939至1945年）以前，關於科學對社會的影響，一般大眾都抱持著樂觀的態度，只看到科學為人類帶來好處的這一面。二次大戰同時突顯了科學的正面功能及其所帶來的災難。在戰爭中，科學和科技是確保國家安全的重要資源。但另一方面，科學卻也使得戰爭的後果無法收拾，如：原子彈的引爆。有識之士開始意識到科學的發展，一方面需要得到支持，但也需要被管控。自此以後，美國科學課程的內涵就納入對科學的風險評估。沿著這個發展趨勢，到了1970年代，美國發展出「科學—科技—社會（Science-Technology-Society, STS）」的課程理念，試圖將科學放入公民日常生活的脈絡中，使公民有基本能力可參與討論和科學相關的社會議題。因此，學科知識就必須納入科學、科技和社會交互影響的相關內容知識。

貳、科學探究能力

科學探究能力指的是在科學探究過程中所涉及的思考和動作技能，以及運用相關策略知識的能力。相關的技能包含觀察、實驗、分類、邏輯推理、形成研究問題、提出假說、解釋現象、資料分析、下結論、評估證據等等。所運用的策略知識包含研究設計的相關概念，如：科學問題、實驗設計、因果關係、實驗控制、隨機化、誤差等，以及論證的相關概念，如：證據、主張、理由、良好論證的判準等等。

科學成為學校課程的一部分是從十九世紀開始的，在歐洲和在美國都是一樣。當時，人文學科被認為較為高貴、有價值。在論述科學的價值時，必須小心不要顯得過於唯物主義，而且要顯示有較高的或與人文學科

不同的價值。科學之所以被接受而進入學校課程，除了因為科學對人類生活的實質影響之外，還因為科學有助於培養歸納思考，此思考能力有別於人文學科所培養的演繹思考。論者主張這類高層次思考能力可使學生獨立思考，免於權威的束縛，從而培養出能有效參與民主社會的公民（De-Boer, 2000）。

　　至於在中小學課程裡，具體地要教學生什麼樣的科學方法，則和教育政策制定者所設定的科學教育目標有關。美國從1960年代開始，為了培養科學家，發展了許多培養學生過程技能的課程。這些課程定義的「過程技能」是以科學家做研究的方法為藍本所抽取出來的。到了1970年代，教育研究者提出培養現代公民的理想，以科學性社會議題的討論作為公民參與現代民主社會的原型。在此強調的是「論證」的能力。

參、溝通表達能力

　　溝通表達能力指的是能瞭解和運用科學語言，並能閱讀、寫作、口頭報告和與人討論的能力（Yore & Treagust, 2006）。

　　「素養」一詞翻譯自英文的「literacy」。英文這個字源自於形容詞「literate」，用以形容一個人有讀和寫的能力，引申為形容一個人受過教育，有基本的知識或能力。就「素養」的內涵而言，科學素養指的是閱讀和撰寫科學文章的能力（基本義），也是科學的基本知識和技能（引申義），因為兩者是一體的兩個面（Norris & Phillips, 2003）。

　　這個範疇的能力與進入科學素養的方式和外在環境比較無關，主要是因為研究者對科學學習理論觀點的轉變。在科學教育領域裡，語言一向不被重視，語言的教學是語文科老師的責任。科學知識的教學內容是概念，是理論。科學探究的重點是實做，而不是閱讀文本。在美國1960年代的教育改革裡，甚至非常成功地將教科書和補充教材從小學課堂裡完全掃除（Yore & Treagust, 2006）。用Duschl（2005）的話來說，語言被當作是「窗戶」，是通透的，這個窗戶讓我們可以看到人們的思想。從1980年代中期以後，Klein（2006）所稱的第二代認知科學開始對其他領域發揮影響力。語言被認為是工具，是獲取文化資本的工具，是建構、表徵和傳播

知識的工具。語言由於其本質是隱喻式和敘事式，事實上會影響和型塑我們的思考和知識建構，於是開始有學者主張語言教學和科學教學應該整合在一起。

肆、建立社群與人合作的能力

建立社群與人合作的能力放在科學素養的脈絡中，所指的是在小組中與人合作共同蒐集資料、分享知識、分析和詮釋資料、討論、產生想法、形成結論的能力（Gräber et al., 2002）。

此一能力晚近才開始受到重視。此能力之需求植基於前述STS課程。因為在民主社群公民參與社會議題討論的情境中，知識分散在社群成員之中。一般的公民並不需要非常充分的科學知識。有些想法甚至是在討論中才湧現的，並非預先存在任何人的大腦中。在這種情況下，與人合作、分享知識、形成團隊、形成有解決問題能力的團隊更為重要（van Eijck & Roth, 2010）。

伍、對科學的態度

對科學的態度包含對自然和人為世界的好奇、對科學研究和科技問題解決的評價、對科學探究和科技應用的支持等等。

培養學生對自然現象和人類創造事物的好奇和興趣，自然是科學教學的目標之一。但重視對科學和科技的評價以及對相關研究的支持等等這類目標，則是為了回應二次大戰和現代科技（如：核能的運用、工廠對生態的影響、基因工程等等）所帶來的負面影響。這些負面影響會使得社會大眾對相關研究和應用採取保守的態度，但科學事業又需要大眾的支持，在這個背景下，這部分的內涵就進入了科學素養的定義中。例如：美國國家科學教育協會在1991年出版的《立場聲明》中，就納入這些面向（Holbrook & Rannikmae, 2009）。

在PISA 2006，OECD（2006）將科學素養定義如下：

　　科學素養指涉的是個人的：
　　・科學知識，以及為辨認問題、獲取新知識、解釋科學現
　　　象、和針對有關科學的議題根據證據得出結論而對該知
　　　識所做之運用。
　　・瞭解科學作為人類知識和探究方法的特徵。
　　・覺知科學和科技如何型塑我們物質的、智識的和文化的
　　　環境。
　　・作為有反省能力的公民願意參與和關心有關科學的議
　　　題。

PISA 2015的科學素養定義如下（OECD, 2013a）：

　　科學素養是作為有反省能力的公民，參與有關科學的議題
　和思考科學的各種觀念的能力。

同時，OECD（2013a）又指出：

　　在PISA 2015，科學素養由三種能力所定義：
　　・科學地解釋現象
　　・評估和設計科學探究
　　・科學地詮釋資料和證據

　　簡而言之，OECD在PISA調查中將科學素養定義為「在有關科學的議
題中運用知識的能力」。根據前述的五個範疇，PISA科學素養的定義包
含了「學科內容知識」和「科學探究能力」這兩個範疇。「對科學的態
度」雖然也試圖包含在其中，例如：PISA 2006定義中的最後一條「願意
參與和關心有關科學的議題」，但是根據上述PISA 2015的定義，OECD定

義的科學素養還是以前述兩個範疇為核心。「溝通表達能力」和「建立社群與人合作的能力」，則未包含其中。

第二節　科學素養的面向——以PISA評量架構爲例

根據PISA科學素養的定義，OECD（2013a）將PISA 2015的評量架構呈現如圖5-1。在這個評量架構中，除了「能力」、「知識」和「情境」之外，還有「態度」。雖然如此，科學素養主要是由能力、知識和問題情境三個組成要素所構成。本節分三小節說明之。「能力」是PISA科學素養定義的核心，首先加以說明。在這一小節中，科學素養進一步展開為三種能力和十五項子能力。

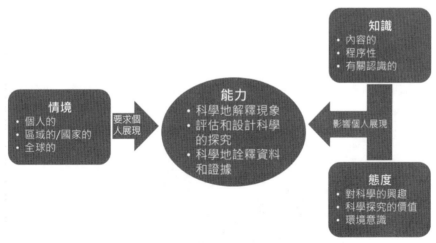

圖5-1　PISA 2015之評量架構（OECD, 2013a）

壹、能力

根據PISA 2015的定義，科學素養可由「科學地解釋現象」、「評估和設計科學探究」、「科學地詮釋資料和證據」等三項能力所構成。此三項能力事實上對應了不同的科學探究歷程。

　　科學探究歷程一般而言，可透過圖5-2呈現。在遭遇到某個或某些有待解決的現象之後，研究者會提出研究問題並想辦法加以解釋，利用過去的經驗或所學的知識提供一個最佳的解釋。這個可用以解釋該現象的猜想就稱為假說。為了檢驗這個假說是否正確，研究者會設想在某些條件下，若假說成立的話，則會產生什麼現象；也就是，以某些初始條件為前提提出預測。在設想初始條件的時候，也就是在設想實驗的情境。為了確認因果關係，或排除干擾因素，實驗需要規劃設計，以使得實驗結果能檢核假說是否成立。然後研究者執行實驗，取得資料。資料在分析、詮釋和選擇後才會成為證據。最後，根據證據形成結論。一般而言，證據若和預測一致，則假說就會被接受。但如果不一致，假說也未必會被推翻。從證據到結論往往不是簡單明瞭的，需要多方考慮、加以論證。

　　在上述簡單的科學探究圖像中，建立假說和提出預測就是PISA科學素養的第一個能力「科學地解釋現象」的核心。形成問題和設計實驗是第二個能力「評估和設計科學探究」的核心。分析、詮釋資料和形成結論則是第三個能力「科學地詮釋資料和證據」的核心。簡單地說，在PISA所定義的科學素養中，第一個能力是「解釋現象」的能力，第二個能力是「建立證據」的能力，第三個能力是「運用證據」的能力。

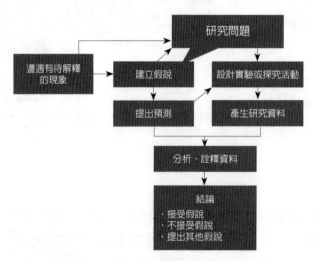

圖5-2　科學探究過程（修改自Lawson, Abraham & Renner, 1989）

一、科學地解釋現象

OECD（2013a）定義「科學地解釋現象的能力」為針對某個範圍的自然與科技的現象，認出、提出與評估解釋的能力。此能力包含五個子能力，如下：

1-1. 回憶與應用恰當的科學知識

1-2. 辨認、運用與產生解釋性模型和表徵

1-3. 提出和證成恰當的預測

1-4. 提供解釋性假說

1-5. 解釋科學知識對社會的潛在影響

這五個子能力的前四個是針對自然現象的解釋。最後一個子能力是針對社會現象的解釋。雖然解釋的對象不同，但由於都是解釋現象，因此涉及的能力相同。根據前述科學探究過程，在解釋自然現象的四個子能力中，第一個子能力（「回憶」和「應用」科學知識）是其他三個子能力的基礎，因為假說和預測之提出需以相關的科學知識作為思考的內容。第二個能力是在科學中解釋現象的特殊策略，建立解釋性模型，以便使抽象或藏於現象背後的事物具體化。在科學史中，原子核的液滴模型、氣體分子的鋼珠模型、拉塞福的行星軌道原子模型、DNA的雙螺旋模型等等，都是有名且重要的模型。第三和第四個子能力是在前述科學探究過程中，科學家在面對有待解釋的現象後必經的兩個重要階段。

（一）回憶與應用恰當的科學知識

「回憶與應用恰當的科學知識」是科學解釋的基礎，也是在我國科學課堂和入學考試中受重視的能力之一。在「酸雨」這個PISA公布的試題題組中，有一個小題就是在考這個能力。為了在這一小題得到滿分，學生必須「記得」空氣中硫氧化物和氮氧化物是從哪裡來的。他必須從他的記憶中提取出這個知識。從這一題我們可以看到PISA的試題也有這種考記憶的，只不過相對而言所占比例不高。

酸雨

　　下圖是名為女像柱的雕像照片，2500年前建於雅典衛城。這些雕像是用一種名為大理石的岩石建造的。大理石是由碳酸鈣組成的。在1980年，原始的雕像被遷移到衛城博物館內，並由複製品取代。原始的雕像受到酸雨的侵蝕。

問題2

　　正常的雨水略帶酸性，因為它從空氣中吸收了一些二氧化碳。酸雨比正常的雨水更酸，因為它同時吸收了如硫氧化物和氮氧化物之類的氣體。
　　空氣中硫氧化物和氮氧化物是從哪裡來的？

　　滿分：以下答案皆可：汽機車廢氣、由工廠排放、燃燒石油和煤等化石燃料、火山的氣體或其他類似的東西。

・燃燒煤和天然氣。

・從工業和工廠的汙染中所造成之空氣中的氧化物。

・火山。

・發電廠排放的氣體。

・它們來自於含有硫和氮物質的燃燒。

（OECD, 2009）

（二）辨認、運用與產生解釋性模型和表徵

根據《史丹佛哲學百科》，在科學中，用以表徵的模型可分為兩種，

一種是現象的模型（如：Bohr的原子模型），另一種是資料的模型（如：迴歸方程式）（Frigg & Hartmann, 2012）。在這個子能力的定義中所稱的模型是前者—現象的模型。下面這個例子就是要求學生運用題目中所提供的模型，來解釋臭氧形成的過程。

臭氧

（情境說明略）

問題1

上述文章並未提到臭氧在大氣層中是如何形成的。事實上，每天都有一些臭氧形成，也有一些臭氧消失。以下的連環漫畫說明了臭氧形成的方式。

圖1　　　　　　　　　　圖2　　　　　　　　　　圖3

假設你有個叔叔，他想瞭解這則漫畫的意思。但是，由於他沒有在學校接受過科學教育，所以不知道漫畫的作者在解釋什麼。他知道在大氣中沒有小矮人，所以他很困惑這些小矮人代表什麼東西，O_2和O_3這種奇怪的標記又是什麼意思，漫畫又表示著什麼過程。於是，他要你解釋漫畫的內容。假設你的叔叔已經知道：

　　・代表氧

　　・原子和分子是什麼

請寫出這則漫畫的解釋給你叔叔看。在寫你的解釋時，請仿照文章中第四行有關原子和分子的敘述方式來撰寫。（註：情境說明中文章第四行的敘述：「氧分子由二個氧原子構成。與氧分子不同的是，臭氧分子是由三個氧原子所組成。」）

　　滿分：答案中提到以下三個面向：

　　面向1：一個或幾個氧分子（每個氧分子由二個氧原子所組成）分裂成氧原子（圖1）。

　　面向2：（氧分子）的分裂受到光線影響而發生（圖1）。

　　面向3：氧原子與其他氧分子組合而形成臭氧分子（圖2和圖3）。

　　答案舉例：這些小矮人是O，或氧原子。當兩個小矮人聚在一起時，會變成O_2，即氧分子。太陽會使氧分子再分裂成原子，然後O原子跟O_2分子結合形成O_3，即臭氧分子。　　　　　　　　　　　（OECD, 2009）

　　在說明科學現象時，於很多情況下自然語言往往不是最合適的表徵工具。利用其他的表徵工具往往能使思考和表達更為清楚。在下面這個例子中，學生被要求產生幾何圖形的表徵。

　白晝

　　閱讀下面資料後，回答下列問題：

2002年6月22日的白晝

今天，當北半球慶祝他們一年當中最長的一個白晝時，澳洲人同時間也正在度過他們一年當中最短的一個白晝。

在澳洲墨爾本*，太陽將於早上7：36升起，下午5：08落下，白晝的長度有9小時32分鐘。

相對地，南半球今年最長的白晝預計在12月22日。那天的太陽將於早上5：55升起，晚上8：42落下，白晝的長度有14小時47分鐘。

天文學會主席維拉赫斯先生說，南北半球之所以會有季節的變化，是因為地軸傾斜了23度。

---

*墨爾本是澳洲的城市，位於赤道以南、南緯38度左右的地方。

問題2

下圖呈現的是太陽光照射到地球上的情形。

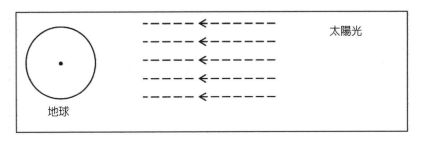

圖：太陽光的照射

假設墨爾本今天的白晝最短，請在圖中畫出地軸、北半球、南半球和赤道，並標示出每一部位的名稱。

滿分：將赤道畫成向太陽的方向傾斜，與水平線之間的夾角介於10°至45°之間；同時，將地軸畫成向太陽方向傾斜，與垂直線之間的夾角介於10°至45°之間。而且，必須正確標示出南北半球的所在或正確標示出其中一個半球的所在（暗示著另一半球的所在位置）。

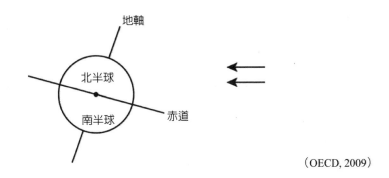

（OECD, 2009）

（三）提出和證成恰當的預測

預測是科學知識的重要功能。涉及科學定律的預測，其推理結構可以表述如下（Woodward, 2011；陸健體，1994）：

先行條件

＋通則

　　結論

　　當先行條件成立時，基於通則，我們可以得出預測（結論）。例如：某物的密度小於水（先行條件）。根據浮體原理，物體的密度小於液體時，該物體就會浮在液體上（通則）。因此，我們可以預測該物體會浮在水面上（結論）。所謂「證成」預測就是所宣稱的預測提供合理的說明。換言之，也就是明白地說出從先行條件和通則到結論的推理過程。

　　在下面這個例題中，學生被要求預測水會如何運動。這一題還可以進一步要求學生說明其預測的理由；即要求學生證成其預測。

公車

問題1

　　一輛公車正沿著筆直的道路行駛，名叫瑞的公車司機，將一杯水放在儀表板上。

突然間，瑞必須猛力踩煞車。杯中的水最可能發生哪種情形呢？

A. 水會保持水平。

B. 水會從1那一側濺出來。

C. 水會從2那一側濺出來。

D. 水會濺出來，但無法判斷會從1那一側或2那一側濺出來。

答案：C

（OECD, 2009）

另外，預測也可能以因果解釋的方式來提出（Woodward, 2011）。因果解釋的結構如下：

由於C，以致E。

C是原因，E是結果。C是在E之前發生的某個事件或某類事件。E事件發生的原因可能不只一個，此時就有C1、C2、C3等等原因。進一步，因果解釋的結構可以透過因果鏈來擴展，從而構成較為複雜的因果解釋。例如：由於A，以致B；由於B，以致C。由於因果關係描述的是自然現象的必然性，C發生必然導致E，因此因果關係可用來預測。下面這個例子的推理結構就是「因果解釋」。在食物網B之中，由於葉蝗蟲都絕種了，以致寄生蜂沒有食物吃。由於寄生蜂沒有食物吃，以致牠們也都滅絕了。由於寄生蜂都滅絕了，以致蜥蜴和知更鳥都沒有食物吃，然後最後也都滅絕了。在這個過程中滅絕的生物，都是因為牠們只有一個食物源。

生物多樣性

閱讀底下報導並回答下列問題：

生物多樣性是維持生態環境的關鍵

以生態體系而言，高生物多樣性（有著許多種不同生物）的體系，比低多樣性的體系更能夠適應人類環境帶來的變化。

請看下面食物網的圖解。箭頭由食物的方向指向獵食者的方向。（以下略）

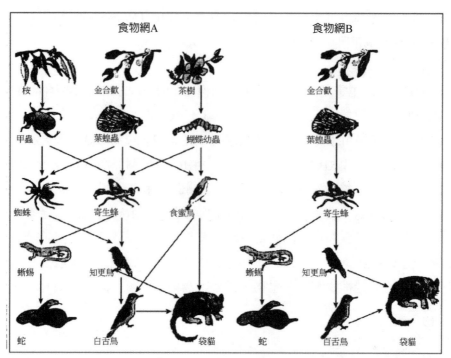

資料來源：Adapted from Steve Malcolm: 'Biodiversity is the key to managing environment, *The Age*, 16 August 1994.

問題4

食物網A與B是來自不同的地點。想像一下如果兩個地方的葉蝗蟲都絕種了，底下哪個描述最能夠預測與解釋葉蝗蟲滅絕對兩個食物網的影響？

A. 對食物網A的影響會較大，因為寄生蜂在食物網A只有一個食物源。

B. 對食物網A的影響會較大，因為寄生蜂在食物網A有多個食物源。

C. 對食物網B的影響會較大，因為寄生蜂在食物網B只有一個食物源。

D. 對食物網B的影響會較大，因為寄生蜂在食物網B有多個食物源。

答案：C

（OECD, 2009）

在九年一貫課程綱要中，相關的課程指標如下（國民中小學九年一貫課程綱要——自然與生活科技學習領域，2008）：

1-2-3-2 能形成預測式的假設（例如：這球一定跳得高，因……）。

1-2-4-2 運用實驗結果去解釋發生的現象或推測可能發生的事。

6-4-2-1 依現有的理論，運用類比、轉換等推廣方式，推測可能發生的事。

6-4-2-2 依現有理論，運用演繹推理，推斷應發生的事。

（四）提供解釋性假說

提出解釋性假說的心智歷程是結論已知，而要逆推先行條件和通則，或者結果已知，要逆推肇因。逆推出假說是科學探究中非常重要的能力。在九年一貫課程綱要中，將此能力陳述如下（國民中小學九年一貫課程綱要——自然與生活科技學習領域，2008）：

1-3-4-3 由資料顯示的相關，推測其背後可能的因果關係。

1-4-4-1 藉由資料、情境傳來的訊息，形成可試驗的假設。

2-3-1-1 ……推測可能的因果關係。……學習由變量與應變量之間相應的情形，提出假設或做出合理的解釋。

這個能力比提出預測要困難。逆推時，在一開始要能聯想出相關的先行條件、科學原理或因果關係。然後，才有可能透過邏輯演繹從中確認出合適的假說。對相關知識的聯想有時仰賴的是對該領域知識的熟悉程度，有時則是仰賴對其他領域知識的瞭解，然後透過類比而產生突破的猜想。在下面這個例子中，農夫就是處在提出假說的情境中。

蒼蠅

閱讀下列短文，並回答下列問題：

有位農夫在農業試驗所，擔任乳牛的管理工作。牛舍裡蒼蠅很多，影響動物健康。所以，農夫用含有「殺蟲劑A」的溶液，噴灑牛舍及乳牛。這種殺蟲劑幾乎殺死所有的蒼蠅。然而，過了一段時間，又有很多蒼蠅。於是，農夫再度噴灑一次這種殺蟲劑。這次的噴灑效果，與第一次噴灑的效果相似。雖沒有殺死全部蒼蠅，但讓大多數蒼蠅死亡。再經過一段時間，蒼蠅又很多。於是，又再一次的噴灑殺蟲劑。這樣的事情一再發生，總共噴灑了五次殺蟲劑。結果很明顯的，「殺蟲劑A」殺死蒼蠅的效果愈來愈差。

問題2

農夫注意到他是先配好一大瓶的殺蟲劑溶液，而且五次噴藥都用這一瓶溶液。因此，他認為殺蟲劑效果愈來愈差的可能原因是：殺蟲劑溶液因存放時間過久而分解。

除了農夫的解釋之外，請你舉出兩個不同的解釋。

滿分：以(a)當作一個解釋，同時將(b)所列的任一解釋，當作另一個解釋。(a)對此種殺蟲劑具抗藥性的蒼蠅存活下來，並將此一抗藥性遺傳給所繁衍的子代。(b)環境條件的改變（如溫度），或殺蟲劑施放方法的改變。　　　　　　　　　　　　　　　　　　　　　（OECD, 2009）

（五）解釋科學知識對社會的潛在影響

在當代，科學已經是生活裡的一部分，影響人們的活動和價值觀，以及社會的制度和規範。因此解釋科學知識對社會潛在影響的能力，被包含在15歲的未來公民所應具備的科學素養之內。這項能力是解釋社會現象的能力，而前述四項「科學地解釋現象」的四個子能力是解釋自然現象的能力，由於所涉及的認知歷程是相同的，因此被歸為同一類，都是「科學地解釋現象」的能力。在「賽邁爾維斯日記」的這個例子中，醫院的制度就是因為科學知識而有了改變。

賽邁爾維斯日記

（情境說明前半部略）

醫院裡有部分的研究是解剖，就是將屍體剖開找出死因。根據賽邁爾維斯的報告，在第一病房工作的學生通常會參與前一天去世產婦的解剖，然後再檢查剛生產完的產婦。參與解剖後他們並不太注意清潔自己，有的學生甚至以留在自己身上的氣味而感到自豪，證明他們在停屍房是多麼努力的工作！

賽邁爾維斯有一個朋友在這樣的解剖過程中割傷自己而死亡。賽邁爾維斯解剖他的屍體時，發現症狀與患產褥熱導致死亡的產婦相同。於是，賽邁爾維斯又有了新的想法。

問題5

賽邁爾維斯最終成功地減少了由產褥熱引起的死亡數，但時至今日，產褥熱仍然是一種難以消除的疾病。難以醫治的產褥熱仍是醫院要面對的問題。現在，醫院訂立了很多規範程序來控制這個問題，其中一項是用高溫清洗床單。

解釋為什麼（在清洗床單時）高溫可以幫助降低病人染病的機會？

滿分：提出下列理由：
- 指出高溫能殺死細菌。
- 指出高溫能殺死微生物、病菌或病毒。
- 指出高溫能去除（而非殺死）細菌。
- 指出高溫可以去除（而非殺死）微生物、病菌或病毒。
- 指出高溫可以消毒床單。

（OECD, 2009）

二、評估和設計科學探究

OECD（2013a）定義「評估和設計科學探究的能力」為描述與評估科學調查活動，以及提出方法以科學地解決問題的能力。此能力包含五個子能力，如下：

2-1. 辨認出某個給定的科學研究所探索的問題

2-2. 區分出有可能科學地調查的問題

2-3. 提出一個科學地探索某個給定問題的方法

2-4. 評估科學地探索某個給定問題的方法

2-5. 描述與評估科學家用以確保資料可信度和解釋的客觀性和概推性
　　的方法

　　這五個子能力的前兩項是針對研究問題，後三項是針對研究方法。第二個子能力涉及科學問題的本質。在運用第二個子能力時，必須知道科學問題的定義特徵；也就是，必須知道科學問題是什麼（科學問題的本質）。如此，方能將科學的和非科學的問題區分開來。第一、第三、第四和第五個子能力涉及研究問題和研究方法的關係。在運用第一個子能力時，已知的是研究的方法，要做的是推斷該過程所對應的研究問題。在運用第三個子能力時，已知的是研究問題，要做的是提出研究的方法。第四個子能力可視為使研究具有「內在效度」的能力。第五個子能力可視為使研究具有信度和「外在效度」的能力（Shadish, Cook, & Campbell, 2007）。在運用這兩個子能力時，已知的是研究問題和研究方法，要做的是判斷兩者是否搭配，也就是該方法能否回答該問題，或者針對判斷，提出合理的說明，指出某個步驟或研究工具的功能。

（一）辨認出某個給定的科學研究所探索的問題

　　研究問題是由變項及變項間的關係所構成的，因此在給定的研究方法中，要辨認出該方法所要探索的問題，必須能辨認出研究方法中所蘊含的「變項」，以及該研究所要探討的「變項關係」（如：相關關係、因果關係）。若要能將研究問題表達出來，還需知道各種變項關係的表達方式。在一般的探究情境中，問題會是已知，而不是研究方法已知。然而，在評估研究方法的情境中，則會是研究方法已知。例如：研究論文的審查者會從研究方法獨立地推論出該方法所要回答的研究問題，再與原來的研究問題比較，進而判斷研究方法和原來的研究問題是否適配。

　　在下面這個題目中，學生在閱讀了咪咪和狄恩的研究過程後，必須具體地想像出實驗進行的情境，並辨認出研究中被考慮到的變項，最後要在

四個可能的選項中選出研究方法所對應的研究問題。

防曬品

　　咪咪和狄恩想知道哪一種防曬產品可提供他們皮膚最佳的保護。防曬產品的防曬係數（SPF），顯示每種產品吸收陽光紫外線輻射成分的有效程度。相較於低防曬係數的防曬品，高防曬係數的防曬品保護皮膚的時間更長。

　　咪咪想出一個方法去比較一些不同的防曬產品。她和狄恩蒐集了下列東西：

　　　・兩張不吸收陽光的透明塑膠片；
　　　・一張對光線敏感的紙；
　　　・礦物油（M）和含有氧化鋅（ZnO）的乳霜；以及
　　　・四種不同的防曬品，它們被稱為S1、S2、S3和S4。

　　咪咪和狄恩將礦物油包含在內是因為它能讓大部分的陽光穿透，而氧化鋅則是因為它幾乎可以完全阻擋陽光。

　　狄恩將每種物質滴一滴在一張塑膠片上所標示的圓圈內，然後將第二張塑膠片覆蓋在上面。他將一本大書放在兩張薄片之上，並且往下壓。

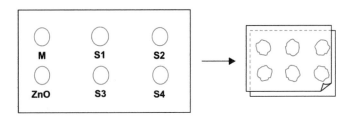

　　咪咪接著將塑膠片放在一張對光線敏感的紙上面。對光線敏感的紙的顏色由深灰轉變為白色（很淡的灰色），依它暴露在陽光下的時間長短而定。最後，狄恩將這些紙片放在陽光充足的地方。

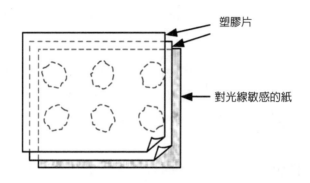

塑膠片

對光線敏感的紙

問題3

下列哪一個問題是咪咪和狄恩嘗試回答的？

A. 與其他的防曬品比較，每種防曬品的保護如何？

B. 防曬品如何保護你皮膚免受紫外線輻射傷害？

C. 有沒有任何防曬品提供比礦物油更少的保護？

D. 有沒有任何防曬品提供比氧化鋅更多的保護？

答案：A

（OECD, 2009）

（二）區分出有可能科學地調查的問題

科學探究是一種特殊的問題解決活動。問題之解決憑藉的是證據的蒐集。換言之，科學問題必然是能透過蒐集經驗證據來回答的問題。在那些無法透過蒐集經驗資料來回答的問題中，有一類是涉及價值判斷的問題，也就是關於某件事好或不好、合適或不合適、應該或不應該等等的問題。「形上學」的問題也無法靠經驗資料來解決。例如：上帝是否存在？還有一類無法靠經驗資料來解決的問題，那就是「假設性」的問題。例如：如果恐龍沒有滅絕，今日的世界會是什麼樣子？另外，有些問題即使可以透過蒐集經驗證據來回答，但由於實際上不可能做到，這種問題也不是「科學的」問題。例如：減緩地球暖化最好的方法是什麼？這類關於「最好的」問題實際上是無法回答的。因為如果真的要回答這樣的問題，必須把「所有的」方法都列舉出來，然後一一比較，才能知道哪個方法是「最好的」。但我們不可能有一個「所有的」方法的清單。

在下面這個問題情境中，學生必須要能判斷第二個關於蛀牙的問題是價值判斷的問題，因此無法透過科學實驗來回答。

| 蛀牙 |

（情境說明略）

問題8

某個國家的人民有很高的蛀牙數量。

下列關於這個國家的蛀牙問題，能否透過科學實驗來回答？就每個問題，圈選「是」或「否」：

這個關於蛀牙的問題能否透過科學實驗來回答？	是或否？
1.在供水系統中加入氟化物對蛀牙會造成什麼影響？	是／否
2.看一次牙醫的收費應該多少？	是／否

答案：是、否

（OECD, 2009）

（三）提出一個科學地探索某個給定問題的方法

面對科學問題，研究者必須設計出能回答問題的探究程序，這是科學探究非常重要的能力。在九年一貫課程綱要中，有許多指標屬於這個能力（國民中小學九年一貫課程綱要——自然與生活科技學習領域，2008）。

1-2-3-3能在試驗時控制變因，做定性的觀察。

1-3-2-1實驗前，估量「變量」可能的大小及變化範圍。

1-3-3-1實驗時，確認相關的變因，做操控運作。

1-4-1-1能由不同的角度或方法做觀察。

1-4-1-2能依某一屬性（或規則性）去做有計畫的觀察。

1-4-1-3能針對變量的性質，採取合適的度量策略。

1-4-2-3能在執行實驗時，操控變因，並評估「不變量」假設成立的範圍。

2-2-1-1對自然現象作有目的的偵測。運用現成的工具如溫度計、放大鏡、鏡子來幫助觀察，進行引發變因改變的探究活動，並學習安排觀測的工作流程。

2-3-1-1提出問題、研商處理問題的策略、學習操控變因、觀察事象的變化……

2-4-1-2由情境中，引導學生發現問題、提出解決問題的策略、規劃及設計解決問題的流程，經由觀察、實驗，或種植、搜尋等科學探討的過程獲得資料，……

6-4-5-1能設計實驗來驗證假設。

　　下面這個例子是一位農夫在他的工作中所遭遇的問題。學生必須運用相關的知識判斷相關的變因，並需具備「控制變因」、「實驗組」、「對照組」等概念，方能正確地設計出實驗的程序。

蒼蠅

　　（情境說明見p.175「提供解釋性假說」一節）

問題1

　　農夫注意到他是先配好一大瓶的殺蟲劑溶液，而且五次噴藥都用這一瓶溶液。因此，他認為殺蟲劑效果愈來愈差的可能原因是：殺蟲劑溶液因存放時間過久而分解。

　　農夫的提議是：殺蟲劑因存放時間過久而分解。如何檢驗這個提議？請簡要說明之。

　　滿分：應用三個變因（蒼蠅的品種、殺蟲劑的存放時間、與暴露）的控制，進行問題的回答。例如：選擇品種相同，不曾暴露過殺蟲劑的一群蒼蠅，將這群蒼蠅分為兩組。其中一組用新配製的殺蟲劑噴灑，另一組則用配製後存放較久的殺蟲劑噴灑，比較兩組的殺蟲效果。

（OECD, 2009）

（四）評估科學地探索某個給定問題的方法

為了合理地理解PISA評量架構中這個子能力和下一個子能力的意義，這個子能力可視為「內在效度」的評估能力，而下一個子能力則屬於「信度」和「外在效度」的評估能力。

所謂「內在效度」指的是透過研究程序蒐集到的資料被研究假說解釋的程度，也可說是針對假說，所採用的研究方法確保其為真的程度。針對研究結果（即所蒐集到的資料），除了假說之外，若還有別的假說可以解釋，這些假說就是內在效度的威脅。研究者必須設計恰當的研究方法來避免研究結果受到干擾變項的影響，以致於無法證明原來所提出的假說為真。這些威脅內在效度的因素包含：受試者的背景特徵、受試者丟失、研究場所、研究工具蘊含的偏誤、受試者的成熟、受試者的態度、迴歸效應等（Shadish et al., 2007）。

在實驗設計中，研究者主要透過組間比較、隨機分組、變因控制等策略來排除內在效度的威脅。在評估研究方法時，最基本的能力就是辨認出探究方法中排出內在效度威脅的手段，並知道該手段在實驗中所發揮的功能。下面的兩個題目就是在前面的「防曬品」探究情境中，測試學生是否具有此一基本的評估能力。

防曬品

（情境說明見p.178「辨認出某個給定的科學研究所探索的問題」一節）

問題2

在比較防曬品的效能時，下列哪一個是礦物油和氧化鋅功用的科學性描述？

A. 礦物油和氧化鋅皆是被試驗的因素。

B. 礦物油是被試驗的因素，而氧化鋅是對照的物質。

C. 礦物油是對照的物質，而氧化鋅是被試驗的因素。

D. 礦物油和氧化鋅都是對照的物質。

答案：D

問題4

為什麼第二張塑膠片被往下壓？

A. 避免油滴變乾。

B. 將油滴盡可能地向外擴展。

C. 將油滴保留在標示的圓圈內。

D. 使得油滴的厚度一樣。

答案：D

(OECD, 2009)

（五）描述與評估科學家用以確保資料可信度和解釋的客觀性和概推性的方法

在評估研究時，信度指的是實施多次研究所得結果的一致性。信度和誤差的概念是相關的。一個研究若能確保所得到的資料誤差小，那麼該實驗重複實施就能得到一致的結果。另外，信度也和客觀性有關。如果由他人來重複相同的研究，所設計的研究方法若也能保證得到一致的結果，那麼該研究也就是具有客觀性。

在評估研究時，除了前一項能力指涉的「內在效度」和此項子能力前半段指涉的「信度」之外，還有「外在效度」需要考慮。外在效度指的就是透過研究中所使用的特定群體（樣本）和環境所得到的研究結果，可以概推到其他的群體（母群）、環境和條件的程度。為確保研究結果可以概推到母群，基本的策略就是隨機抽樣。下面這個例題就是隨機抽樣的例子。

菸草

菸草可放於香菸、雪茄和菸斗中抽取食用。研究顯示世界各地每日有將近13,500人死於與菸草相關的疾病。預計到2020年，菸草相關的疾病將造成12%的全球死亡人數。

菸草的菸霧中含有許多有害的物質，其中最有害的物質是焦油、尼古丁和一氧化碳。

問題5

有些人使用尼古丁貼片來幫助戒菸。貼片貼在皮膚上並釋放尼古丁到血液中。當人們開始停止抽菸時，這可幫助減輕渴望及戒菸過程中所出現的症狀。

為了研究尼古丁貼片的效能，隨機選取了一群100位想要戒菸的抽菸者，研究該群體長達六個月的時間。找出群體中有多少人在研究結束後，沒有再度抽菸來測量尼古丁貼片的效能。

下列哪一個是最佳的實驗設計？

A. 群體中所有的抽菸者都貼戴尼古丁貼片。

B. 除了一個試著不使用貼片來戒菸的人之外，所有人都貼戴貼片。

C. 人們選擇他們是否要使用貼片來幫助戒菸。

D. 隨機選取一半的人使用貼片，另一半不使用。

答案：D

（OECD, 2009）

三、科學地詮釋資料和證據

OECD（2013a）定義「科學地詮釋資料和證據的能力」為利用各種表徵分析和評估科學資料、主張與論證，以及形成恰當結論的能力。此能力包含五個子能力，如下：

3-1. 將資料從某個表徵轉換為其他表徵

3-2. 分析和詮釋資料，與形成恰當的結論

3-3. 在與科學有關的文本中，辨認出預設、證據和推理

3-4. 區別出根據科學證據和理論所做的論證，和根據其他考量所做的論證

3-5. 評估來自不同來源（如：報紙、網路、期刊）的科學論證與證據

在這五個子能力中，第一個子能力是表徵轉換的能力，第二個子能力是從證據到結論的論證能力，第三、第四和第五個子能力是針對論證的評估能力。要評估論證，第一步要能把預設、證據和推理從論證的文本中「辨認」出來（第三個子能力）。待這些論證的元素被辨認出來之後，才

能區別「科學的」和「非科學的」論證（第四個子能力）。這個能力涉及對「科學論證是什麼」的認識與瞭解。進而，即使是「科學的」論證和證據，也有優劣之別，因此評估就進一步包含這個層次（第五個子能力）。

（一）將資料從某個表徵轉換為其他表徵

在完成資料蒐集的活動後，經過測量，自然現象轉換為類別名稱和數字，例如：酸鹼指示劑的紅色（類別名稱）、透過天平測得的5公克（數字）。這些資料一開始是記錄表上的一串數字，需要進一步轉換為合適的表徵以便分析。當然，面對已經轉換為數字、表格、圖形、數學公式的資料，也要有能力使用自然語言來表達，將之回復為現象或理論的描述。在九年一貫課程綱要中，對應的指標如下（國民中小學九年一貫課程綱要——自然與生活科技學習領域，2008）：

1-2-5-1能運用表格、圖表（如解讀資料及登錄資料）。

1-3-5-1將資料用合適的圖表來表達。

1-3-5-2用適當的方式表述資料（例如：數線、表格、曲線圖）。

1-4-5-1能選用適當的方式登錄及表達資料。

2-1-1-1運用五官觀察自然現象，察覺各種自然現象的狀態與狀態變化。用適當的語彙來描述所見所聞。運用現成的表格、圖表來表達觀察的資料。

2-3-1-1……學習資料整理、設計表格、圖表來表示資料。……

這個能力的本質是表徵轉換。在下面這個例子裡，資料雖然不是從數字轉換為表格或圖形，但卻是從語言描述轉換為圖形。在表徵方式轉換為圖形後，研究者可以很清楚、一目了然地知道風速和電力之間的關係。恰當的表徵方式有助於資料的分析和詮釋，也是資料分析的基本能力。

風力電場

許多人認為風力應該取代燃油與煤礦作為發電的能源。圖片中的結構物是藉由風力轉動葉片的風車，這些轉動讓風車推動的發電機產生電能。

風力電場

問題2

　　風愈強，風車的葉片轉動愈快，產生愈多電力。但是在真實環境中，風速和電力並沒有直接關係。以下是真實環境中風力發電機的四個運作條件：

　　·當風速達到V1的時候，葉片開始轉動。

　　·當風速是V2的時候，所產出的電力會達到最大（W）。

　　·基於安全的理由，當風速大過V2的時候，葉片的轉動不會增加。

　　·當風速達到V3的時候，葉片會停止轉動。

　　下列風速與電力的關係圖中，何者滿足上述的四個運作條件？

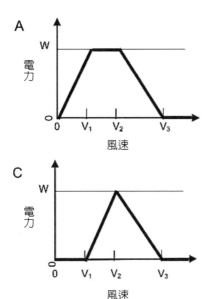

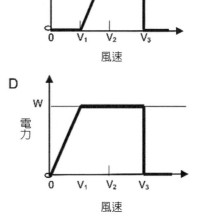

　　答案：B

（OECD, 2009）

（二）分析和詮釋資料，與形成恰當的結論

　　這一項能力是從證據到結論的論證能力。資料已知，結論有待形成。在自然科學中，資料會被量化。而由於真實情境的資料總是包含隨機誤差，因此資料分析指的就是運用統計的相關概念，形成數量層面的結論。這些結論可以利用平均值、中位數、標準差等統計量來表達，也可以僅利用相關關係等統計概念來表達。進一步，這些統計結論的意義需要被詮釋。在此，資料是在實驗或調查的脈絡中獲得的。因此所謂詮釋指的就是把資料和研究設計結合起來說明之，使其意義顯露出來。例如：在實驗研究中，數據的相關關係由於是在實驗操弄下獲得的，因此具有因果的意義。又如：影響依變項的因素固然很多，但是在實驗的設計下，干擾因素得以排除，因此可以確保依變項的改變是因變項造成的。這些結論需在統計結論的基礎上，由研究者加以論述才能形成。在九年一貫課程綱要中，對應於這個子能力的指標條列如下（國民中小學九年一貫課程綱要──自然與生活科技學習領域，2008）：

1-2-4-1由實驗的資料中整理出規則，提出結果。

1-3-3-2由主變數與應變數，找出相關關係。

1-3-4-1能由一些不同來源的資料，整理出一個整體性的看法。

1-3-4-2辨識出資料的特徵及通則性並做詮釋。

1-3-4-4由實驗的結果，獲得研判的論點。

1-4-3-1統計分析資料，獲得有意義的資訊。

1-4-3-2依資料推測其屬性及因果關係。

1-4-4-2由實驗的結果，獲得研判的論點。

1-4-4-3由資料的變化趨勢，看出其中蘊含的意義及形成概念。

1-4-4-4能執行實驗，依結果去批判或瞭解概念、理論、模型的適用性。

1-4-5-2由圖表、報告中解讀資料，瞭解資料具有的內涵性質。

2-4-1-2獲得資料，做變量與應變量之間相應關係的研判，並對自己的研究成果，做科學性的描述。

下例的資料以散布圖呈現。為正確地得到結論，學生要看出各國「每人蛀牙的平均數量」和「平均糖消耗量」是正相關。這個問題所評量的是從數量的變化，瞭解兩個變項之關係的能力。

蛀牙

（情境說明略）

問題4

下列圖表顯示不同國家糖的消耗量和齲齒的總量。在圖表中，每一個國家都以一個小圓點來表示。

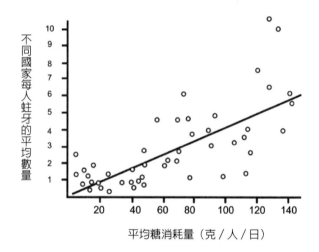

圖表所提供數據支持下列哪一個陳述？

A. 有些國家的人較常刷牙（比起其他國家的人）。

B. 人們吃愈多糖，得到齲齒的機會愈大。

C. 近年來，許多國家的齲齒比率已上升。

D. 近年來，許多國家的糖消耗量已經增加。

答案：D

（OECD, 2009）

（三）在與科學有關的文本中，辨認出假設、證據和推理

這個能力是評估論證時需具備的最基本能力——結論已知，要能辨認出假設、證據和推理。推理是從前提得出結論的過程。假設和證據是推理的前提。在批判論證優劣之前，先要有能力將論證的元素辨認出來（Fisher, 2004）。在下面這個PISA例題裡，題目的說明已經告訴受試者結論，無論是小德的結論——「地球大氣層平均溫度的上升顯然是由二氧化碳排放增加而引起的」，或者是小妮的結論——小德的結論是錯的。受試者需要從題目所提供的資料中找出對應的證據。在實際的科學探究情境中，資料總是不完美的，而資料總是經過檢選後才會成為證據。這個例子就展示了相同的一組資料能夠被不同立場的研究者使用，因為他們選擇了資料裡不同的部分作為證據。

溫室效應

（部分情境說明略）

事實顯明，地球大氣層的平均溫度不斷上升。報章雜誌常說，二氧化碳排放量增加是二十世紀溫度上升的主要原因。

小德有興趣研究地球大氣層的平均溫度和地球上二氧化碳排放量之間的關係。他在圖書館找到下面兩幅曲線圖。

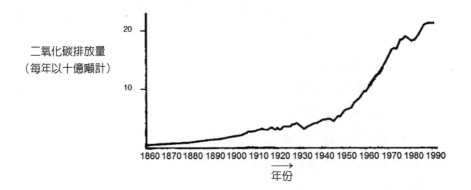

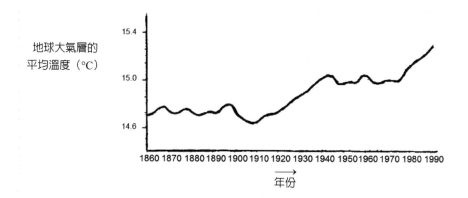

地球大氣層的
平均溫度（°C）

　　小德從曲線圖得出結論，認為地球大氣層平均溫度的上升顯然是由二氧化碳排放增加而引起的。

問題3

曲線圖中有什麼資料支持小德的結論？

滿分：指出（平均）溫度與二氧化碳排放量均上升。

問題4

　　小德的同學小妮卻不同意他的結論。她比較兩幅曲線圖，指出其中有些資料並不支持小德的結論。請從曲線圖中舉出一項不符合小德結論的資料，並解釋答案。

滿分：能夠指出兩幅圖中，有哪一段時期的曲線不是同時上升或下降，並作解釋。　　　　　　　　　　　　　　　　　（OECD, 2009）

（四）區別出根據科學證據和理論所做的論證，和根據其他考量所做的論證

　　這一項子能力事實上和「區分出有可能科學地調查的問題」這項子能力本質上是一樣的。兩者或是針對「問題」或是針對「理由」，都是在判斷「是否是科學的」。在下面這個PISA的例題中，題目列出了兩個理由。在判斷一個理由是否科學的時候，最基本的標準就是該理由能不能透過蒐集經驗證據的方法而得到驗證。在第一個理由中，「某些疾病」雖然

陳述得較不明確,但只要有一種疾病是複製人比較容易得到的,那麼該理由就成立。而複製人會比較容易得到的疾病,可以透過相關生物和醫學的理論而推演出來。若要透過經驗驗證,列舉出有待驗證的疾病應該不是難事。一旦有待驗證的疾病被明確指出,就可以透過經驗驗證此理由之真假,故而這個理由是科學的。第二個理由是價值判斷的陳述。這無法以經驗驗證的方式來證明其成立,因此不是科學的理由。

生物複製

(情境說明略)

問題3

本文最後一段寫到:許多國家已經決定立法禁止人類的複製。之所以有此決定,是基於以下兩個可能的理由。你覺得這些理由是科學的理由嗎?

請分別就這兩個理由圈出「是」或「否」。

理由	是否科學?
1.複製人可能會比一般人容易得到某些疾病。	是 / 否
2.人類不應該逾越萬物創造者的角色。	是 / 否

答案:是、否 (OECD, 2009)

(五)評估來自不同來源的科學論證與證據

評估是比較高階的能力。評估需要知道標準是什麼,還要考慮其他的可能性,如此方能比較出被評估對象是否不足。對論證的評估,也就是對思考的思考。根據Fisher（2004）,這就是批判思考。PISA評量架構所列出來的這一項子能力涉及三個被評估的對象,即證據、論證和來源。對此三者的評估方式進一步簡要說明如下。

針對證據,首先需要評估它和結論是否相關。如果不相關,也就不需要評估它是否為真了。如果相關,就需要進一步從下列幾個角度來判斷它的真實性（Cottrell, 2010）:

1.它和目前已知的事實有沒有衝突？它是否有其他的證據支持？

2.它是如何得到的？得到它的研究方法是否正確？

3.它是不是可複製？

4.它的來源是不是可靠？

5.根據已知的事實和理論，它發生的機率有多高？

評估論證是否有效，需要問下面的問題：

1.證據即使為真，但有沒有以偏概全？

2.從前提到結論的推論是否正確？證據和結論是否一致？

3.結論是否有多方面的證據支持？

4.反方的證據是否排除？

5.是否有其他可能的解釋？

針對訊息來源的可靠性，則需要從下列角度來評估（Cottrell, 2010; Fisher, 2004）：

1.他們是否是既得利益者？有沒有可能有偏見？

2.他們的名聲是否良好？是否來自可靠的期刊？

3.他們是否是相關領域的專家？

4.他們是「原始」或「二手」的訊息來源？

在九年一貫課程綱要中，對應的指標如下（國民中小學九年一貫課程綱要——自然與生活科技學習領域，2008）。

1-4-2-1若相同的研究得到不同的結果，研判此不同是否具有關鍵性。

6-4-3-1檢核論據的可信度、因果的關聯性、理論間的邏輯一致性或推論過程的嚴密性，並提出質疑。

下面是一個現代工業社會中常會發生的場景。由於環境汙染的問題，工廠和居民對立。雙方各自聘請科學家來辯護。學生作為未來的公民，應該要有能力評估科學家所提出的證據和論證是否可以接受。在問題1所提供的評分標準中，羅列了適宜而可以質疑工廠老闆的理由。在這些理由

中，有些是質疑證據的相關性，例如：「導致呼吸問題的物質不一定會被認為有毒。」有些是針對證據的真實性，例如：「我們不知道樣本是否對這地方有代表性。」有些是針對訊息來源的可靠性，例如：「因為公司有支付科學家們薪水。」

健康風險

　　想像你住在一家大型的製造農業用肥料的化學工廠附近。最近幾年，有幾位住在這區的人士長期為呼吸問題所苦。很多本地人士相信這些症狀是附近化學肥料工廠排放的有毒濃煙所致。

　　當地居民舉行一個公眾集會，討論化學工廠對他們健康的潛在威脅。科學家在集會中做出下列的聲明：

為化學公司工作的科學家的聲明
「我們已研究本地泥土的毒性。在我們所採集的泥土樣本中，沒有找到有毒化學物品的證據。」

為不安的居民工作的科學家的聲明
「我們已比較當地與遠離化學工廠地區有長期呼吸問題個案的數目。化學工廠附近地區的案例較多。」

問題1

　　化學工廠老闆使用為公司工作科學家的聲明來主張：「工廠排放的濃煙不會危及本地居民的健康。」

　　除了為當地不安的居民工作的科學家所提出的聲明之外，提出一個理由，以質疑為公司工作的科學家的聲明可以用來支持老闆的主張。

　　滿分：提出一個適宜的理由來質疑用以支持工廠老闆的論據。

　　・導致呼吸問題的物質不一定會被認為有毒。

　　・呼吸問題可能由空氣中而非泥土裡的化學物質而導致。

　　・有毒物質可能隨時間改變／分解，在泥土中已不再具毒性。

　　・我們不知道樣本是否對這地方有代表性。

・因為公司有支付科學家們薪水。

・科學家們害怕丟掉工作。

（OECD, 2009）

貳、知識

　　根據PISA 2015科學素養的評量架構，科學的相關能力在問題情境中發揮時，需要運用三種類型的知識。這三種知識分別是內容知識、程序性知識、以及認識的知識。內容知識指的就是學科知識。程序性知識指的是研究設計的概念和策略。認識的知識指的是科學方法和論證的相關概念。這三種知識簡介如下：

一、內容知識

　　在PISA 2015科學素養評量架構中，自然界被區分為三種系統：物質系統、生物系統、和地球與太空系統。其中物質系統的知識包含了物理學和化學兩個學科的知識。因此內容知識就進一步分為三個系統所包含的知識，詳見PISA 2015科學的內容知識（表5-1）。OECD在選擇表5-1所包含的內容時，考慮的因素有三：

　　1.這些知識和現實生活情境有關

　　2.這些知識代表了重要的科學概念，或主要的解釋理論

　　3.這些知識適合15歲學生的發展階段

　　在表5-1所列出的主題只是舉例，並不是OECD在PISA 2015所定義的科學知識只包含表中所列的這些主題。由於內容知識就是一般的科學學科知識，因此在我國目前15歲學生所應具備的科學學科知識就是九年一貫課程綱要（2008）所定義的內容。

表5-1　PISA 2015科學的內容知識（OECD, 2013a）

物質系統所包含的知識
·物質結構（如：粒子模型、鍵結）
·物質的性質（如：狀態變化、導熱與導電性）
·物質的化學變化（如：化學反應、能量傳遞、酸／鹼）
·運動與力（如：速度、摩擦力）及超距作用（如：磁力、重力與靜電力）
·能量與其轉換（如：守恆、耗損、化學反應）
·能量與物質間的交互作用（如：光波與無線電波、聲波與地震波）
生物系統所包含的知識
·細胞（如：結構與功能、DNA、植物與動物）
·生物體的概念（如：單細胞與多細胞）
·人類（如：健康、營養、消化、呼吸、循環、排泄、生殖等子系統，及這些子系統間的關係）
·族群（如：物種、進化、生物多樣性、遺傳變異）
·生態系統（如：食物鏈、物質與能量之流動）
·生物圈（如：生態系統服務、永續發展）
地球與太空系統所包含的知識
·地球系統的結構（如：岩石圈、大氣圈、水圈）
·地球系統中的能量（如：來源、全球氣候）
·地球系統中的變化（如：板塊構造、地球化學循環、建構性與破壞性作用力）
·地球的歷史（如：化石、起源與演化）
·太空中的地球（如：重力、太陽系、星系）
·宇宙的歷史與尺度（如：光年、大爆炸理論）

二、程序性知識

　　在PISA 2015，程序性知識指的是建立證據所需要的知識（OECD, 2013a）。OECD（2013a）所列舉的程序性知識（表5-2）包含了變項的概念、測量的概念和方法、提高信度的策略和方法、資料分析的策略和方法、實驗設計的策略等等。

　　根據Bloom的課程目標分類體系（Anderson et al., 2000），在表5-2所列舉的程序性知識中，除了實驗的動作技能或某些固定的操作程序之外，還包含概念知識、策略知識、策略使用條件的知識。「尺規的使用」屬於固定的操作程序；「變項的概念」和「測量的概念」屬於概念知識；「確

保可複製與數據精確性之機制」屬於策略知識；「表徵數據的常見方法
之恰當的使用方式」包含有策略使用條件的知識；「變項的控制策略」屬
於策略知識；「利用隨機對照試驗」屬於策略知識；「對於給定的科學
問題，恰當之研究設計的本質」屬於策略使用條件的知識，因為這是關
於「在某種研究問題下，哪一種研究方法較佳」的知識。綜合而言，在
OECD所定義的科學素養中，科學探究的部分並非只是「過程技能」，它
還包含研究設計、科學方法和論證的概念知識。

　　表5-2所列的這些程序性知識主要是在研究設計時使用，部分是在提
出研究問題和數據分析時使用。變項的概念在形成研究問題時需要運用，
在研究設計時也會用到。測量的概念在研究設計時會使用，方能針對研究
的變項設計良好的測量方法。其中，類別與連續變項的概念在資料分析時
也會用到。減少不確定、確保可複製、確保精確性、變項控制、隨機對
照、與研究問題對應之研究設計的本質等等，都和研究設計有關。表徵數
據的常見方法，這一項和數據分析有關。

表5-2　PISA 2015程序性知識（OECD, 2013a）

程序性知識
・變項的概念，包含依變項、自變項、和控制變項
・測量的概念，例如：量化（測量）、質性（觀察）、尺規的使用、類別與連續變項
・評估與減少不確定性的方法，例如重複測量並取平均值
・確保可複製（對同一個量重複測量所得資料間的一致程度）與數據精確性（測量的實際值與真值間的一致程度）之機制
・使用表格、圖形、統計圖提取數據的意義和表徵數據的常見方法，以及恰當的使用方式
・變項的控制策略及其在實驗設計中的角色，或利用隨機對照試驗以避免受干擾的研究結果和找出可能的因果機制
・對應於給定的科學問題，恰當之研究設計的本質（類型），如：實驗的、田野的、尋找形態的

三、認識的知識

　　OECD在PISA 2015所定義的「認識的知識」（epistemic knowl-
edge），是關於「科學知識為什麼為真」的知識。在此，「認識」指的是

特殊的一種獲得知識的方式——科學方法。所謂「認識的知識」進一步又可分析為三類。第一類是「針對某個特定主張,如何提供理由以說明其為真」的知識,也就是論證方法的知識。第二類是關於「為保證科學知識為真,科學方法的重要元素是什麼」的知識。接著,我們可以問:「為什麼科學方法能保證科學知識為真?」於是有第三類知識,關於「科學方法元素之功能」的知識。第二類和第三類是科學方法論的知識。程序性知識和論證方法是關於「如何做」的知識。科學方法論是關於「為什麼這樣做」的知識。以控制變因為例,知道控制變因的策略是什麼,這是具有程序性知識;知道控制變因的策略對建立知識「為什麼」重要,這是具有科學方法論的知識。

在OECD(2013a)的分類中,認識的知識被分為兩大類(表5-3)。一類是「科學知識建構過程不可或缺的構念和關鍵特徵」,這就是前述第二類知識。另一類是「在證成藉由科學所產生的知識時,這些構念和特徵所扮演的角色」,這就是前述第一及第三類知識。

表5-3所列舉的知識在發揮三種科學的能力時都會運用到。例如:在運用「科學地解釋現象」的能力而要建立模型時,若能知道「物質、系統和抽象模型的運用和所扮演的角色及其限制」,就能根據需要發展合適的模型。在「提出預測和假說」時,就需要瞭解「演繹、歸納、最佳解釋、類比等論證方式的本質」。要「解釋科學知識對社會的潛在影響」時,就需要瞭解「和其他形式的知識在一起,科學知識所扮演的角色」。又如:若要發揮「評估和設計科學探究」的能力,在「評估科學地探索某個給定問題的方法」時,就需要知道「不同形式的實徵探究的功能、目的和設計」。在「描述與評估科學家用以確保資料可信度的機制」和「評估證據」時,就需要知道「測量誤差如何影響科學知識的可信度」。最後,在發揮「科學地詮釋資料和證據」的能力,而要「在與科學有關的文本中,辨認出假設、證據和推理」時,就需要對「科學觀察、事實、假說」的本質有所瞭解。

表5-3　PISA 2015認識的知識（OECD,2013a）

認識的知識
·科學的構念和關鍵特徵
。科學觀察、事實、假說、模型和理論的本質
。科學有別於科技的目的和目標（科學的目的是獲得對自然界的解釋，而科技的目的是獲得符合人的需要的最佳解決方案），而此決定了科學或科技的研究問題和恰當資料
。科學的價值，例如：對發表、客觀性和去除偏誤的信奉
。在科學中所運用的推理本質，如：演繹的、歸納的、最佳解釋的推論（逆推的）、類比的、和根據模型的。
·在證成藉由科學所產生的知識時，這些構念和特徵所扮演的角色
。在科學中，科學主張如何由資料和推理所支持
。在建立知識時，不同形式的實徵探究的功能、目的（測試解釋性假說或辨認形態）、與設計（觀察、對照實驗、相關研究）
。測量誤差如何影響科學知識的可信度〔評估證據〕
。物質、系統和抽象模型的運用和所扮演的角色及其限制〔提出假說、解釋證據〕
。合作和評論的角色，以及同儕審查如何有助於建立科學主張的可信度
。在辨認和處理社會與技術議題的過程中，和其他形式的知識在一起，科學知識所扮演的角色

參、問題情境

　　OECD定義的科學素養特別強調其所評量的能力是「在生活情境中」運用科學相關知識的能力，而不僅僅是在科學研究的情境。這個定義是為了呼應其所認定的科學教育最終目標——準備好學生使之能適應未來的生活。

　　OECD分析情境的方式是以「範圍—議題」二維的架構來展開。「範圍」分為三個層級，包含個人、區域／國家、全球。所謂「個人」包含自我的、家庭的和同儕團體的。「區域與國家」指的是比家庭更大，但又未橫跨多國的社群。「全球」則是最大範圍的情境。「議題」分為五個類別，包含健康、自然資源、環境品質、災害、科學與科技探索的前沿。在這五大類的議題中，除區域和全球範圍的科學與科技前沿之外，其餘都是和日常生活相關的情境。利用範圍和議題，十五類問題情境就能交叉產生，如表5-4。

表5-4　PISA 2015科學素養評量之問題情境分析表（OECD, 2013a）

範圍	個人	區域／國家	全球
健康	健康維護、意外、營養	疾病控制、傳染、飲食選擇、社群健康	流行病、疫情擴散
自然資源	物料與能源的個人消費	人口維持、生活品質、安全、糧食的生產與分配、能源供給	再生與非再生的自然系統、人口成長、物種永續利用
環境品質	對環境友善的行為、資源的使用與處置	人口分布、垃圾處理、環境衝擊	生物多樣性、生態永續性、汙染控制、土壤的產出與流失
災害	生活型態選擇的風險評估	劇變（如：地震、極端氣候）、緩慢而漸進的改變（如：海岸線侵蝕、陸地沉降）、風險評估	氣候改變、現代通訊設備的衝擊
科學與科技探索的前沿	嗜好、個人化科技、音樂和運動的科學面向	新的物料、設備和製程、基因改造、健康科技、運輸	物種滅絕、太空探索、宇宙起源與結構

第三節　科學素養試題的設計——以PISA試題為例

　　為了達到評量學生科學素養的目的，測驗所採用的試題形式就不能只是單選題。單選題雖然容易批改，但是由於其試題形式，有著容易猜對和難以評量高階思考能力的限制。PISA的試題採用問答題的形式，並有較長的情境說明。PISA主張「素養」是在「真實的」情境中發揮運用的能力。因此把較長的情境說明引入了試題中。不過，最接近真實探究情境的評量方式，應該是像科展這樣的評量。這種方式也比較適合評量統整的探究能力。但這種方式不適合在有限的時間內，對學生的行為大量取樣。因此，PISA的測驗形式是在單選題和科展這類評量方式之間的折衷作法。

　　在教學實務上，單單有前述兩節所描述的課程目標是不夠的，還需要有教學和評量的配合。在課程發展的實際過程中，甚至往往是在設計教學

方法和評量工具時，才會更清楚課程目標的內涵。可以說，評量工具的設計與發展是課程發展的重要一環。在此，由於整份卷子的出題所涉及的問題較為複雜，受限於篇幅，因此僅能說明單一試題的設計。

壹、試題格式

　　PISA的試題都是以題組的方式呈現，透過題組呈現現實的議題。現實的議題本是跨學科領域，且需要結合多種能力才能探討和解決的。本題組以現實的議題為中心，自然就能對應著發展出多個跨學科、涵蓋不同知識、包含不同能力的試題。因此「題組」是依循著PISA所採取的素養定義自然發展出來的形式。一個題組大約包含三至五個小題。

　　PISA試題的結構可分為三個部分。第一個部分是題組的情境說明。第二個部分是小題題幹。第三個部分是小題作答區。第二和第三個部分在每個小題中反覆出現。範例請參見第二節所列舉的試題。

　　情境說明的目的主要有三。首先，情境說明是為了讓學生進入「現實」。而「現實」（或說現象）是學生要面對的挑戰。現實情境對學生來說是混亂的，除非他們找到一種理解現實的方式，也就是學科的或研究方法的觀點，把理論應用在現實中。此外，部分的情境必須是學生陌生的，否則評量到的可能是學生對知識的「記憶」，而不是「理解」和「運用」。為了說明陌生的情境，情境說明一般而言總是有一定的長度，例如：在「辨認出某個給定的科學研究所探索的問題」這一小節中「防曬品」這一題。但情境說明並非總是很長，例如：在「提出和證成恰當的預測」這一小節的「公車」和在「將資料從某個表徵轉換為其他表徵」這一小節的「風力電廠」。情境說明的長度沒有一定，但如果要出一份作答時間為50分鐘的試卷，整份卷子有六個題組，那麼單一個題組的閱讀和解題時間應控制在8到10分鐘之內。其次，情境說明要能引起學生的閱讀興趣。由於情境說明可能很長，如果學生覺得無聊、沒有興趣，就不會願意讀下去。最後，情境說明可用來補充學生的背景知識。如果解題需要一些背景知識，而這些知識並不是評量的目標，那麼就可以在情境說明中明白地向學生說明。事實上，這也是在現實生活中，我們會遭遇的情況，透過

閱讀獲得我們不知道的知識，然後再運用在問題解決中。

　　小題題幹的部分，有時是很簡單的一兩句話，直接根據題組的情境說明提出問題。有時會比較長，對問題情境提供更多的說明和資料，然後才提出問題。在小題題幹中加入情境說明的好處是分散學生的閱讀負荷。學生不必在一開始題組的情境說明中，一次讀完所有的說明文字。

　　小題作答區的形式會因小題的題型而有所不同。PISA的試題形式主要有下列四種：

　　1.單選題。

　　2.多個單選題構成的複選題：這是每個選項都選對才給分的複選題。例如：「區分出有可能科學地調查的問題」這一小節的「蛀牙」。

　　3.簡答題（封閉式問答題）：這種問答題的答案不必是單一的，但一定是可以窮舉的。

　　4.問答題。

　　小題的形式並不侷限在這四種。只要能評量出學生的科學素養，教師應發揮創意開發各種可能的形式。

貳、一個題組的設計

　　設計一個題組的步驟依序如下：一、選擇題材，蒐集資料；二、撰寫情境說明；三、針對評量目標，發展問題；四、配分；五、撰寫問答題的評分標準。由於教師對問答題的設計較為陌生，一般會認為問答題評分困難，也無法客觀地評分。事實上，問答題的評分是否可行端看題目和評分標準兩者的設計。為了較為仔細地說明評分標準的設計，故將該步驟的設計要點挪至下一小節說明。

一、選擇題材和評量目標，蒐集素材

　　所謂題材包含兩個部分：議題和素材。如果不考慮學科領域，議題的選擇很有彈性，只要有趣就可以。如果一開始不知道要從何處著手，可以想一想最近發生的事件，或者參考表5-4「問題情境分析表」所羅列的議題。

　　除非是要考學科知識，否則在一開始尋找題材的階段，較難決定評量目標。如果是要考能力，一個題材可以針對哪些能力出題，多半是要在素材找到後，才能做最後的決定。一開始可以有個出題的方向。不過，有時雖然心中想著要評量某個能力，但如果找不到可用的素材，也只能作罷。更有可能發生的情況是先決定了議題（因為議題的決定比較容易），在看了相關資料以後，才形成出題的方向。評量目標的決定和素材的選擇是交互進行，並在彼此影響的情況下最後一起決定的。

　　決定了議題之後，就可以把自己當作研究者來面對問題情境，然後搜尋相關資料。議題通常都是教師不熟悉的。教師如果急著出題，就會喪失對議題提出探究問題的機會。這些教師在面對議題時自己提出來的疑問，正是非常適合設計成試題來問學生。教師如果急著出題，就會侷限在原有的閱讀教科書然後解題的思維模式，所出的題目就會偏向閱讀理解和科學解釋，以至於題目看起來就會和傳統題目差不多。所以，「把自己當作研究者」這個態度在出題之初是很重要的。

　　在蒐集素材的時候，素材的來源可參考下列有科學資訊和科普文章的網站，也可以參考期刊雜誌、教科書和報紙：

- 中學生小論文專區之作品查詢：http://www.shs.edu.tw/index.php?p=search
- 全國中小學科學展覽會：http://www.ntsec.gov.tw/User/Article.aspx?a=26
- 旺宏科學獎：http://www.mxeduc.org.tw/ScienceAward/12th/about.html
- 知識通訊評論：http://highscope.ch.ntu.edu.tw/?cat=165
- 科學人雜誌：http://sa.ylib.com/
- 英特爾國際科技展覽會（簡稱Intel ISEF）：https://www.societyfor-science.org/
- 臺灣國際科學展覽會：http://www.ntsec.gov.tw/User/Article.aspx?a=25

　　在初步找到一些素材之後，教師就可詢問自己下面的問題，來評估所找到的素材是否值得採用和繼續發展下去：

　　1.內容是否有趣？

2.是否能進一步取得充分的資料？若是在報紙或電視得到的素材，特別需要考慮是否能夠從別的書面資料來源得到充分的出題訊息。

3.資料是否正確？因為通常是真實發生的事，因此需要檢核正確性。

4.是否適合學生的程度？如果有學生欠缺的背景知識，是否可能在「題組情境說明」篇幅有限的情況下，讓學生瞭解之？

所蒐集到的素材若有實驗過程的細節，有具體的數據資料，在設計試題時，則有較大的彈性，可根據評量目標來使用素材、設計試題。否則，由於受到素材的限制，必須就素材來思考評量目標。

二、撰寫情境說明

蒐集到足夠素材之後，就可以開始撰寫情境說明。如前所述，情境說明有三個功能：讓學生進入「現實」、引起閱讀興趣、補充背景知識。但是，要說明到什麼程度？情境說明的內容和長度，其實和小題題目是有關係的。所以，在撰寫情境說明的時候，就在構思要出什麼題目了。而且，這個步驟和下個步驟是會來回進行個幾次，情境說明才會定案。

一般說來，情境說明和後面所評量的能力關係如表5-5。表5-5將情境說明的內容分為三種基本類型：現象和理論的說明、實驗過程、數據資料。當然實際上的情境說明，非常可能是基本類型的混合。在這個分類中，「現象描述」和「資料」容易被混淆。在這裡所謂的「資料」指的是觀察的結果。對「觀察結果」（資料）整理後所做的說明，稱之為「現象描述」。據此，「資料」和「現象描述」在描述同一個現象時，兩者的差異在於前者包含了「誤差」的訊息，後者把「誤差」排除了。下例就是一個現象描述，而不是資料，雖然這裡面也有數據。

在澳洲墨爾本*，太陽將於早上7：36升起，下午5：08落下，白晝的長度有9小時32分鐘。相對地，南半球今年最長的白晝預計在12月22日。那天的太陽將於早上5：55升起，晚上8：42落下，白晝的長度有14小時47分鐘。

實際的資料總是存在著誤差，但平常為了清晰地表達，在說明現象時，會將「誤差」排除。因此在蒐集素材時，所找到的資料很可能都屬於

「現象描述」而不是「資料」。尤其是在報紙、雜誌上找到的文章多半會是如此。如果在撰寫情境說明時，沒有察覺到「現象描述」和「資料」的細微差異，那麼在設計後面的題項時，將會難以設計「詮釋資料」的題目。

在情境說明中若僅有「現象和理論說明」或實驗過程，由於沒有呈現數據資料，因此自然無法設計「詮釋資料」的題目。若情境說明中，僅有「數據資料」，是否適合問學生「得到這些資料的研究程序是什麼」（也就是評量其研究設計的能力）？在某些情況下，這樣的問題或許是有答案的，但是一般來講，在實際的探究過程中，這樣的提問不太會發生。

表5-5　情境說明和能力評量的關係

情境說明的內容	適合評量的能力
現象描述和理論解釋	解釋現象的能力、研究設計的能力
實驗過程	解釋現象的能力、研究設計的能力
數據資料	解釋現象的能力、詮釋資料的能力

在撰寫情境說明時，可以先把核心的部分寫出來，然後再加上最前面的導引部分，以及干擾作答的部分。所謂干擾作答的部分，指的是使答案埋在複雜的變因和誤差中的描述和資料。通常找到的素材都需要改寫；或者是因為文字太長，需要精簡；或者是因為文字不夠通順或用詞太難，需要潤稿或改以別的方式表達。不過，如果素材裡面有錯，有時倒是不一定要改正。例如：在科展作品裡面找到的素材，因為是學生不成熟的作品，往往會發現其研究設計或資料詮釋上的錯誤。這樣的素材反而可用來出題，因此並不需要改正。

三、針對評量目標，設計試題

在開始設計試題前，最好先想清楚要評量的是哪個科學的能力。否則，很容易受到過去教學經驗的影響，而慣性地設計出屬於「科學地解釋現象」的試題。

　　所謂科學素養就是要學生提出問題、定義問題、解決問題。也就是，要學生會思考，會探究自然現象。因此評量素養的試題，也應該是能促使學生思考的題目。直接從記憶中提取知識，不算所謂的思考。要將知識運用在情境中，稍微算。進而，推理、設計、規劃、評估、決定，在題目中若能促使學生進行這類認知活動，才算是在評量學生的科學素養。因此，判斷所設計的題目是否在評量科學素養的方式之一，就是根據學生作答時的心智歷程。

　　如果教師在蒐集素材時，就是抱著「自己是研究者」的態度在進行，那麼到了設計試題的這個階段，由於自己已經進入了探究的狀態，要設計出相關的試題應該不是太難。這時，會阻礙教師出題的心理障礙可能是「標準答案的緊箍咒」。

　　由於教師習慣的出題型式是單選題、複選題、填充題這類有標準答案的試題，而要求學生展現推理、設計、評估等能力時，學生的答案勢必是多樣的。如果說標準答案束縛了學生的思考，那麼既然我們要促使學生思考，當然就不能再只設計有標準答案的試題。

　　沒有標準答案會衍生兩種擔心。其一是擔心沒有評分的標準，其二是擔心就算有評分的標準，也難以在評分者之間達到一致的評分結果。關於評分標準，假設「沒有固定的標準答案就代表沒有好的答案」，那麼這個擔心才會成立，但這個假設明顯是錯誤的。關於評分一致性，這就和評量的目的有關。如果所要評量的能力是綜合的科學探究能力，由於要考慮的因素很多，不同的評分者看重的不同，評分的結果可能會較難達成一致。但是類似PISA這類試題所要評量的能力是範圍比較小的，只要出題的時候對作答方向做了適當的限定，並且把評分標準撰寫清楚，那麼80%以上的評分一致性在實務上是可以達到的。

　　在出題時，難度的控制也需要一些技巧，在此列舉降低難度的方法以供教師參考：

　　1.把長句子改成多個短句表達，這樣做可使文章容易閱讀。

　　2.增加合適的圖來搭配文字說明。圖若是具體的照片，則可幫助學生產生具體的想像。若是概念圖，則可幫助學生組織文章內容。

3.提供推論過程，要學生找出錯誤。如果學生直接寫出理由和推論有
　困難時，可採用這個方法。

4.提供證據，讓學生能據以提出理由。要學生憑空想出理由，難度是
　比較高的。證據可提供學生思考的線索，難度則降低許多。

四、配分

　　PISA的配分方式只有兩種。一種是全對給1分，全錯給0分。另一種
是全對給2分，部分對給1分，全錯給0分。所有的選擇題和複選題都是採
用第一種配分方式。封閉式和開放式問答題，才有部分給分的情況。

　　教師平常在出題配分時，或許會有一題給5分的情況，而且配分時會
考慮的因素是難度，難度愈高，配分愈重。然而，單題的配分並不是根據
難度，而是根據鑑別度。難度和鑑別度是不同的概念。

　　配分依據難度，這是常見的迷思。如果配分是依據難度，那麼難到大
家都答錯的題目應該配分最高，但是由於大家都得不到分數，配分再高也
沒有用。

　　那麼那些程度好的學生不是能答對難題嗎？為什麼不是根據難度來
給分呢？在分析這個問題的時候，應該從兩個層面來看。一個是單題的層
面，一個是整份卷子的層面。考試時學生是做整份卷子，得分也是整份卷
子的總分。假如有一份試卷每一題的鑑別度都相同，配分都是1分，但難
度不一樣。程度好的學生容易的和困難的題目都答得對，答對的總題數
多，總分自然就會比較高，並不需要針對難度較高的題目另外給予較高的
配分。當我們回到單題的層面，如果還是按照難度來思考配分的話，就會
出現前述高難度的題目配高分沒意義的狀況。因此，在單題的層面，是鑑
別度高的題目要配分較高才對。

　　除了鑑別度之外，配分還可考慮「主題的重要性」和「課程比重」給
予加權。雖然如此，教師也不應給予單題過高的配分比重，因為這樣做就
好像是把太多雞蛋放在同一個籃子裡一樣。如果學生靠運氣在一題配分較
高的題目上答對，例如：程度不好的學生碰巧看過該題，靠記憶答對了，
他就會被錯誤地評定為具有較好的能力。如果要在某個主題的題目上配較

高的比重，也應該多出幾題同樣評分目標的題目，以分散測量錯誤的風險。

採用部分給分的方式，雖然可以把學生多區分出一個等級（滿分2分），但這要付出代價。配分愈高，分的等級愈多，這就表示閱卷老師要付出較多的時間和心力，因為他要記得區分每個等級的標準，而且要仔細地判斷每個作答結果所屬的等級。在大量閱卷時，時間和人力是寶貴的資源，必須在試題功能和閱卷效率之間取得平衡。這也是PISA在配分時，最多配2分的一個原因。

參、問答題的評分

為了使評分工作有效地執行，問答題評分標準的撰寫品質至關重要。評分標準寫得清楚，可縮短閱卷者的閱卷時間，也能提高閱卷者間的評分一致性。為了清楚地說明評分標準，標準應包含下列要項：

1.配分

2.給分要件

3.學生作答舉例

這個作法就像是律師辯護時引用法條和判例一樣。法條就是這裡的「給分要件」，但法條畢竟是抽象的定義，在實務上總是會遭遇到模糊地帶。因此除了法條之外，律師還會引用「判例」。判例就是這裡的「作答舉例」。透過例子，更清楚地指出給分的「底線」，以解決給分的爭議和不確定性。

在前一節舉例說明過的「溫室效應」問題3的評分標準裡（圖5-3），除了上述三個要項之外，還對學生的作答類型給了不同的代號，例如：代號11、代號12、代號01、代號02、代號99。此代號的第1碼就是給分，第1碼為1就是給1分，0就是給0分，9表示是遺漏值（也就是空白）。代號的第2碼是作答類型的編碼。此題學生滿分的作答被分為二類（代號11、代號12），零分的作答也被分為二類（代號01、代號02）。對學生的作答除了給分之外，還做的進一步分類並不是必要的。把給分要件按作答類別分別加以說明，評分標準的說明會比較清楚。但如果這不僅僅是為了達到說

明清楚的目的，還要求老師在閱卷時也標明學生作答代號的話，由於分析的類別增多了，閱卷工作的負擔自然就會增加。如果不是為了將來要分析這些代號的數量分布，以便改善教學和學習，則在評分時只要評定得分就好，並不需要標出完整的作答代號。

　　在下面這個溫室效應的評分標準範例中，代號11的給分要件是要提到「溫度」和「二氧化碳排放量」二者（要件1），而且兩者一起上升（要件2）。只提到一個就屬於代號01，算0分。兩者數量變化的關係沒有指出來屬於代號02，也是0分。兩者數量變化的關係若用「正相關」類似的語詞表達，則屬於代號12。這樣看來，評分標準應該是很清楚。但如果學生寫「兩條曲線都在上升」，沒有把「溫度」和「二氧化碳排放量」寫出來，是否算滿分？根據代號11的學生作答舉例，給滿分。如果學生甚至寫「所有東西都在上升」呢？根據學生作答舉例，也給滿分。雖然這個答案是否給滿分爭議較大，但由於在評分標準，已經明白地把它列在得滿分的作答舉例裡了，不同的閱卷者就必須按照這個標準來給分，如此就能保證閱卷結果的一致性。

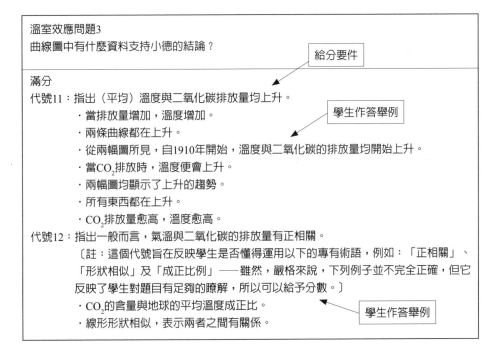

溫室效應問題3
曲線圖中有什麼資料支持小德的結論？

給分要件

滿分
代號11：指出（平均）溫度與二氧化碳排放量均上升。

學生作答舉例

　　　・當排放量增加，溫度增加。
　　　・兩條曲線都在上升。
　　　・從兩幅圖所見，自1910年開始，溫度與二氧化碳的排放量均開始上升。
　　　・當CO_2排放時，溫度便會上升。
　　　・兩幅圖均顯示了上升的趨勢。
　　　・所有東西都在上升。
　　　・CO_2排放量愈高，溫度愈高。
代號12：指出一般而言，氣溫與二氧化碳的排放量有正相關。
　　　〔註：這個代號旨在反映學生是否懂得運用以下的專有術語，例如：「正相關」、「形狀相似」及「成正比例」——雖然，嚴格來說，下列例子並不完全正確，但它反映了學生對題目有足夠的瞭解，所以可以給予分數。〕
　　　・CO_2的含量與地球的平均溫度成正比。
　　　・線形形狀相似，表示兩者之間有關係。

學生作答舉例

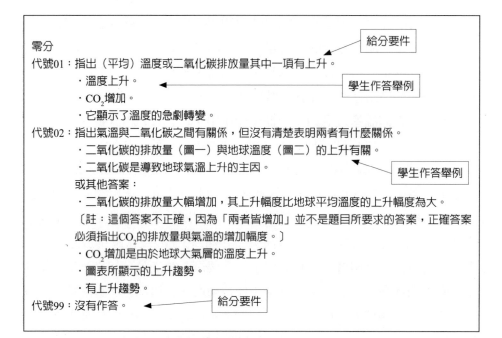

零分
代號01：指出（平均）溫度或二氧化碳排放量其中一項有上升。　　　給分要件
　　　·溫度上升。　　　　　　　　　　　　　　　學生作答舉例
　　　·CO_2增加。
　　　·它顯示了溫度的急劇轉變。
代號02：指出氣溫與二氧化碳之間有關係，但沒有清楚表明兩者有什麼關係。
　　　·二氧化碳的排放量（圖一）與地球溫度（圖二）的上升有關。
　　　·二氧化碳是導致地球氣溫上升的主因。　　　　學生作答舉例
　　　或其他答案：
　　　·二氧化碳的排放量大幅增加，其上升幅度比地球平均溫度的上升幅度為大。
　　　〔註：這個答案不正確，因為「兩者皆增加」並不是題目所要求的答案，正確答案
　　　必須指出CO_2的排放量與氣溫的增加幅度。〕
　　　·CO_2增加是由於地球大氣層的溫度上升。
　　　·圖表所顯示的上升趨勢。
　　　·有上升趨勢。
代號99：沒有作答。　　　給分要件

圖5-3　問答題評分標準示例（OECD, 2009）

　　評分標準要一次就完整地寫出來幾乎是不可能的事。一般而言，假設試題已經確定，不需修改，評分標準需按照下列步驟來建立：

　　1.出題者先寫出完整答案。

　　2.根據答案，寫出給分要件。

　　3.找學生試測。

　　4.依據評分標準初稿對學生的回答評分和分類。

　　5.根據分析結果，修訂評分標準，補充學生作答舉例。

　　6.由第二位閱卷者閱卷，檢核評分者一致性。

　　在分析了試測的學生回答之後，就可以確認評分標準是否完整地描述學生回答的類型。經過試測，所蒐集到的學生作答結果應該已經涵蓋大多數的作答類型。若原來的評分標準沒有照顧到這些類型，則應該修改給分要件，或增加作答類型的分析，以使閱卷者能清楚地判斷。但類型也不應過多，否則會造成閱卷者負荷過重。判斷作答類型是否要保留，可根據學

生作答的百分比。如果屬於某類型的作答低於5%，則可考慮將該類型與其他類型合併，甚至可將原本訂為部分給分的題目修改為全對和全錯的方式給分。

　　對學生的作答結果的量化分析，在只有一題試測的情況下，只能根據答對率來分析。若是在一份卷子裡多題一起試測，則可根據答對率、鑑別度、內在一致性等指標來進行（邱皓政，2011）。在上述第六步驟第二位閱卷者閱卷之後，分析評分者一致性，若達到85%以上，則可知評分標準訂定得很好。若僅達80%，則屬尚可。若未及75%，則屬不可接受，需要重新修訂評分標準，或甚至修改試題。

肆、試題的評估

　　教師在設計題目時，可參考表5-6檢核試題品質。此表是本小節提及的試題設計重點。其他關於單選題、複選題、問答題等出題一般注意事項，在學習評量的相關書籍都會談到，在此就不一一列出了。

表5-6　試題評估表

試題組成	評估項目
議題	1.所選的議題是重要的，例如：屬於PISA 2015「問題情境分析表」所列之議題。
	2.問題情境適合學生程度，具有挑戰性，但又不至於太難。
情境說明	3.情境說明的長度不致使整個題組的作答時間過長，例如：超過10分鐘。
	4.情境說明能引起學生的閱讀興趣。
	5.試題所提供的數據和資料來源相符。
小題	6.試題和所欲評量的目標一致。
	7.試題中所描述的問題具有在真實的探究情境中發生的可能性。
	8.試題能刺激學生思考。
	9.試題提供足夠的引導，使學生瞭解作答的方向。
評分標準	10.評分標準包含配分、給分要件和學生作答舉例。
	11.評分標準的複雜性控制在閱卷老師可接受的範圍內。
	12.在各個得分上，有適當的人數百分比。
	13.評分者一致性達80%以上。

第四節　我國學生在PISA的表現

　　PISA調查，我國是從PISA 2006開始參與。這項調查的結果呈現了我國學生科學素養有待加強之處。PISA每三年調查一次，我國至今已參加三次。本節首先說明在這個國際調查中，我國15歲學生歷次的科學素養整體表現，包含我國學生在不同科學能力層級的人數百分比，然後進一步針對三個科學能力說明我國學生的程度。

壹、我國學生科學素養的整體表現

　　在PISA 2006，臺灣學生的科學素養平均是532分，在57個國家和地區中排名第四。在PISA 2009，臺灣學生的科學素養平均是520分，相較於2006 年退步12分，在65個國家和地區中排名第十二。在PISA 2012，臺灣學生的科學素養平均是523分，相較於2009 年進步3 分，在64個國家和地區中排名第十三（表5-7）。三次調查的標準差分別是94分、87分和83分，和其他國家相比，我國學生科學素養的分散程度是相對較低的。

表5-7　PISA 2006、2009與2012科學素養前二十名國家排名

排名	PISA 2006			PISA 2009			PISA 2012		
	國家	平均	標準差	國家	平均	標準差	國家	平均	標準差
1	芬蘭	563(2.0)	86(1.0)	上海	575(2.3)	82(1.7)	上海	580(3.0)	82(1.8)
2	香港	542(2.5)	92(1.9)	芬蘭	554(2.3)	89(1.1)	香港	555(2.6)	83(1.8)
3	加拿大	534(2.0)	94(1.1)	香港	549(2.8)	87(2.0)	新加坡	551(1.5)	104(1.2)
4	臺灣	532(3.6)	94(1.6)	新加坡	542(1.4)	104(1.1)	日本	547(3.6)	96(2.2)
5	愛沙尼亞	531(2.5)	84(1.1)	日本	539(3.4)	100(2.5)	芬蘭	545(2.2)	93(1.2)
6	日本	531(3.4)	100(2.0)	韓國	538(3.4)	82(2.3)	愛沙尼亞	541(1.9)	80(1.1)
7	紐西蘭	530(2.7)	107(1.4)	紐西蘭	532(2.6)	107(2.0)	韓國	538(3.7)	82(1.8)
8	澳洲	527(2.3)	100(1.0)	加拿大	529(1.6)	90(0.9)	越南	528(4.3)	77(2.3)
9	荷蘭	525(2.7)	96(1.6)	愛沙尼亞	528(2.7)	84(1.6)	波蘭	526(3.1)	86(1.5)
10	列支敦斯登	522(4.1)	97(3.1)	澳洲	527(2.5)	101(1.6)	加拿大	525(1.9)	91(0.9)
11	韓國	522(3.4)	90(2.4)	荷蘭	522(5.4)	96(2.1)	列支敦斯登	525(3.5)	86(4.1)
12	斯洛維尼亞	519(1.1)	98(1.0)	臺灣	520(2.6)	87(1.6)	德國	524(3.0)	95(2.0)
13	德國	516(3.8)	100(2.0)	德國	520(2.8)	101(1.9)	臺灣	523(2.3)	83(1.4)
14	英國	515(2.3)	107(1.5)	列支敦斯登	520(3.4)	87(3.4)	荷蘭	522(3.5)	95(2.2)

（續上表）

排名	PISA 2006			PISA 2009			PISA 2012		
	國家	平均	標準差	國家	平均	標準差	國家	平均	標準差
15	捷克	513(3.5)	98(2.0)	瑞士	517(2.8)	96(1.4)	愛爾蘭	522(2.5)	91(1.6)
16	瑞士	512(3.2)	99(1.7)	英國	514(2.5)	99(1.4)	澳洲	521(1.8)	100(1.0)
17	澳門	511(1.1)	78(0.8)	斯洛維尼亞	512(1.1)	94(1.0)	澳門	521(0.8)	79(0.7)
18	奧地利	511(3.9)	98(2.4)	澳門	511(1.0)	76(0.8)	紐西蘭	516(2.1)	105(1.4)
19	比利時	510(2.5)	100(2.0)	波蘭	508(2.4)	87(1.2)	瑞士	515(2.7)	91(1.1)
20	愛爾蘭	508(3.2)	94(1.5)	愛爾蘭	508(3.3)	97(2.1)	斯洛維尼亞	514(1.3)	91(1.2)
	OECD平均	500(0.5)	95(0.3)	OECD平均	501(0.5)	94(0.3)	OECD平均	501(0.5)	93(0.3)

（）：刮號內數字為標準誤。
淺灰色：表示與我國學生平均分數沒有顯著差異的國家和地區。
資料來源：OECD, 2007; OECD, 2010; OECD, 2013b.

貳、我國學生整體科學能力在能力水準上的分布

　　為了讓科學素養得分除了數字大小之外，還能呈現更多的意義，OECD將科學素養分為六個能力水準。在每個能力水準，學生的科學能力描述如表5-8。比較我國學生在PISA 2006、2009和2012的表現，從圖5-4可清楚地看出我國學生在PISA 2009和2012的調查中，在第五等級的學生人數百分比顯著地下降，在第三等級的學生人數百分比則顯著地增加。在其他等級的學生人數百分比雖然也有變動，但變動幅度不大，差異不具有統計上的意義。

表5-8　PISA 2006、2009、2012科學能力水準之描述

水準	最低分數	處於該水準之學生%			能力描述
		2006	2009	2012	
6	708	1.7%	0.8%	0.6%	達到第六等級的學生，可以在多樣複雜的生活情境當中，辨認、解釋、應用科學知識與科學本質的知識。他們可以結合不同的訊息來源和解釋，並使用證據以支持其決定。他們能清楚而一貫地展露高階段的科學思考與推理，並願意運用他們對科學的瞭解來解決陌生的科學與科技情境的問題。達到此等級的學生能運用科學知識，發展論證，以支持其在個人、社會、全球的情境中所做的決策。

（續上表）

水準	最低分數	處於該水準之學生%			能力描述
		2006	2009	2012	
5	633	12.9%	8.0%	7.8%	達到第五等級的學生能夠辨認許多複雜的生活情境中科學的組成成分，將科學概念與科學本質的知識應用在這些情境中，並能比較、選擇、評估適用的科學證據，以回應生活的情境。在此等級的學生能運用發展良好的探究技能，能恰當地連結知識，並能對情境產生關鍵的洞察。他們能以證據為基礎建立解釋，並以批判的分析為基礎發展論證。
4	559	27.9%	25.8%	27.3%	達到第四等級的學生，可以有效率地處理那些可能會要他們推論科學或科技之作用的情境和議題。他們能從不同的科學或科技的學科當中，選取解釋並加以整合，也能建立那些解釋和生活情境各種面向的直接連結。這個等級的學生能反思其行動，並能傳達運用科學知識與證據所做的決定。
3	484	27.3%	33.3%	33.7%	在第三等級的學生於某個範圍的情境中，可以清楚地辨認出科學的議題。他們能選擇事實與知識來解釋現象，並能運用簡單的模型或探究策略。在此等級的學生能詮釋和運用來自不同學科的科學概念，並能做直接的應用。他們能根據事實發展出簡短的論述，並能運用科學知識導出結論。
2	410	18.6%	21.1%	20.8%	在第二等級的學生有足夠的科學知識對在熟悉的情境下，提出可能的解釋或基於簡單的探究得出結論。他們有能力做直接的推理，並能對科學探究或技術問題解決的結果，提出直接而表面的詮釋。
1	335	9.7%	8.9%	8.2%	在第一等級的學生科學知識有限，其知識只能運用在極少數熟悉的情境下。他們能直接跟著所給的證據，提出顯而易見的科學解釋。

資料來源：OECD, 2007; OECD, 2010; OECD, 2013b; 林煥祥、劉聖忠、林素微與李暉，2008。

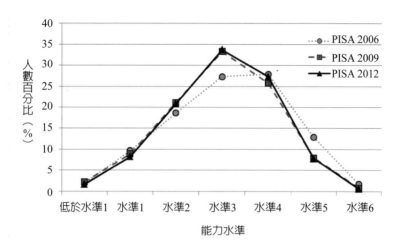

圖5-4　PISA 2006、2009、2012臺灣學生科學能力水準百分比分配

參、我國學生三個科學能力的表現

PISA 2006以科學素養為主要調查領域。在該次調查中，相較於閱讀素養和數學素養的試題，科學素養的試題較多，因此科學素養可細分為三個能力來分析。在PISA 2006調查的三個科學能力稱為「科學地解釋現象」、「辨認科學議題」、「運用科學證據」。名稱與PISA 2015不同，但內容相差不大。「科學地解釋現象」這個名稱與PISA 2015一樣。「辨認科學議題」也就是PISA 2015定義的「評估和設計科學探究」。「運用科學證據」也就是PISA 2015定義的「科學地詮釋資料和證據」。

從表5-9可知在這三個子能力中，我國學生的強項是「科學地解釋現象」，其次是「運用科學證據」，最差的是「辨認科學議題」。臺灣學生在「科學地解釋現象」這項子能力上平均分數是545分，名列第三，和第二名的香港及第四名的愛沙尼亞沒有顯著差異。臺灣學生「辨認科學議題」的平均分數是509分，名列第十七，和第十三到第十九名沒有顯著差異。臺灣學生「運用科學證據」的平均分數是532分，名列第八，和第六到第十一名沒有顯著差異。

表5-9　PISA 2006 三個科學能力的國家排名（前二十名）

	科學地解釋現象			辨認科學議題			運用科學證據		
	國家	平均	標準差	國家	平均	標準差	國家	平均	標準差
1.	芬蘭	566(2.0)	88(1.1)	芬蘭	555(2.3)	84(1.1)	芬蘭	567(2.3)	96(1.2)
2.	香港	549(2.5)	94(2.1)	紐西蘭	536(2.9)	106(1.6)	日本	544(4.2)	116(2.5)
3.	臺灣	545(3.7)	101(1.7)	澳洲	535(2.3)	98(1.2)	香港	542(2.7)	99(1.8)
4.	愛沙尼亞	541(2.6)	91(1.3)	荷蘭	533(3.3)	103(2.9)	加拿大	542(2.2)	99(1.3)
5.	加拿大	531(2.1)	100(1.2)	加拿大	532(2.3)	97(1.3)	韓國	538(3.7)	102(2.9)
6.	捷克	527(3.5)	102(1.8)	香港	528(3.2)	101(2.2)	紐西蘭	537(3.3)	121(1.7)
7.	日本	527(3.1)	97(1.8)	列支敦斯登	522(3.7)	91(3.1)	列支敦斯登	535(4.3)	111(3.6)
8.	斯洛維尼亞	523(1.5)	105(1.1)	日本	522(4.0)	106(2.5)	臺灣	532(3.7)	100(1.8)
9.	紐西蘭	522(2.8)	111(1.5)	韓國	519(3.7)	91(2.4)	澳洲	531(2.4)	107(1.1)
10.	荷蘭	522(2.7)	95(1.7)	斯洛維尼亞	517(1.4)	87(0.8)	愛沙尼亞	531(2.7)	93(1.3)
11.	澳洲	520(2.3)	102(1.0)	愛爾蘭	516(3.3)	95(1.7)	荷蘭	526(3.3)	106(2.0)
12.	澳門	520(1.2)	83(1.2)	愛沙尼亞	516(2.6)	77(1.3)	瑞士	519(3.4)	111(1.9)
13.	德國	519(3.7)	103(2.0)	比利時	515(2.7)	100(2.3)	斯洛維尼亞	516(1.3)	100(1.0)
14.	匈牙利	518(2.6)	94(1.5)	瑞士	515(3.0)	95(1.4)	比利時	516(3.0)	113(2.4)
15.	英國	517(2.3)	110(1.4)	英國	514(2.3)	106(1.5)	德國	515(4.6)	115(3.3)
16.	奧地利	516(4.0)	100(2.1)	德國	510(3.8)	98(2.4)	英國	514(2.5)	117(1.7)
17.	列支敦斯登	516(4.1)	97(3.0)	臺灣	509(3.7)	95(1.9)	澳門	512(1.2)	84(1.0)
18.	韓國	512(3.3)	91(2.3)	奧地利	505(3.7)	90(2.2)	法國	511(3.9)	114(2.6)
19.	瑞典	510(2.9)	99(1.8)	捷克	500(4.2)	99(3.4)	愛爾蘭	506(3.4)	102(1.6)
20.	瑞士	508(3.3)	102(1.8)	法國	499(3.5)	104(2.4)	奧地利	505(4.7)	116(3.4)

（　）：刮號內數字為標準誤。

淺灰色：表示與我國學生平均分數沒有顯著差異的國家和地區。

資料來源：OECD, 2007.

肆、我國學生三個科學能力在能力水準上的分布

　　針對三個科學能力，OECD分別區分了六個水準。每個科學能力及每個能力水準的描述，如表5-10、表5-11、和表5-12所示。將這三個科學能力在能力水準上的分布合併起來，如圖5-5，可發現「辨認科學議題」的能力，相較於其他兩個能力，在第四和第五等級的人數百分比顯著較小；同時，相對地在第一、第二及第三等級的人數百分比則顯著較大。

　　根據表5-11，第四等級和第三等級學生的差別，在於第四等級的學生

開始有「控制變項」的概念。第五等級和第四等級的學生的差別，在於第五等級的學生能將「依變項」、「自變項」和「控制變項」等概念應用在廣泛的情境中。「控制變項」並不是一個簡單的概念。在實驗設計中，「控制」是核心的概念。在不同的研究情境中，需採取不同的手段來控制，因此這個概念其實是很豐富的。就以上的分析可知，對我國學生而言，「控制變項」的概念理解和應用是需要加強的課程目標。

表5-10　「科學地解釋現象」能力水準之描述

水準	最低分數	處於該水準之學生%	能力描述	有能力完成的工作
6	708	4.2%	這個等級的學生在發展系統內各種過程的解釋時，能利用一定範圍的抽象科學知識和概念及其關係。	·展現其對複雜而抽象的物質、生物或環境系統的瞭解。 ·解釋過程時，清楚說出組成成分或概念間的關係。
5	633	16.1%	這個等級的學生在對現象發展解釋時，能利用兩個或三個科學的概念知識，並能認出它們的關係。	·在概念的和事實的問題情境中，辨認主要組成成分的特徵，並運用這些特徵之間的關係來提出現象的解釋。 ·在給定的情境中，綜合兩個或三個核心的科學觀念來解釋或預測結果。
4	559	26.7%	這個等級的學生對某個抽象程度的科學觀念，包含科學模型，有一定的瞭解。他們在發展現象的解釋時，能運用這些普遍的科學概念。	·瞭解一些抽象的科學模型，並在特定情境中為了解釋現象，從中選擇適當的模型（例如：粒子模型、行星模型、生物系統的模型）發展推論。 ·在解釋中連結兩個或更多的科學知識（例如：增加運動導致肌肉細胞新陳代謝增加，結果需要透過血液供給提供更多的氣體交換，而這是靠增加呼吸頻率來達成的）。

（續上表）

水準	最低分數	處於該水準之學生%	能力描述	有能力完成的工作
3	484	25.4%	這個等級的學生在發展現象的解釋時，能運用一個或更多的具體或有形的科學概念。提供特定的線索或供其選擇的選項時，此能力更能發揮出來。在發展解釋時，能認出因果關係，且能運用簡單明確的科學模型。	· 瞭解科學系統的核心特徵，並用具體的詞彙來預測系統變化的結果（如：人體免疫系統減弱的效應）。 · 在簡單且清楚定義的情境中，回憶數個相關且可觸知的事實，並將之運用於發展現象的解釋。
2	410	17.1%	這個等級的學生在簡單直接的情境中，能回憶起適用於情境的科學事實，並且能用之解釋或預測結果。	· 在簡單的情境中，給定特定的結果並提供適當的線索，指出導致結果的科學事實或過程（如：當水結冰時，體積膨脹，而在岩石上造成裂縫，具有水中生物化石的陸地一度曾沉在海中）。 · 回憶衆所周知的特定科學事實（如：疫苗接種保護身體對抗導致疾病的病毒攻擊）。
1	335	8.7%	這個等級的學生若給了相關的線索，他們能認出簡單的因果關係。所運用的知識能從經驗獲得，或已廣為流傳普遍周知。	· 在簡單的問題情境中，回憶單一科學事實，從幾個選項中選擇一個適合的（如：利用安培計測量電流）。 · 在提供足夠線索的情況下，認出簡單的因果關係（例如：在運動中，肌肉的血流是否增加？是或否）。

資料來源：OECD, 2007.

表5-11 「辨認科學議題」能力水準之描述

水準	最低分數	處於該水準之學生%	能力描述	有能力完成的工作
6	708	0.9%	這個等級的學生能瞭解和清楚說明複雜的建模過程；該過程是研究設計不可或缺的一部分。	・給定實驗設計，清楚說明該設計和所處理之科學問題對應一致的面向。 ・設計研究以便能恰當地回答特定科學問題。 ・在某研究中，認出需要控制的變項，並說出達成該控制的方法。
5	633	7.9%	這個等級的學生瞭解科學研究的重要元素，並因而能決定科學方法是否能運用在各種相當複雜而且常常是抽象的情境中。或者，在分析了給定的實驗之後，能認出實驗所研究的問題，並能解釋該方法如何與該問題有關。	・在範圍廣泛的情境中，認出需要改變和測量的變項。 ・瞭解對某個研究所有外在的干擾變項加以控制的需要。 ・針對給定的議題，提出相關的科學問題。
4	559	23.5%	這個等級的學生能認出研究中改變和測量的變項，以及至少一個控制變項。他們能建議控制變項的合適方法。能清楚說出簡單直接的研究所要探究的問題。	・認出實驗中的控制。 ・設計研究，研究的元素不抽象，處理的是簡單直接的關係。例如：防曬品的問題2和問題4（參見第二節例題）。 ・展現對未控制的變項之效果的覺察，並嘗試在研究中將此納入考慮。
3	484	29.5%	這個等級的學生能判斷某個議題是否能以科學的測量來研究，並因此能判斷是否以科學方法來研究。給定某個研究的描述，能認出改變和測量變項。	・認出可在研究中科學地測量的量。 ・在簡單的實驗中，區別改變（因）和測量的變項（果）。例如：防曬品的問題3（參見第二節例題）。 ・認出兩個試驗的比較發生於何處（但無法明確地說出控制的目的）。

（續上表）

水準	最低分數	處於該水準之學生%	能力描述	有能力完成的工作
2	410	21.9%	這個等級的學生能判斷某個研究的科學測量是否適用在給定的變項上。他們能認出研究者操縱的變項。學生能認識到簡單的模型和現象之間的關係。在研究主題上，學生能為研究選擇適合的關鍵詞。	‧認出研究模型的相關特徵。 ‧展現對於何者可使用科學儀器測量，何者不行的理解。 ‧從一組選項中選出最適用的一個，以說明某個實驗的目的。 ‧認出某個實驗中什麼被改變了（肇因）。 ‧針對某個主題，從幾個給定的組合中，選擇最適合網路搜尋的詞彙。
1	335	12.2%	這個等級的學生能針對科學主題，指出合適的資料來源。他們能認出實驗中正在變動的量。在特定的情境中，他們能認出該變項是否能使用熟知的測量工具來測量。	‧針對某個科學主題，從給定的資訊來源中，選出適合的。 ‧給定某個特定而簡單的問題情境，認出其中變動的量。 ‧認出某個裝置何時可用來測量變項（裝置是學生熟悉的）。

資料來源：OECD, 2007.

表5-12　「運用科學證據」能力水準之描述

水準	最低分數	處於該水準之學生%	能力描述	有能力完成的工作
6	708	2.3%	這個等級的學生藉由證據之檢視，能比較和區別競爭的解釋。他們能從多個來源綜合證據而形成論證。	‧認出另有假說能產生自同一組證據。 ‧根據可用的證據測試競爭假說。 ‧運用資料為假說建構符合邏輯的論證。
5	633	13.5%	這個等級的學生能詮釋以不同形式呈現的資料。他們能認出和解釋資料集之中存在的異同，並根據這些資料集組成的證據形成結論。	‧比較和討論畫在相同資料軸上不同資料集的特徵。 ‧認出和討論不同測量變項之資料集間的關係。例如：溫室效應的問題4。 ‧根據資料充足性的分析，判斷結論是否有效。

（續上表）

水準	最低分數	處於該水準之學生%	能力描述	有能力完成的工作
4	559	27.1%	這個等級的學生在面對各種形式（如：表格、圖形和示意圖）所呈現的資料時，能藉由摘要及解釋資料的樣態來詮釋之。他們能運用資料形成相關的結論。學生也能判斷資料是否足以支持關於某個現象的主張。	·找出圖中相關部分的位置並比較之，以回答特定的問題。 ·瞭解如何在分析研究結果時運用控制的概念，並形成結論。 ·詮釋包含兩個測量變項的統計表，並指出變項間的關係。 ·參照示意圖和普遍的科學概念，認出某個技術裝置的特徵，並形成有關於該裝置操作方式的結論。
3	484	26.6%	這個等級的學生能從資料中選擇相關的資訊，以回答問題或針對給定的結論提出支持或反對的理由。他們能根據資料中不複雜或簡單的樣態得出結論。學生還能在簡單的案例中，判斷訊息是否足以支持某個已知的結論。	·給定某個特定的問題，在文章中找出相關的科學訊息。 ·給定特定的證據或資料，選出合適的結論。 ·運用某個給定的情境中一組簡單的標準，形成結論或預測。 ·給定一組功能，判斷它們是否適用於某個特定的機器。
2	410	17.5%	這個等級的學生若給予合適的線索，能認出圖形的特徵，並能指出圖形或簡單的表格中明顯的特徵來支持某個給定的命題。他們能根據某組給定的特徵，判斷常見人造製品的功能。	·比較在簡單的測量紀錄表裡兩欄的資料，並指出其差異。 ·說出一組測量紀錄或簡單的直線圖或條狀圖的趨勢。 ·給定某個常見人造製品，根據表列的性質來判斷該物的某些特徵。

（續上表）

水準	最低分數	處於該水準之學生%	能力描述	有能力完成的工作
1	335	9.9%	這個等級的學生能從來自於平常情境的資料表或示意圖中抽取訊息以回答問題。他們能藉由條狀圖長條柱高度之簡單比較從條狀圖中抽取訊息。在平常而熟悉的情境中，此等級的學生能指出結果的肇因。	·為回答某個和條狀圖有關的特定問題，比較長條柱的高度，並給觀察到的差異賦予意義。 ·給定自然現象的變化，在某些情況下，能指出恰當的肇因（例如：風力渦輪機輸出的變動，可能源自於風力的變化）。

資料來源：OECD, 2007.

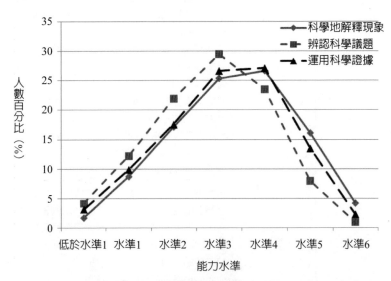

圖5-5　PISA 2006臺灣學生三個科學能力在能力水準上的百分比分配

第五節 校本科學素養課程發展的挑戰

在臺灣的教育脈絡下，「科學素養」和「學科知識」相對的用詞；它不僅包含學科知識，也包含和科學有關的能力和態度（鄭湧涇，2005）。從教育改革的策略來看，這個用詞，意在與過去只強調「學科知識」的課程目標有所區別。然而，從PISA的調查結果看來，其意雖然甚佳，但成果有限。十二年國教即將實施，許多人寄望於此改革，盼望在教學不再受考試束縛的情況下，教師得以有空間可嘗試促成學生思考的教學活動，從而使學校裡「實施的課程」和學生「獲得的課程」真正能符合原來所「意圖的課程」。此盼望雖不是不可能，但卻不是唾手可得的。教師和學校如果認同此一教育理念，就需要做好心態和能力的準備，方能因應此一變革。

對於心態，挑戰是：

1.教師和學校要先有探究的態度

對於課程發展，挑戰是：

2.選擇合適的主題建構適合自己學生的課程

3.轉變為以學生為中心的教學方式

4.發展超過一個人能負擔的教材和評量工具

對於學校文化，挑戰是：

5.創造具有探究能力的社群

為了擁抱這個教育的改變，單靠教師一己之力是不夠的，因此課程和教學研究的單位不應該是教師個人，而應該是學校。教師需協同學校的同儕，甚至是校外的研究者，一同面對挑戰，一起成長。這五項挑戰絕對不是教師個人要面對的，而是學校要一起面對的。

壹、教師和學校要先有探究的態度

在心態上，教師要先轉變成探究者，否則難以帶出有探究能力的學生。教師的探究能力或許也需要培養，但這第一個挑戰指的是探究的態

度,而不是探究的能力。

探究意味著不確定。探究也意味著要付出時間,而教師的時間已經很有限。這些都會讓人卻步。然而,探究也會帶來樂趣,因為在過程中總是會看見新的事物,會有所成長。這份樂趣隨著會帶來熱情,而熱情會感染給學生。這份熱情就會讓學生也開始有探究的態度,而成為啟動學生、帶領他們進入科學探究之門的關鍵。探究的「態度」之所以重要,正是因為它是開啟後續改變的鑰匙。

在「科學素養」的課程和教學中,教師本身沒有探究的態度,這是難以想像的。這會使得課程、教學和評量在實施時無法直指核心,甚至寸步難行。本文第三節談及題組的設計時,曾提到教師在設計題目時,往往要面對陌生的議題,這時最好的出題策略就是教師自己成為探究者,如此所出的題目自然就是實際探究情境中會出現的問題。

探究總是從問題開始。只要我們願意持續面對問題,問題就能夠引領我們保持探究的態度。面對這第一項挑戰,我們或可問自己下面的問題:

1.「科學素養」的理念雖然不錯,但是我內心深處是否不願意採取探究的態度?是什麼原因在阻止我?

2.學校是不是有一個讓教師和學生探究的環境?學校的實驗資源、資料庫、實驗準備的人力支援、教師備課的時間、課程和教學發展的支持體系等等是否具足?

3.我的學校是不是鼓勵探究的學校?如果不是或不完全是,哪些是無法改變的部分,只能將之視為限制條件?哪些是可以改變的部分,可以努力改變之,以便讓學校更鼓勵探究?

貳、選擇合適的主題建構適合自己學生的課程

本章所介紹的PISA評量架構,為校本課程提供了一個涵蓋範圍廣泛的概念架構。教師需要從這個起點出發,針對自己的學生選擇適合他們的主題來建構自己的課程。

PISA定義的科學素養是由能力和知識所交織而成(圖5-1)。教師可利用第二節所介紹的能力和知識,來組織自己的課程。然而,在表5-2和

表5-3列出的主題中，部分主題的涵蓋範圍過大，並不適合在有限的教學時間內作為單元的教學目標。再者，如何在一門課之內組織這些主題也需要思考。

　　課程的設計總是要配合學生的學習困難和預備狀態。從PISA的表現來看，目前的科學課程已經很好地培養了學生「科學地解釋現象」的能力。如果要發展校本科學素養課程，應該要著重在「評估和設計科學探究的能力」和「科學地詮釋資料和證據的能力」這兩項能力的培養上。根據PISA 2006的調查結果，在三個能力中，我國學生辨認科學議題的能力最弱。校本科學素養課程應加強這個能力的培養。根據我國學生在能力水準的分布來看，我國學生又特別需要加強「控制變項」的概念理解和應用。PISA的調查雖然給了我們課程設計的方向，但畢竟還太粗略。在發展課程時，我們還需要仔細地評估學生的學習狀況，更細緻地調整課程的設計，使之更符合自己學生的需要。課程的發展不會一次就做好。從設計、試教到檢討，算一個循環的話，最少要三個循環，一個課程才會比較成熟。

　　面對第二項挑戰，我們可以問自己下面的問題：

　　1.如果要發展校本的科學探究課程，是有一門課專門教科學探究比較好，還是將科學探究能力的培養放在「自然與生活科技」這門課裡面比較好？

　　2.如果要為八年級學生設計一學期的科學探究課程，要選擇十五個主題，對你的學生來講，哪些主題是適合的？要如何組織這些主題？在每個主題上，具體的教學目標是什麼？

　　3.在科學探究能力上學生的學習困難是什麼？

　　4.八年級的學生有沒有能力以科學方法作為探討的對象？在八年級的學生中，是否部分學生只能學到科學方法如何做，而無法進一步探討為什麼這樣做？如果如此，那麼是否應該設計不同程度的科學探究課程？

參、轉變為以學生為中心的教學方式

　　絕大多數老師習慣採用講述式教學，這是以老師為中心的教學方式。

在科學探究的教學中，教師必須轉變為以學生為中心的教學方式。

科學探究就像游泳，必須自己下水練習才學得會。光看教練表演是學不會的。教練如果只是用嘴說游泳，那就更學不會了。練習也不能回家練，因為家裡沒有游泳池，也沒有同儕在旁鼓勵和互學，更沒有教練在旁指正。科學探究的教學勢必要在課堂中，讓學生占用大多數的時間。既然科學探究的學習過程一定要在課堂中發生，教師就需要面對下列挑戰：

1.學生在態度上認為老師要先教，他的責任是記住，然後回家練習。

2.有的學生學得快，有的學得慢。學生學習進展的速度不同。

3.一個班級至少有30位學生，教師無法一一親自指導。

4.沒辦法教很多。

5.學生害怕表達，也害怕把自己的想法和思考過程暴露在別人面前。

在要求標準答案的課堂問答中，師生問答是以評量為目的，而不是以探究為目的。於是學生會誤以為自己講出來的答案一定要是「對的」，怕講錯遭來負面評價。如何營造安全的學習氣氛，是教師要面對的問題。

要順利實施探究教學需要技巧，其中最重要的是提問的技巧。在教學生探究的課堂中，答案不應該直接從老師的口中說出來，否則就剝奪了學生探究的機會。老師必須要透過提問，像蘇格拉底一樣，引導學生去思考。如何提出刺激學生思考的問題，也是教師要面對的問題。

面對第三項挑戰，我們可以問自己下面的問題：

1.如何讓課堂的教學容納進展速度不同的學生？

2.為了照顧到班上每一位學生，我需要什麼教學的工具和策略？

3.既然沒有辦法教很多，那麼教學的重點是什麼？

4.為了實施以學生為中心的教學方式，我還欠缺什麼教學能力？

肆、發展超過一個人能負擔的教材和評量工具

為了在中學教學生科學探究能力，教師需要教材和評量工具，但設計發展的工作絕非個別老師可以負荷。

中學生適用的科學探究教科書是為了讓學生全面地瞭解科學方法而必須準備的，因為在課堂裡受到時間的限制，科學探究的教學必須有所取

捨，無法面面俱到，學生需要有教科書可以參考。在教學過程中，需要學習單，需要補充資料，這些都是老師需要提供的教材。此外，為了瞭解學生的學習成效，需要評量工具。PISA試題是一種測驗形式，除了這一種，還有別的評量方式，例如：實驗中的實做評量、實驗報告、口頭報告、學習檔案記錄等。科學探究的相關能力雖然明列在九年一貫課綱之中，但長久以來並沒有認真實施。在這種情況下，教材和評量工具在研究計畫和個別老師的努力下或許多多少少有一些，但並沒有以「整套課程」的方式被系統地建立起來。

面對第四項挑戰，我們可以問自己下面的問題：

1.為了設計科學探究能力的評量工具，我還欠缺什麼能力？

2.在我的科學探究課堂裡，合理的評量方式應包含哪些形式？除了PISA試題這種形式的評量，還要採用什麼評量方式才能更瞭解學生，又在我能力可處理的範圍內？

3.為了實施科學探究教學，我需要哪些教材？

4.如何規劃一個資源統整的平臺，使個別教師的努力最後能統整成社群可共用的資源？

5.是否需要引介大學資源，讓大學教授進入學校協助發展教材和評量工具？

伍、創造具有探究能力的社群

既然工作是超過一個人能負荷的，既然大家要一起學，那麼理當形成社群一起做。這樣的社群要面對的挑戰，是要具有團隊的探究能力。

這裡所謂的「教師社群」可以是學校的教學研究會，可以是同科老師組成的專業學習社群，或是跨科的社群。這個社群不再主張知識和能力是存在於個人，而是首先存在於社群中，分散在社群的個人身上。透過共同討論、思考和創造，社群共享歷史、知識和能力。為了經驗傳承和建立傳統，這個社群甚至會願意把自己的經驗以各種方式行諸文字（例如：會議紀錄、教案、學習單、學習評量工具、課程說明文件、研究論文等等），這就是第一節所分析的科學素養的內涵之一——與人協同合作。

　　在這樣的社群中，社群的動力其實不是學習，而是探究。學習是探究的效果。在別的地方或許有別的方式來學習，但在學校的專業學習社群是透過探究。在教學研究中，教師要在一起共同備課，在教師公開授課時參與觀課，授課後共同議課，這整個過程就是探究的過程。在課程發展過程中，更是如此。前述探究態度、課程設計、教學方式、教材和評量工具的挑戰，都可以在這樣的社群中克服。這樣的社群若能運作成功，就能建立起學校的探究文化。

　　面對第五項挑戰，我們可以問自己下面的問題：

　　1.校內老師的對話如何展開？

　　2.在「科學素養校本課程」發展的一開始，學校中成員間的想法必然紛雜不一。大家的利益考量為何？如何兼顧教育理念和現實？

　　3.我們所懷的理念究竟是什麼？哪些是大家都認同的？哪些是大家還有不同意見的？在實務上如何操作？

　　4.是不是需要引入外部專家？外部專家的角色是什麼？

參考文獻

林煥祥、劉聖忠、林素微、李暉（2008）。**臺灣參加PISA 2006成果報告**。行政院國家科學委員會專題研究成果報告（計畫編號：NSC95-2522-S-026-002），未出版。

邱皓政（2011）。**量化研究法（三）：測驗原理與量表發展技術**。臺北市：雙葉書廊。

國民中小學九年一貫課程綱要——自然與生活科技學習領域（2008）。教育部。

陸健體（1994）。**關於世界的問答：科學說明**。臺北市：淑馨。

鄭湧涇（2005）。我國科學教育改革的回顧與展望。**科學教育月刊，284**，2–22。

Cottrell, S.（2010）。**批判性思考：跳脫慣性的思考模式**（鄭淑芬譯）。臺北市：寂天。

Fisher, A.（2004）。**批判思考導論**（林葦芸譯）。臺北市：巨流。

Shadish, W. R., Cook, T. D. & Campbell, D. T.（2007）。**實驗與類實驗設計：因果擴論**（楊夢麗譯）。臺北市：心理。

DeBoer, G. E. (2000). Scientifc literacy: Another look at its historical and contemporary meanings and its relationship to science education reform. *Journal of Research in Science Teaching*, **37**(6), 582-601.

Duschl, R. (2005). Foreword. In R. K. Yerrick & W. -M. Roth (Eds.), *Establishing scientific classroom discourse communities: Multiple voices of teaching and learning research* (pp.ix–xi). Mahwah, New Jersey: Lawrence Erlbaum.

Frigg, R. & Hartmann, S. (2012). Models in science. In Edward N. Zalta (Ed.), *The Stanford encyclopedia of philosophy. (Fall 2012 Edition)*. Stanford, CA: The Metaphysics Research Lab, Stanford University. Retrieved from http://plato.stanford.edu/archives/fall2012/entries/models-science/

Gräber, W., Nentwig, P., Becker, H. -J., Sumfleth, E., Pitton, A., Wollweber, K. & Jorde, D. (2002). Scientific literacy: From theory to practice. In H. Behrendt,

H. Dahncke, R. Duit, W. Gräber, M. Komorek, A. Kross & P. Reiska (Eds.), *Research in science education - past, present, and future* (pp. 61-70). Netherlands: Springer.

Holbrook, J., & Rannikmae, M. (2009). The meaning of scientific literacy. *International Journal of Environmental & Science Education, 4*(3), 275-288.

Klein, P. D. (2006). The challenges of scientific literacy: From the viewpoint of second-generation cognitive science. *International Journal of Science Education, 28*(2/3), 143-178.

Lawson, A. E., Abraham, M. R. & Renner, J. (1989). *A theory of instruction : Using the learning cycle to teach science concepts and thinking skills [NARST Monograph, Number one]*. Kansas State University, Manhattan, KS.

National Society for the Study of Education. (1932). *A program for teaching science:Thirty-first yearbook of the NSSE*. Chicago: University of Chicago Press.

Norris, S. P. & Phillips, L. M. (2003). How literacy in its fundamental sense is central to scientific literacy. *Science Education, 87*, 224-240.

OECD (2006). *Assessing scientific, reading and mathematical literacy: A framework for PISA 2006*. Maxico: OECD.

OECD (2007). *PISA 2006 Science competencies for tomorrow's world (Volume1- Analysis)*. Mexico: OECD.

OECD (2009). *Take the test: Sample questions from OECD's PISA assessments*. Paris: OECD.

OECD (2010). *PISA 2009 results: What students know and can do - student performance in reading, mathematics and science*. Mexico: OECD.

OECD (2013a). *PISA 2015 draft science framework*. Mexico: OECD.

OECD (2013b). *PISA 2012 results: What students know and can do - student performance in reading, mathematics and science*. Mexico: OECD.

van Eijck, M. & Roth, W. -M. (2010). Theorizing scientific literacy in the wild. *Educational Research Review, 5*(2), 184-194.

Woodward, J. (2011). Scientific explanation. In E. N. Zalta (Ed.), *The Stanford encyclopedia of philosophy.* (Winter 2011 Edition). Stanford, CA: The Metaphysics Research Lab, Stanford University. Retrieved from http://plato.stanford.edu/archives/win2011/entries/scientific-explanation/

Yore, L. D. & Treagust, D. F. (2006). Current realities and future possibilities: Language and science literacy - empowering research and informing instruction. *International Journal of Science Education, 28*(2/3), 291-314.

第六章

電腦化素養評量

吳正新

　　資訊的發展與網路的便利，使得學生的學習方式與生活中面臨的
問題開始轉變。因應資訊時代所需的技能，PISA評量的方式也開始改
變。除了傳統的紙筆評量，PISA 2009新增電腦化閱讀素養評量（OECD,
2009），內容涵蓋各式仿真的線上閱讀情境，例如：部落格（blogs）、
電子郵件、線上資料搜尋與檢索、網路新聞等等15歲學生於日常生活中，
會接觸到的線上閱讀活動。PISA 2012再增加電腦化數學素養與問題解決
評量（OECD, 2013a）。電腦化數學評量大量使用電腦科技，不但增添了
數學試題的問題表徵、作答方式，也能利用視覺化效果，降低文字比重，
彰顯數學的本質。問題解決並非傳統的學科之一，簡單來說，它是指在處
理沒有明確解法的問題時，如何使用推理、邏輯、歸納或一些輔助工具來
解決問題。問題解決評量的內容涵蓋範圍很廣泛，例如：益智邏輯遊戲、
行動電話、MP3播放器科技產品的使用、實驗的模擬、旅遊路線規劃和工

作行程安排，這些都是屬於電腦化問題解決評量的範疇。此外，PISA預計於2015年全面實施電腦化評量（OECD, 2013c, 2013d, 2013e），舊有的紙筆式試題將重新編修以電腦呈現，但試題內容維持不變，而PISA 2015新發展的試題將全部以電腦化試題為主。

電腦化評量的出現，使得PISA素養內涵及評量有新的轉化。本章前三節將分別介紹PISA電腦化閱讀素養、數學素養和問題解決三項評量[1]，其中閱讀、數學著重在比較紙筆與電腦化評量的差異，而問題解決會有完整的評量內涵和架構的介紹，並比較紙筆與電腦化問題解決評量的差異。第四節介紹PISA 2012電腦化評量的樣本試題。第五節以PISA 2009電腦化閱讀素養分析結果，來探討如何培養學生熟悉電腦化評量。

第一節　電腦化閱讀素養評量

電腦化閱讀素養評量與（第三章）紙筆閱讀素養評量整體的架構相似，因此讀者可先回顧第三章閱讀素養的介紹，再閱讀本章節。本節重點將著重於比較紙筆評量與電腦化評量在文本、閱讀歷程與情境的差異，並說明電腦化閱讀素養評量的特色。

壹、文本的比較

文本是閱讀的基本材料。PISA紙筆閱讀評量與電腦化閱讀評量最大的不同，即是文本呈現方式（OECD, 2011, p. 34）。紙筆閱讀評量以書面文本（printtext）為主；電腦化閱讀評量則是以數位文本為主（digital text）。書面文本是指撰寫在紙張上的文章，如書籍、雜誌、報紙上的文章。書面文本的閱讀是序列性的（sequential），也就是閱讀的順序是固定的，如同一般書報文章的閱讀，從上而下、由左至右。數位文本是指呈現在電腦、手機等電子設備上的文章。不同於書面文本，數位文本的閱讀是

---

[1] 由於電腦化科學素養評量尚未實施，因此本章無相關介紹。

非序列性（non-sequential），即閱讀數位文本時需要利用導航工具，例如滾輪、按鈕、表單、超連結、搜尋鍵、網站地圖，進行換頁或跳頁的閱讀。需要使用導航工具的原因在於電子螢幕尺寸的限制，使得數位文本可呈現文本的區域相對較小。雖然書面文本本身也有導航工具，例如目錄、索引、章節標題、頁碼和註解，但這些功能在閱讀數位文本顯得更為重要。

　　數位文本的另一特色是讀者能在文本情境中進行資訊的互動，可以增加或改變文本資訊的內容，此特色PISA稱之為訊息本位（message-based）環境（OECD, 2011, p. 35），例如：電子郵件、部落格、聊天室和網頁論壇（web forums），讀者可以進行留言或評論。反之，在閱讀書面文本時，讀者通常是資訊的接受者，無法改變文本的內容，PISA稱之為作者（authored）環境（OECD, 2011, p. 35）。數位文本不但能呈現訊息本位環境或作者環境，同時能合併二者以呈現仿真的閱讀情境。表6-1為PISA 2012電腦化閱讀素養評量試題在不同環境的配分比例。

表6-1　PISA 2012數位文本在不同環境的配分比例

環境	百分比
作者環境	65%
訊息本位環境	27%
混合環境	8%

資料來源：OECD（2013a, p. 64）

　　PISA閱讀評量的文本型式，包括連續文本、非連續文本、混合文本、多重文本四類，但這四類的試題在不同型式評量的分配比例並不相同（OECD, 2013a, p. 65）。如表6-2所示，在紙筆評量中以連續文本的比例最多，約有60%，非連續文本其次，混合文本次之，多重文本比例最少。在數位文本裡，多重文本的比例最多，超過80%，因為網頁的內容通常會同時涵蓋多樣的資訊，例如：旅遊網頁的內容，同時會有文章、圖表資訊等多個獨立的連續文本與非連續文本。

表6-2　PISA 2012紙筆與電腦化閱讀評量文本型式的配分比例對照

文本形式	紙筆評量				電腦化評量			
	連續	非連續	混合	多重	連續	非連續	混合	多重
比例	58%	31%	9%	2%	4%	11%	4%	81%

資料來源：OECD（2013a, p. 65）

貳、閱讀歷程的比較

　　PISA的閱讀歷程主要包括擷取與簡索、統整與解釋、反思與評鑑歷程三項。這三個歷程並非是完全分開和獨立，而是有交互相關。從認知處理觀點來看，它們具有半階層性，即沒有先經過訊息的擷取與檢索，不可能達到統整與解釋；沒有先經過訊息的擷取與某種程度的解釋，不可能對訊息做出省思與評鑑（OECD, 2011, p. 68）。這三項歷程在書面和電子文本的差異（OECD, 2013, pp. 66-69）如下：

　　在擷取與簡索方面，書面文本著重在給定文章中尋找所需的資訊，或利用目錄、章節標題獲得資訊所在的位置；在數位文本中，讀者必須經由階層結構的網站地圖、超連結、搜尋引擎等導航工具，進行資訊的擷取與搜尋，因此讀者需同時具備導航能力與基本的電腦操作能力，才能進行數位文本的資訊擷取與簡索。

　　在統整與解釋方面，由於書面文本試題大部分僅有1-2頁的材料，因此讀者在整合文本資訊，或利用文本資訊進行推論與解釋時，可以直接使用這些呈現在手邊的文本材料；然而，數位文本的資訊分散在各個選項、表單或超連結裡，因此讀者需要使用超連結或表單點選來閱讀、瀏覽不同頁面的資訊，才能統整多而雜的資訊、或進行完整的解釋或說明，所以數位文本的統整與解釋能力的難度會高於書面文本。

　　在反思與評鑑方面，數位文本與書面文本最大的差異是資料的可靠性。數位文本通常是在開放的環境，部分文章缺乏可靠性或正確性，因此數位文本在進行反思與評鑑時，讀者除了反思與評鑑能力外，還需具備分辨資訊正確與否的判斷能力。

在數位文本中，因為沒有紙本的頁面或章節順序、完成目的或解決問題的步驟不具固定性、以及處理超資訊空間的作業具某些不確定性，所以部分的試題會同時包含三個歷程的互動，PISA稱之為複合（complex）歷程，這也是數位文本中特有的閱讀歷程。表6-3為PISA 2012紙筆與電腦化閱讀評量閱讀歷程的配分比例對照。電腦化閱讀評量多為複合歷程，約有39%；紙筆評量著重統整與解釋，約有56%。

表6-3　PISA 2012紙筆與電腦化閱讀評量閱讀歷程的配分比例對照

閱讀歷程	紙筆評量				電腦化評量			
	擷取與簡索	統整與解釋	反思與評鑑	複合歷程	擷取與簡索	統整與解釋	反思與評鑑	複合歷程
比例	22%	56%	22%	－	19%	23%	19%	39%

資料來源：OECD（2013a, p. 69）

參、情境的比較

情境試題是PISA的特色，情境是用於定義文本和試題的內容。PISA試題的情境設計參考歐洲理事會（Council of Europe, 1996）發展的架構。閱讀素養的情境包括個人、教育、職業、公共四類。表6-4為PISA 2012紙筆與電腦化閱讀評量情境的配分比例對照。紙筆評量試題的情境多為個人和教育，二者合計約70%；電腦化閱讀評量多為公共情境，約有50%，原因在於電子文本大多與社會活動，或與他人互動有關，例如：網站、部落格、論壇瀏覽，或電子郵件使用。

表6-4　PISA 2012紙筆與電腦化閱讀評量不同情境的配分比例對照

情境	紙筆評量				電腦化評量			
	個人	教育	職業	公共	個人	教育	職業	公共
比例	36%	33%	20%	11%	35%	15%	－	50%

資料來源：OECD（2013a, p. 63）

第二節　電腦化數學素養評量

　　繼PISA 2009電腦化閱讀素養評量，PISA 2012新增電腦化數學素養評量。電腦化數學評量的重要性可由二個方面來說明（OECD, 2013a, p. 38）：一是電腦的使用已是工作與生活中不可缺少的一部分；另一方面是電腦化試題能提供更具互動性、真實性和吸引性的測驗試題，例如：試算表的使用、大型數據的分析，或使用色彩與圖形提高評量的吸引力。

　　紙筆與電腦化數學素養的評量架構是完全相同的，不論是情境、歷程或內容（讀者可先閱讀第四章數學素養的介紹）；不同的是，作答方式與試題呈現方式（OECD, 2013a, p. 43）。紙筆評量是指學生在題本上直接作答，而電腦化評量則是在電腦上作答。但進行電腦化數學評量時，學生仍可使用筆和紙協助思考和作答，因此它同時保留傳統紙筆評量的特性，而且新穎的試題能吸引學生，更能提高學生作答的動機。在試題呈現方面，電腦科技的使用，不但能增加電腦化試題的問題表徵與作答方式，也能利用3D的視覺化效果，降低文字說明的比重，彰顯數學的本質。例如：空間與形狀的試題，學生可直接在電腦上移動、旋轉物件，藉由電腦的視覺化效果提供更佳的空間感和幾何圖形的呈現；而數據分析的試題，學生可利用仿真的試算表介面進行資料分析、圖表繪製，這些特色都是紙筆試題無法提供的。

　　由於結合資訊科技，因此部分電腦化數學試題需要額外數學相關的資訊科技能力（OECD, 2013a, p. 44），包括：

- ・將資料繪成圖表，如圓餅圖、長條圖、折線圖，以及能使用簡單的繪圖功能精靈。
- ・繪製函數圖形，使用函數的圖形來回答問題。
- ・將資料分類或排序，並規劃有效的分類或排序策略。
- ・使用實體計算機或螢幕上的虛擬計算機。
- ・使用螢幕上提供的虛擬工具，例如直尺或量角器。
- ・使用滑鼠旋轉、翻轉或平移圖形。

　　針對這些數學相關的資訊科技能力，若作答過程中需要使用到，在試題內容中都會詳細說明，目的即是儘量避免學生因為不熟悉電腦知識或電腦的基本操作而不會作答。但具有較佳的電腦使用能力或對電腦操作較為熟悉，仍有助於數學評量的做答。

　　表6-5列出PISA 2012紙筆與電腦化數學評量在情境、數學內容、數學歷程的配分比例對照。整體而言，紙筆與電腦化數學評量的配分設定是相同的。在情境與數學內容，四類型的比例相同，皆為25%。在數學歷程方面，應用（employing）的比例最多，占50%，形成（formulating）和詮釋（interpreting）各為25%。

表6-5　PISA 2012紙筆與電腦化數學評量在情境、文本型式閱讀歷程的配分比例對照

紙筆評量／電腦化評量			
情境	個人	職業	社會	科學
比例	25%	25%	25%	25%
數學內容	改變與關係	空間與行狀	數量	不確定性與資料
比例	25%	25%	25%	25%
數學歷程	形成	應用	詮釋	
比例	25%	50%	25%	

資料來源：OECD（2013a, p.38）

第三節　電腦化問題解決評量

　　在日常生活中，一旦有了目的或目標，但卻不知如何完成時，便會產生「問題」（Duncker, 1945）。然而，當問題與目的之間有障礙無法直接達成時，則必須採取其他可行的策略或使用其他工具作為輔助，才能完成目標或達到目的（如下圖所示），即稱為「問題解決」（Mayer, 1990）。

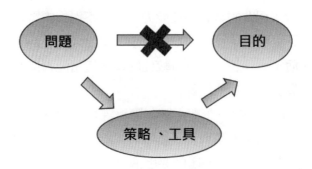

壹、PISA 2012問題解決評量的定義

解決問題不只是一項認知歷程，它同時需要相關的動機與情意因素。PISA 2012定義問題解決的能力為（OECD, 2013a, p.122）：

> 「個人在理解和處理無明確解法的問題情境之認知歷程的能力、在此陌生情境下解決問題的意願，並同時包括應用此能力來完成個人的目標，以成為具反思能力的公民。」

PISA 2012問題解決試題在解題時，並不會設定需要某一特定的專業知識，主要是設定在日常生活情境，且在一般的知識狀態下無法直接獲得答案。學生必須重新組織、統整本身的知識與題目的線索，並應用一系列的推理能力來解決問題。解題過程中所需的知識，包括對問題情境進行觀察和探索，此過程通常需要操作一個新的系統或使用某一種工具找出規則或方法，例如：在陌生的地方或國家使用購票系統，如何正確的操作才能購得所需的票券。

貳、PISA 2012問題解決的評量內涵

PISA 2012問題解決的評量內涵，包括情境、性質與解題歷程三項（OECD, 2013a, pp. 124-126）。以下分別介紹這三項評量內涵。

一、情境

　　PISA將問題解決的情境包括二向度。第一向度為是否與科技產品使用有關。使用科技產品的問題，主要評量學生能否嘗試使用或探索產品的功能，並非要求學生事先具備使用各項高科技產品的能力。而這些科技產品必須是15歲學生日常生活中會使用或有興趣的，例如：使用行動電話、遙控器或販賣機等。另外，與科技產品不相關的問題，例如：路線規劃、工作安排和訂定決策、用來評量學生計畫與執行的能力。第二向度為個人或社會情境。與個人、家庭、同儕相關皆屬於個人情境；與工作、教育或公眾相關的屬於社會情境。PISA 2012問題解決的每個試題，均同時包含這二個向度，例如：MP3播放器[2]，它是屬於科技／個人情境的試題。

二、性質

　　問題的呈現方式會直接影響問題解決的方法，其中最重要的因素是解決問題的資訊是否一開始就足夠充分。如果解題資訊充足時，PISA稱此類型試題的性質為靜態（static），例如：生日派對[3]；如果學生需要進一步的探索，與問題互動得到額外的解題資訊，PISA稱此類型試題的性質為互動（interactive），例如：MP3播放器。

　　互動式的問題在日常生活中經常出現，例如：第一次使用電子產品時，在沒有說明書或說明書標示不清時，即需要進行互動式的探索，來瞭解電子產品的使用方式；或者在使用售票機時，如何操作售票機購買所需的票券，也是需要藉由互動式的探索來完成，特別是在學生第一次使用或在別的國家使用。

　　靜態的問題可再細分為定義明確（well-defined）與定義不明確（ill-defined）二種。定義明確是指學生需要瞭解一系列明確的規定或限制，在這些限制下解決問題，例如：河內塔（Tower of Hanoi）或水杯量水（wa-

---

[2]　參見本章第四節的電腦化問題解決範例。
[3]　詳見OECD（2013a, p. 134）。

ter jars problem）等邏輯問題。定義不明確是指問題涉及不同的目標，且這些目標會相互衝突無法同時達成，要如何取捨才能得到一個最合適的結果，例如：設計新款汽車，同時考量效能要高、成本要低、安全性要高、低汙染等需求。

三、解題歷程

PISA 2012問題解決的解題歷程包括四項，探索與理解（exploring and understanding）、表徵與建模（representing and formulating）、計畫與執行（planning and executing）、監控與反思（monitoring and reflecting）。

（一）探索與理解

此歷程的主要目的是將片斷的訊息整理成各式的心理表徵，包括：

1. 探索問題情境。觀察問題、與問題互動，尋找訊息並瞭解各項限制與問題所在。
2. 理解現在的資訊與互動中所獲得的資訊。

（二）表徵與建模

此歷程的主要目的是建立連貫的心理表徵。要完成此目標，必須能篩選有用的資訊，並將這些資訊與本身的知識進行統整，包括：

1. 利用圖、表、符號、書面陳述，以及表徵的轉換將問題重新表徵。
2. 辨識與問題相關的各項因素，建立假設；重新組織並評估各訊息的重要性。

（三）計畫與執行

此歷程包括計畫與執行二項：

1. 計畫：設定明確的整體目標以及各項子目標；制定計畫或策略，包括詳細的執行步驟。
2. 執行：如何執行計畫。

（四）監控與反思

此歷程包括監控與反思二項：

1. 監控各階段的執行狀況，包括執行過程、最終結果、檢測非預期的事件與各項突發狀況的補救措施。

2. 反思不同觀點所得的結果、檢查假設是否符合問題情境、評估其他可行的方法。

　　每一個歷程都需要一個或多個推理技巧。在探索與理解，學生需要辨別事實和本身觀點或看法的不同；在表徵與建模，學生需要辨別不同變項或因素之間的關係；在計畫與執行，學生需要考慮計畫執行的因與果；在監控與反思，學生需要以邏輯性的方式處理資訊。這些推理技巧主要包括演繹、歸納、量化、相關、類比、組合和多重推論。在解決問題時，這些技巧必須能交替運用。

　　表6-6與表6-7列出PISA 2012電腦化問題解決評量在不同情境、歷程的配分比例。在情境方面，以科技／互動的情境最多，占45%。整體而言，互動比靜態多，科技比非科技多。在歷程方面，計畫與執行的比例最多，約為40%，監控與反思的比例最少，約有14%。

表6-6　PISA 2012電腦化問題解決評量不同情境試題的配分比例

	科技	非科技	合計
靜態	11%	20%	31%
互動	45%	25%	70%
合計	55%	45%	100%*

資料來源：OECD（2013a, p. 38）
*四捨五入誤差

表6-7　PISA 2012電腦化問題解決評量不同歷程試題的配分比例

探索與理解	表徵與建模	計畫與執行	監控與反思	合計
21.4%	23.2%	41.1%	14.3%	100%

資料來源：OECD（2013a, p. 130）

參、影響電腦化問題解決難度的因素

　　影響電腦化問題解決的難度很多，PISA將這些特徵分為八類（OECD, 2013a, p.128），包括：訊息量、訊息的表徵、抽象程度、情境

的熟悉度、訊息的明顯程度、複雜性、步驟、推論技巧。表6-8呈現各特徵如何影響問題解決試題難度的資訊。以訊息量為例，解題所需的訊息量愈多，相對的試題愈難。

表6-8　影響電腦化問題解決評量難度的特徵與影響方式

特徵	對試題難度的影響
訊息量	解題需要同時考量的訊息愈多，試題愈難。
訊息的表徵	不熟悉的表徵和多重表徵（特別是訊息用不同的表徵呈現，且需要建立表徵間的關聯）會增加試題難度。
抽象程度	情境的抽象程度直接影響試題的難度。情境愈抽象，試題愈難。
情境的熟悉度	學生對情境的熟悉度愈高，試題愈容易。
訊息的明顯程度	需要發掘愈多訊息的試題愈困難（例如：有效的操作、自主的行為、非預期的障礙）。
複雜性	若試題的成分或元素愈多，成分或元素間的相關愈高（由於某些限制或相關性造成），試題的複雜性會愈高；複雜性愈高的試題，難度愈高。
步驟	解決問題所需的步驟愈多，難度愈高。
推論技巧	需要應用推論技巧的試題比不需要推論技巧的試題難。

資料來源：OECD（2013a, p. 129）

肆、PISA問題解決的能力水準

PISA問題解決能力評量，預期辨別出具高能力學生的特徵為（OECD, 2013a, p. 131）：

1.能計畫、執行以解決問題，包括事先思索一系列符合問題限制的解題步驟、應用複雜的推理技巧、監控解題程序是朝目標、必要時能正確地修訂整體計畫。

2.能理解不熟悉的表徵，並連結零星的訊息。

3.能有系統的與問題互動，並獲得解題所需的訊息。

能力水準較低的學生預期會有的特徵為：

1.能計畫、執行僅含少數步驟的問題。

2.能解決只有一個或二個因素的問題，或者僅含有一個限制或沒有限制條件的問題。

3.能以非系統性的方式建立簡單的模式，察覺有用的訊息。

如同其他的PISA評量，問題解決能力的分數計算方式，同樣會是利用試題反應理論的模式，將學生的答題反應轉換成能力，再利用線性轉換將能力值轉換成平均為500、標準差為100的分數。得分愈高的學生，能力愈高。

伍、紙筆與電腦化問題解決的差異

問題解決評量首次在PISA 2003出現，主要是根據OECD（2003）的評量架構發展。第二次的問題解決評量在PISA 2012，問題解決的定義和評量內涵在參照二次評量期間的研究文獻後，做了部分的修訂。表6-9列出二次評量在定義、類型／本質、情境、歷程的差異。

表6-9　PISA 2003與PISA 2012問題解決評量內涵的對照

	PISA 2003	PISA 2012
定義	個人使用認知歷程的能力來面對和解決真實的、跨學科的問題，其中解決問題的途徑不是明顯的，且內容不侷限於數學、科學或閱讀單一學科內容。	個人在理解和處理無明確解法的問題情境之認知歷程的能力，在此陌生情境下解決問題的意願，並同時包括應用此能力來完成個人的目標，以成為具反思能力的公民。
類型／本質	決策、系統分析與設計、問題排除	靜態、動態
情境	生活、工作、休閒、社會	是否與科技產品有關、屬於個人或社會
歷程	理解問題、描繪問題、表徵問題、解決問題、反思解法、應用不同解法	探索與理解、表徵與建模、計畫與執行、監控與反思

資料來源：OECD（2003; 2013a）

除了上述的修訂外，二次評量最大的差異是，評量方式由紙筆評量改為電腦化評量。電腦化問題解決評量不但能增加評量的效能，還能以動態或互動的方式呈現試題，以增加試題的多樣性而吸引學生。此外，利用電腦進行評量，可在評量的同時記錄更多有關學生解決問題的歷程，例如：

學生的作答方式、操作次數、時間長短、以及操作或解題的順序。

陸、PISA 2015合作式問題解決簡介

PISA 2012問題解決主要是評量「個人」的問題解決能力，然而現今教育和職場工作中更重要的技能是合作解決問題的能力（OECD, 2013b, p. 9）。「合作」是指整個團隊藉由分享對問題的理解，協調團隊行動、進展與反思，進而解決問題。解決問題時，合作式優於個人式問題解決的原因在於：1.合作能有效的分配工作；2.能整合不同的知識、觀點、經驗；3.可藉由腦力激盪增加創造力與解決方案的品質。因此，PISA正積極開發合作式問題解決能力的評量，預計於PISA 2015實施。

PISA 2015合作式問題解決素養主要是根據PISA 2012問題解決素養的理論基礎，再加入合作式問題解決的向度。因此有部分是沿用2012問題解決的架構，但因新增了合作的概念，整體而言有顯著的不同。在合作的向度裡，主要的元素為團隊認知（group cognition）以及團體和個人認知之間所需有效的互動式溝通技巧，因此，OECD（2013b, p. 6）定義三項「合作」的核心能力：

一、建立共識與相互瞭解（establishing and maintaining shared understanding）

學生要能瞭解每位成員對問題的熟悉程度，能瞭解成員對問題的觀點，並能建立對問題的陳述和解決問題的行動之共識。

二、採取適當的行動（taking appropriate action）

學生必須要能辨識解決問題必要的行動方式，以及依照適當步驟來解決問題。一個熟悉合作式問題解決者，要能夠確認問題限制、瞭解相關的規則，並能評估問題解決計畫的成功機率。

三、建立與維持團隊組織（establishing and maintaining team organization）

解決問題時，若無法組織團隊、調整團隊結構，則團隊便無法有效的發揮功能。學生必須根據團隊成員的能力，瞭解自己在團隊中扮演的角色以及成員的角色。依據扮演的角色來監控團隊組織，並改善成員間的溝通不良、克服障礙，使執行成效達最佳化。

結合上述合作所需的技能以及問題解決的四項核心歷程，合作式問題解決形成一個4（問題解決技能）×3（合作技能）的技能矩陣，總共包含十二項技能。這十二項技能的相關說明統整於表6-10。

表6-10　合作式問題解決技能矩陣

	建立共識與相互瞭解	採取適當的行動	建立與維持團隊組織
探索與理解	發掘團隊成員的觀點和能力	發現朝向目標解決問題的互動形式	瞭解在解決問題過程中的角色
表徵與建模	建立分享表達的內涵，並討論問題的意義（共通點）	確認並描述需要完成的任務	描述角色及團隊組織（溝通協議／角色）
計畫與執行	和團隊成員溝通即將執行的行動	制定計畫	遵守參與的規則（例如：激勵成員完成工作）
監控與反思	監控並修正分享理解	監控並描述行動的結果，評估解決問題的成效	監控、提供回饋及適應團隊組織和角色

資料來源：OECD（2013b, p.11）

有關合作式問題解決的評量構架目前仍在發展中，有興趣的讀者可參考OECD（2013b），以及未來OECD所公布的正式評量架構。

第四節　PISA 2012電腦化評量與樣本試題

壹、PISA 2012電腦化評量

　　PISA 2012電腦化評量是選擇性的，參與國可自行決定是否參加。參與電腦化評量的國家需同時考量學校能否提供符合PISA要求的電腦硬體設備，例如：PISA 2012電腦化評量使用USB進行施測，並要求使用的USB傳輸率要達9MB/s以上，才能確保資料傳輸無誤。其他的電腦設備要求如下：

硬體項目	電腦化評量基本需求
CPU速度	至少要1500Mhz
作業系統	必須為Windows XP, Windows Vista or Windows 7
記憶體	Windows XP=512MB Windows VISTA=1024MB Windows 7=1024MB
USB數據傳輸率	USB傳輸率9MB/s以上

資料來源：PISA 2012正式施測協調主任會議簡報檔案（臺北場），http://pisa.nutn.edu.tw/download_tw.htm

　　整個電腦化評量程序約為1小時35分鐘，如下表所示，包括15分鐘的電腦教室設置、5分鐘的評量簡介、20分鐘的模擬練習題、40分鐘的電腦化評量作答、以及15分鐘的資料回收，其中模擬練習題，主要是讓學生瞭解電腦化評量的介面與操作功能。

程序	電腦教室設置	分發登錄表和評量簡介	電腦化評量模擬練習	電腦化評量作答	回收USB	總計
時間	15分	5分	20分	40分	15分	1小時35分

資料來源：PISA 2012正式施測協調主任會議簡報檔案（臺北場），http://pisa.nutn.edu.tw/download_tw.htm

　　65個參加PISA 2012評量的國家中，有32個國家參加PISA 2012電腦化閱讀、數學評量；有44個國家參加PISA 2012電腦化問題解決評量。表6-11為PISA 2102電腦化閱讀、數學評量前十名的國家。臺灣學生在電腦化數學評量方面表現，平均為549分，排名第五名，在電腦化閱讀評量方面表現，平均為519分，排名第十名。與紙筆評量比較，電腦化評量的成績均低於紙筆評量，整體而言，二者的相關非常高。

表6-11　PISA 2102電腦化評量前十名國家

排名	電腦化數學		（紙筆評量）	電腦化閱讀		（紙筆評量）	電腦化問題解決*	
排名	國家	平均	平均	國家	平均	平均	國家	平均
1	上海	587	613	新加坡	567	542		
2	新加坡	570	573	韓國	555	536		
3	香港	555	561	香港	550	545		
4	韓國	553	554	日本	545	538		
5	臺灣	549	560	加拿大	532	523		
6	澳門	541	538	上海	531	570		
7	日本	538	536	愛沙尼亞	523	516		
8	加拿大	520	518	澳洲	521	512		
9	比利時	513	515	愛爾蘭	520	523		
10	德國	511	514	臺灣	519	523		

註：*電腦化問題解決成績預計於2014年公布
資料來源：OECD（2013f）

貳、電腦化評量試題

　　如同紙筆評量，PISA電腦化評量試題也有固定的格式。PISA 2012電腦化評量的畫面如圖6-1。圖6-1的上半部為瀏覽區，主要包括題幹與各項說明。瀏覽區上方字體「籬笆」為此試題的名稱，瀏覽區左方「小麗是一個庭園設計師……」為題幹，而「拖動圖中的白點（白色小正方

形）……」是右側物件的操作說明。瀏覽區右方有一個長方形可以用拖曳的方式來變更形狀和大小，拖曳後長方形大小的資訊會呈現在瀏覽區左下方。圖6-1的下半部為問題區，主要是呈現問題。本範例在問題區裡有此題的題目與作答區，此題為多重是非題，只要於每個陳述後方點選「對」或「錯」即可完成作答。比較特別的是，有部分的試題需在瀏覽區內操作物件進行作答。

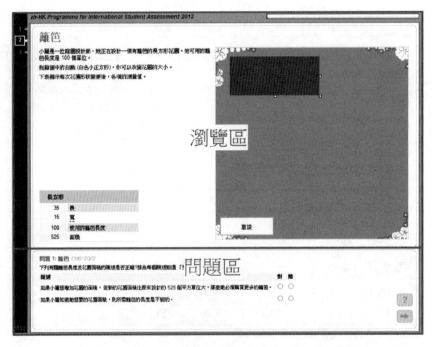

資料來源：http://erasq.acer.edu.au/index.php?cmd=cbaItemPreview&unitVersionId=206

圖6-1　PISA 2012電腦化評量試題介面

　　PISA 2012電腦化評量畫面裡，還有設計一些協助評量進行的基本功能，這些功能的圖示與說明如下：

圖示	功能說明
	螢幕右上方有一條時間軸，這是用來協助學生對時間的掌控。白色的時間軸會隨著時間的過去而逐漸變成綠色。
	在螢幕右上角有複製和貼上按鈕（僅部分開放式試題才有提供此功能）。學生可使用這個功能協助作答。要使用複製功能時，必須先選取一段文字。
	在螢幕的右上方有一個計算機和公式表按鈕（僅部分的數學試題才有）。點擊此按鈕，會出現一個計算機或公式表，供學生使用。
	螢幕左方的數字代表此次測驗的題數（正式測驗題本的題數約為18-22題），白色方框代表目前正在填答的試題。
	右下角問號方框，提供介面各項功能說明（與解題無關）。
	前往下一題的按鍵。點選後無法返回上一題。

　　PISA 2012電腦化評量共分為二十四題本[4]，每份題本有二個試題群組，試題數量共約二十題。這二個群組是來自四個數學試題群組、四個問題解決群組、二個閱讀群組的不同組合。每個群組的難度相似，平均一題的測驗時間為2分鐘。

　　PISA 2012電腦化評量試題約有三分之一電腦化試題是選擇題或多重是非題，學生只需點選按鍵或使用下拉式選單即可做答，這些試題均可自動評分；二分之一電腦化試題是建構反應題，學生必須輸入數字、拖曳圖形、畫線、對圖形或表格進行標示，這些試題也是自動評分；其餘六分之一的部分同樣是建構反應題，但學生需要利用鍵盤輸入文字進行作答，且這些試題需要人工閱卷評分。所有的電腦化試題均是鎖定步驟（lock step）的答題方式，也就是一旦點選進入下一題，便無法回到上一題進行修改或填答（OECD, 2013, p.131）。

　　電腦化評量範例於PISA 2009正式施測後，公布七題電腦化閱讀評量

---

[4] 各題本詳細的群組編排方式，需參閱PISA 2012的技術報告（尚未出版）。

試題；在PISA 2012預試後，另外公布四題電腦化數學評量試題和二題電腦化問題解決試題。詳細的試題內容可參考OECD（2010）、國立臺南大學PISA國家研究中心網頁http://pisa.nutn.edu.tw/sample_era_tw.htm、或國立交通大學臺灣2015 PISA國家研究中心網頁http://pisa2015.nctu.edu.tw/pisa/index.php/tw/resource-tw，以下摘錄電腦化閱讀、數學、問題解決各一題作為說明[5]。

一、電腦化閱讀素養評量範例（E005我想幫忙）

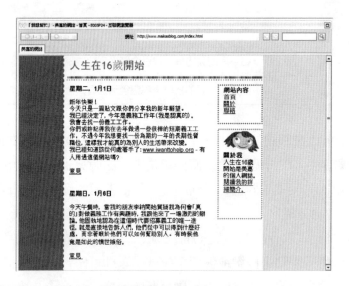

資料來源：http://pisa.nutn.edu.tw/ERA/e005/index.html

---

[5]　本章的電腦化閱讀試題摘錄自國立臺南大學PISA國家研究中心網頁；電腦化數學和問題解決試題摘錄自國立交通大學臺灣2015 PISA國家研究中心網頁。二個網頁中的中文翻譯略有不同。

我想幫忙：問題一

閱讀美嘉於1月1日的部落格文章。文中說了什麼關於美嘉當義工的經驗？

A. 她做了多年的義工。

B. 她只為了和朋友一起才當義工。

C. 她做過一點義務工作，但是想做更多。

D. 她做過義務工作，但不覺得那是值得的。

我想幫忙問題一計分：

情境：職業

環境：訊息本位

文本形式：連續

文本類型：敘述文

歷程：擷取與檢索

試題類型：選擇題

難度：362

滿分

答案C：她做過一點義務工作，但是想做更多。

問題一試題分析：

本題是一個部落格的首頁，作者是美嘉，標題是「人生在16歲開始」。首頁的資訊包含二則留言，一則是在星期二1月1日撰寫；另一則是在星期日1月6日撰寫。這二則留言的內容是有關當義工的經驗，因此本題屬於職業情境。雖然15歲學生不一定當過義工，但此概念是相當真實的。本文中所使用的語言相當簡單且非常口語，而且這二則留言具連貫性。此頁面是典型的社群網頁，首頁有四個內部的超連結（「關於」、「聯絡」、「閱讀我的詳細簡介」、「意見」）和一個外部網站（www.iwanttohelp.org）的連結。問題一要求讀者確認有關作者美嘉當義工的經驗。學生需要閱讀1月1日的留言才能得知答案。本題的頁面超過一個螢幕的顯示大小[6]，但學生在回答問題時，並不需要拖曳螢幕捲軸來閱讀後半段有關1月6日的完整留言，即學生不需要使用導航工具。在1月1日的留言中，第三和第四句直接說明美嘉是想要當義工的；第五句提到短期和長期義工這二個重要的關鍵詞彙，說明美嘉做過一點義務工作，今年她想要做更多。

本題為一個簡單的試題，因為文本中給予了明顯的作答資訊，文本使用較為簡單的文字，不需要導航能力，而且問題淺顯易懂。本題難度=362，即分數達362分以上者，均可答對。

我想幫忙：問題四

閱讀美嘉1月1日的部落格。前往「www.iwanttohelp.org」網站，為美嘉尋找服務機會。利用「服務機會詳情」網頁上的電子郵件功能按鍵「把服務詳情的機會郵寄給朋友」發送一封電子郵件通知美嘉，並在電子郵件中解釋為什麼這個服務機會適合她，然後點擊「送出」鍵，發送郵件。

我想幫忙問題四計分：

情境：教育

環境：混合

文本形式：多重

歷程：複合

試題類型：建構反應題

難度：滿分567；部分分數525

---

[6]　為了完整顯示，本題將所有文本資訊均呈現在同一畫面，但原始試題必須使用螢幕捲軸才能檢視後半段文章。

滿分

選擇「平面設計師」或「上進小學──與小孩相處」，並且在電子郵件中提及符合美嘉服務機會的相關說明。

・選擇「平面設計師」，並提及此服務機會是長期的，或指出此服務機會是有關網頁設計、藝術的職業。

作答範例

✓ 你是一個偉大的藝術家，而且這個義工工作是長期的。你說你需要一份長久的工作。

✓ 這個義工工作是長期的，而且你可以獲得一些有助於未來的經驗。

✓ 你對平面設計感興趣，並且畢業後想要找尋這類型的工作。另外你也喜歡當義工，那麼這份工作可以滿足你的需求，也可以豐富你的履歷。

・選擇「上進小學──與小孩相處」，並提及此服務機會是長期的、或指出此服務機會是可以改變（影響、幫助）別人。

作答範例

✓ 這將會是一份好的工作──它是長期的，你可以幫助一些孩子。

✓ 這份工作讓你可以影響別人。

部分分數

選擇「平面設計師」或「上進小學──與小孩相處」，並且在電子郵件中沒有說明或說明不正確。

・選擇「平面設計師」

作答範例

✓ 你喜歡它。（說明不充分）

✓ 你會常跟小朋友一起工作。（答非所問，不是美嘉的選擇條件之一）

✓ 它讓你有機會外出走動。（答非所問）

・選擇「上進小學──與小孩相處」

作答範例

✓ 此工作每週需花1小時的時間，這似乎有符合你想要找的工作。

（未參照選擇工作的條件，僅重複文本敘述）

✓ 你喜歡它。（說明不充分）

✓ 它讓你有機會外出走動。（答非所問）

問題四試題分析：

本題屬於複合歷程，試題內容同時包含擷取與檢索、統整與解釋、反思與評鑑三項歷程。學生需要在閱讀不同頁面的文章後，進行統整與省思，最後再撰寫一封電子郵件。此題需要同時瀏覽不同的文本類型，包括描述性（美嘉的部落格）、議論性（iwanttohelp網站）、互易性（電子郵件），因此無法定義特定的文本類型，學生必須瞭解美嘉的期望與興趣。在1月1日的留言，可知美嘉想要尋找長期性的工作，以及能為別人的生活帶來改變。另外，使用超連結「閱讀我的詳細簡介」或「關於」（如下圖所示）可知，美嘉喜歡藝術，而且她將來想從事網頁設計的工作。

資料來源：http://pisa.nutn.edu.tw/ERA/e005/task02.htm

作答時，學生需依據題目的指示，使用網站連結「www.iwanttohelp.org」及此網站中的超連結「立即搜尋機會」，將網頁轉換到「最新機會」頁面（如下圖所示）。在「最新機會」頁面拖曳右側頁面捲軸，可發現共有四個義工的工作機會，包括「平面設計師」、「素日──一個健康

的素食食品節」、「幫忙修理雙瀑徑」、「上進小學──與小孩相處」。
接著，再點選各項義工工作機，來確定適合美嘉的工作。

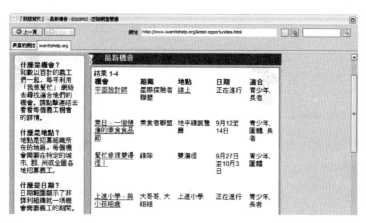

資料來源：http://pisa.nutn.edu.tw/ERA/e005/story_index.html

　　每個工作機會的超連結提供工作質性與工作內容。下圖是「平面設計
師」的介紹，同樣的，需要利用右側頁面捲軸才能瀏覽完整的工作內容。

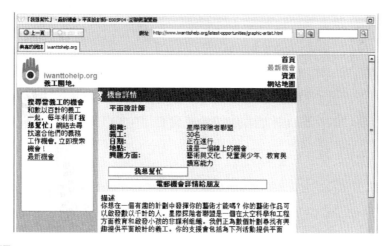

資料來源：http://pisa.nutn.edu.tw/ERA/e005/story_index.html

　　學生在進行上述步驟時，同時需利用「上一頁」、「下一頁」或超連結等導航工具來回檢視各頁面的訊息。在確認符合美嘉的工作為「平面設計師」或「上進小學——與小孩相處」後，在網頁點選「電郵機會詳情給朋友」傳送電子郵件給朋友。在網路版電子郵件的介面中（如下圖所示），學生要能將介紹工作的理由或說明填答到「訊息」欄，提供給美嘉。最後，點選「寄出」，將郵件寄出。

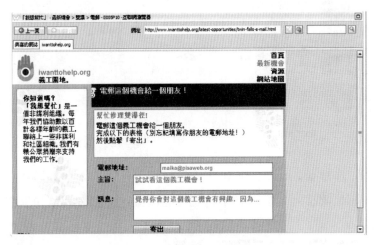

資料來源：http://pisa.nutn.edu.tw/ERA/e005/story_index.html

　　整體而言，本試題要獲得滿分必須歷經一連串的程序，包括多次使用導航工具進行頁面轉換、善用導航工具才能擷取和統整有效的資訊、以及多次工作條件的比對，才能找出符合美嘉心目中的工作。

二、電腦化數學素養評量範例（CM012籬笆）

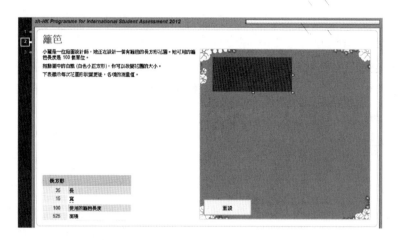

資料來源：http://erasq.acer.edu.au/index.php?cmd=cbaItemPreview&unitVersionId=206

問題一：籬笆CM012Q02

下列有關籬笆長度及花圃面積的陳述是否正確？請為每個陳述點選「對」或「錯」。

1. 如果小麗想增加花圃的面積，使新的花圃面積比原來設計的525個平方單位大，那麼她必須購買更多的籬笆。對／錯

2. 如果小麗知道她想要的花圃面積，則所需籬笆的長度是不變的。對／錯

籬笆問題一計分：

情境：職業

內容：空間與形狀

歷程：形成

試題類型：多重是非題

滿分

錯、錯

問題一試題分析：

本題是有關籬笆的設計與搭建，因此屬於職業情境。學生需將問題情境轉變成適合進行數學處理、具數學結構與表徵的型式，因此屬於形成（formulate）歷程。

試題左側為題幹以及相關的操作說明，右側為可操作的物件。學生可以藉由拖曳白點（白色小正方形）改變花圃大小。拖曳長方形時，籬笆總長度的變化可從最小為20至最大為200。點選「重設」，長方形將會恢復為長=35、寬=15的大小。長方形的相關資料（長、寬、籬笆總長度、面積）均會呈現在左下方的表格，學生可以直接從表格中獲得資訊。作答時，學生可拖曳白點改變花圃的設計，在總長度為100的限制下，利用嘗試錯誤法協助作答。此試題充分運用電腦化評量的特色來評量學生的數學概念，例如：物件操作及自動計算功能。

本題要全部答對才能獲得滿分。基本上僅需簡單的物件操作，再根據表格數據進行判斷，即可得到答案。

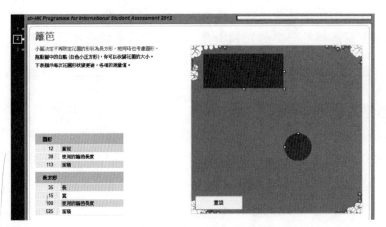

資料來源：http://erasq.acer.edu.au/index.php?cmd=cbaItemPreview&unitVersionId=206&item=2

問題二：籬笆CM012Q03

下列有關籬笆長度及花圃形狀與面積的陳述是否正確？請為每個陳述點選「對」或「錯」。

1. 如果小麗所用籬笆的長度不變，當長方形花圃的形狀是正方形時，其面積是最大的。對／錯

2. 如果小麗所用籬笆的長度不變，則圓形花圃會比正方形花圃的面積小。對／錯

籬笆問題二計分：

情境：職業

內容：空間與形狀

歷程：形成

試題類型：多重是非題

滿分

對、錯

問題二試題分析：

本題為問題一的延伸，進一步反應真實生活中可能遭遇的情境，即如果要圍成長方形，該如何做可以圍出最大的面積，以及若形狀不再限制是長方形，並可同時考慮圓形，則圍出的面積大小會有何改變。第一小題，學生可直接利用拖曳功能，得到正方形面積會大於長方形面積的結論。第二小題，同樣是利用拖曳功能比較正方形和圓形面積。由於籬笆總長度與圓周率 π 有關，因此籬笆總長度並無法固定為100。但在嘗試錯誤和比較後，學生仍可得到在固定100單位籬笆圍成的圓形面積大於正方形的結論。

本題要二小題都對才能獲得滿分，必須經由多次的物件操作與比較才能完成。若代數能力佳，學生也可直接透過紙筆推導獲得答案。

三、電腦化問題解決評量範例（CP043MP3播放器）

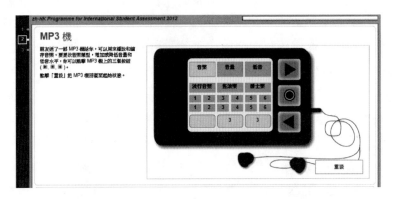

資料來源：http://erasq.acer.edu.au/index.php?cmd=cbaItemPreview&unitVersionId=210

　　本例題中，朋友給予了一臺MP3播放器，但卻不知如何使用。學生必須在嘗試使用後，瞭解MP3播放器的功能，因此試題的本質為互動。此題的焦點在於個人如何使用MP3播放器，所以試題情境是屬於科技／個人。

問題一：MP3播放器CP043Q03

MP3播放器最下面的一行顯示了已選擇的設定。判斷下面關於MP3播放器的說法是否正確。請就每項陳述選擇「正確」或「錯誤」來作答。

1. 你需要使用中間的按鈕（ ⦿ ）來改變音樂類型。對／錯

2. 設定低音的水平前，必須先設定音量。對／錯

3. 增加音量後，如果改變了目前聆聽的音樂類型，就只可以降低音量。
　對／錯

　　問題一試題分析：

　　此題為多重是非題，學生必須辨別每個陳述的正確與否。每個陳述均提及一種操作方式，讓學生判斷正確與否，屬於探索與理解的歷程。試題提供「重設」鍵，可讓MP3播放器恢復原始狀態，讓學生能重新探索MP3播放器的功能。本題並沒有限制操作次數（有部分試題有限制操作次

數），三項敘述需全部判斷正確才能獲得滿分。

問題二：MP3播放器CP043Q02

把MP3播放器設定至搖滾樂、音量4、低音2。

請以最少的點擊次數完成設定，本題不設「重設」按鈕。

問題二試題分析：

第二小題屬於計畫與執行歷程。此題學生必須事先計畫要如何操作才能達成目標。本題要求學生用最少的操作次數完成，因此本題依操作次數給分，操作次數少於13次且完成試題要求者，可得滿分。代表此學生能有效率地計畫與執行。若操作次數在13次以上者，且有完成目標，仍可得到部分分數。由於有次數限制，因此本題難度相對較高。

問題三：MP3播放器CP043Q01

下面顯示了四個MP3播放器的螢幕。若MP3播放器正常運作，則其中三個螢幕不可能出現，剩下的螢幕顯示了正常運作的MP3播放器，哪個螢幕顯示了MP3播放器正常運作？

資料來源：http://erasq.acer.edu.au/index.php?cmd=cbaItemPreview&unitVersionId=210&item=3

問題三試題分析：

第三小題要求學生辨別四個選項中，哪一項是MP3播放器有正確在運行的畫面，因此屬於表徵與建模歷程。為了判定選項的正確與否，學生必須善用「重設」鍵，重複試驗。本題並沒有操作次數的限制，選擇正確答案B才能獲得滿分。

問題四：MP3播放器CP043Q04

描述怎樣改變MP3播放器的運作模式，使MP3播放器不需要最下方的按鈕（◀）。你必須仍然能夠更改音樂類型、增加或降低音量和低音水平。

問題四試題分析：

本題評量學生如何將MP3播放器的操作原理概念化，屬於監控與反思。學生在實際的操作與試驗後，要能提供MP3播放器在僅使用按鍵（▶）也能完成試題要求的說明，才能獲得滿分。如何描述使用一個按鍵達成目的的方式很多，因此並無單一的標準答案，但只要能完成，均可獲得分數。由於試題作答時的抽象程度較高，且屬於開放式問答題，整體而言，此題的難度高於前三小題。

第五節　如何培養學生熟悉電腦化素養評量

目前公布的PISA 2012評量結果主要是三項紙筆評量。電腦化評量僅有電腦化數學和閱讀的成績，並無公布其他相關的分析結果。因此，本節將藉由PISA 2009電腦化閱讀素養的分析結果，來探討如何培養學生熟悉電腦化評量。

壹、PISA 2009電腦化閱讀素養的表現

參與PISA 2009電腦化閱讀素養評量國家共有19個，分別為南韓、紐西蘭、澳洲、日本、香港、冰島、瑞典、愛爾蘭、比利時、挪威、法國、澳門、丹麥、西班牙、匈牙利、波蘭、奧地利、智利與哥倫比亞。表6-11列出成績較佳的前十名國家，其中以南韓的568分最佳。除了數位文本的平均分數，表6-12同時列出書面文本的成績。比較這二者可以發現，各國數位文本與書面文本成績之間均有高度的相關。整體而言，數位文本與書面文本成績的相關係數為0.83（OECD, 2011, p. 74）。

表6-12　PISA 2009電腦化閱讀素養評量前十名國家暨平均分數

名次	國家	數位文本平均分數	書面文本平均分數
1	南韓	568	539
2	紐西蘭	537	521
3	澳洲	537	515
4	日本	519	520
5	香港	515	533
6	冰島	512	500
7	瑞典	510	497
8	愛爾蘭	509	496
9	比利時	507	506
10	挪威	500	503
	OECD平均	499	499

資料來源：OECD（2011, p. 77）

貳、導航工具使用與成績表現的關聯

　　導航工具（例如：選單、超連結）是閱讀電子文本一項重要的因素。根據相關的電子文本與學習成效的研究（McDonaldand Stevenson, 1998a, 1998b; Cressand Knabel, 2003; Naumannetal, 2008），OECD（2011, p. 91）定義三項導航能力的指標：

一、瀏覽頁面數量（Number of page visits）

　　學生瀏覽電子文本頁面的數量。檢視學生縱覽電子文本的能力。

二、瀏覽相關頁面累計數量（Number of visits to relevant pages）

　　學生瀏覽與解題相關頁面的累計數量。檢視學生能否重複連到與問題相關的頁面，協助解題。

三、瀏覽相關頁面數量（Number of relevant pages visited）

學生瀏覽與解題相關頁面的數量。檢視學生能否找到與問題相關的頁面。

我們以一個範例來說明如何計算這三項指標。假設頁面1、頁面4與頁面5與解題有關，某位學生在瀏覽七個頁面後完成作答，其瀏覽頁面的步驟如下：

步驟	1	2	3	4	5	6	7
瀏覽頁面	頁面1	頁面2	頁面1	頁面3	頁面4	頁面5	頁面3

本例中，此位學生共瀏覽七個頁面，其中三個與解題相關的頁面都曾瀏覽，而且與解題相關的頁面累計瀏覽4次，因此「瀏覽頁面數量」=7，「瀏覽相關頁面累計數量」= 4，「瀏覽相關頁面數量」=3。OECD（2011, p. 261）的分析結果指出，這些指標與PISA 2009電腦化閱讀評量成績有不同程度的關聯，如表6-13所示，整體而言，「瀏覽相關頁面數量」與成績之間的相關最高，相關係數約為0.8；「瀏覽相關頁面累計數量」與成績之間的相關約為0.6；「瀏覽頁面數量」與成績之間的相關約為0.4。

表6-13　導航能力指標與電腦化閱讀評量成績的關聯

國家	瀏覽相關頁面數量	瀏覽相關頁面累計數量	瀏覽頁面數量
澳洲	0.80	0.60	0.37
奧地利	0.84	0.72	0.55
比利時	0.82	0.63	0.38
智利	0.81	0.63	0.47
丹麥	0.81	0.63	0.41
法國	0.85	0.62	0.42
匈牙利	0.86	0.75	0.59

（續上表）

國家	瀏覽相關頁面數量	瀏覽相關頁面累計數量	瀏覽頁面數量
冰島	0.79	0.58	0.37
愛爾蘭	0.82	0.64	0.42
日本	0.74	0.51	0.35
南韓	0.68	0.39	0.20
紐西蘭	0.79	0.56	0.29
挪威	0.81	0.65	0.49
波蘭	0.85	0.70	0.55
西班牙	0.84	0.65	0.47
瑞典	0.79	0.61	0.41
OECD平均	0.81	0.62	0.42
哥倫比亞	0.76	0.56	0.46
香港	0.77	0.56	0.35
澳門	0.71	0.42	0.15

資料來源：OECD（2011, p. 261）

　　此外，OECD（2011, p.100）的分析結果也指出，「瀏覽相關頁面數量」與成績之間為線性相關；但「瀏覽相關頁面累計數量」和「瀏覽頁面數量」與成績之間的相關為非線性的。如圖6-2所示，當學生的「瀏覽相關頁面累計數量」達平均次數時，其成績可增加64.6分；若累計的瀏覽數量再增加1倍，成績僅能增加30.5分。因此，在閱讀電子文本時，掌握並瀏覽重要頁面的能力是相當重要的。

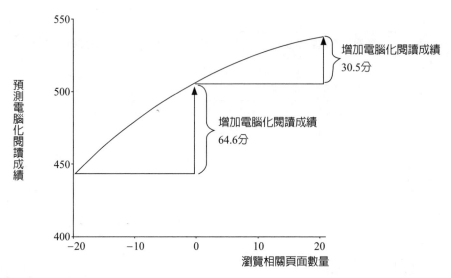

資料來源：OECD（2011, p.101）

圖6-2　「瀏覽相關頁面累計數量」與成績的關聯

參、ICT能力與成績表現的關聯

　　PISA電腦化評量需要基本的ICT技能，這些基本技能包括鍵盤、滑鼠的使用、點選按鍵、下拉式選單、網頁捲軸、物件拖曳、超連結的使用。學生在家和在校使用電腦經驗的多寡與這些ICT技能的熟悉程度有直接關聯（OECD, 2011, Chapter 6）。各項關聯的說明如下：

一、在家使用電腦與成績表現的關聯

　　根據PISA 2009的調查顯示，在家是否使用電腦會直接影響學生的成績（OECD 2011, p.178）。如圖6-3所示，學生在家有使用電腦的成績皆顯著高於在家沒有使用電腦的成績，而且此差異在控制社經背景後仍是如此。此結果顯示，學生在家使用電腦的習慣，有助於獲得較佳的成績。

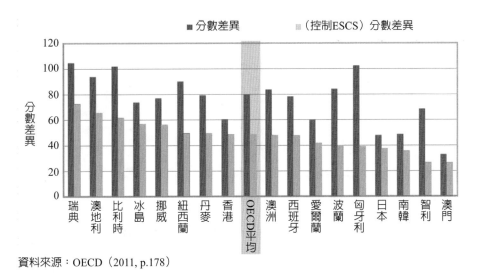

資料來源：OECD（2011, p.178）

圖6-3 在家有無使用電腦的學生成績對照

學生在家使用電腦的目的，對成績影響也不同。PISA將在使用電腦的目的分為二項：使用電腦作為休閒用、使用電腦做作業，並分析這二項使用電腦的目的與電腦化閱讀素養成績的關聯。

（一）使用電腦作為休閒用

圖6-4左側為在家使用電腦作為休閒用的指標與成績的關聯[7]，此指標值介於中間50%的學生，閱讀成績相對較高。此調查顯示，在家使用電腦作為休閒用時，不宜過多、也不宜太少。

使用電腦作為休閒用的指標組成，包括「玩單機版遊戲」、「玩合作式線上遊戲」、「使用電子郵件」、「線上聊天」、「瀏覽網頁（休閒用）」、「從網路下載音樂、檔案、遊戲或軟體」、「維護個人網頁、部落格或在發表文章」、「參與線上論壇或虛擬社群」八項。若分項比較，從圖6-4右側可知，「沒有或幾乎不曾」在家使用電腦「瀏覽網頁（休閒

---

[7] 在家使用電腦作為休閒用的指標值與成績的關聯性是利用IRT理論計算（OECD, 2012, p.302）。後續討論的幾項指標也是如此。

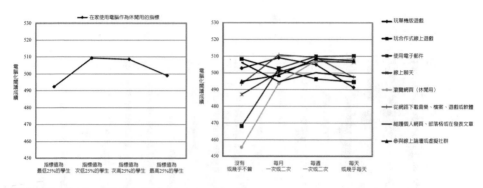

資料來源：OECD（2011, p.181）

圖6-4　在家使用電腦作為休閒用與成績的關聯

用）」、「使用電子郵件」的學生成績相對較低。

（二）使用電腦做作業

　　圖6-5呈現在家使用電腦做作業的指標與成績的關聯。從圖6-5左側可知，此指標值介於中間50%的學生，閱讀成績相對較高。使用電腦作為休閒用的指標組成，包括「瀏覽網頁（做作業）」、「使用電子郵件與同學討論作業」、「使用電子郵件與老師討論作業」、「從學校網站下載、上傳或瀏覽素材」、「瀏覽學校網站的公告」五項。若分項探討，圖6-5右側顯示，「沒有或幾乎不曾」在家使用電腦瀏覽網頁（做作業）者成績相對較低；「每天或幾乎每天」在家「使用電子郵件與同學討論作業」、「使用電子郵件與老師討論作業」、「從學校網站下載、上傳或瀏覽素材」、「瀏覽學校網站公告」的學生，其成績相對較低。

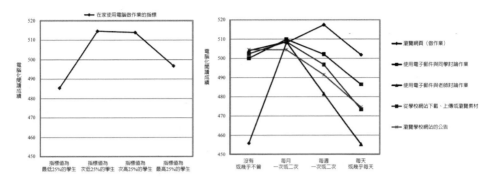

資料來源：OECD（2011, p.184）

圖6-5　在家使用電腦做作業與成績的關聯

二、在校使用電腦與成績表現的關聯

　　根據的PISA 2009的調查顯示，整體而言，在校是否使用電腦同樣會影響學生的成績（OECD 2011, p.179）。圖6-6顯示，澳洲、挪威、冰島、瑞典、西班牙、日本、紐西蘭、比利時的學生，在校有使用電腦的成績顯著高於在校沒有使用電腦，而且此差異在控制社經背景後仍是如此。與圖6-3比較，此差異比在家有、無使用電腦的差異小（此處差異最大約為20分，在家有、無使用電腦的成績差異，最大約為70分）。有部分國家，像奧地利、澳門、丹麥、智利、南韓、香港、波蘭、愛爾蘭的學生，在校有無使用電腦的成績其差異較小，未達統計顯著。比較特別的是，匈牙利在校無使用電腦的學生成績顯著優於有使用電腦的學生。

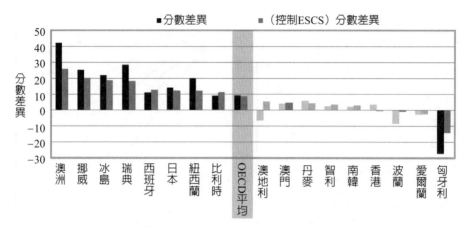

註：淺色系代表差異未達統計顯著。
資料來源：OECD（2011, p.180）

圖6-6　在校有無使用電腦的學生成績對照

　　在校使用電腦的目的不同，對成績的影響也有不同。圖6-7左側為在校使用電腦指標與成績的關聯，此指標值最高25%的學生，平均閱讀成績相對較低，未達500分。在校使用電腦指標的組成，包括「線上聊天」、「使用電子郵件」、「瀏覽網頁（做作業）」、「從學校網站下載、上傳或瀏覽素材」、「將作業發文貼在學校網頁」、「在學校玩模擬遊戲」、「在校使用電腦進行練習或訓練」、「使用學校電腦做作業」、「團隊合作、交流」九項。分項分析的結果如圖6-7右側所示，愈常在學校使用電腦做這些項目的學生，成績愈低。特別是「將作業發文貼在學校網頁」和「在學校玩模擬遊戲者」者。

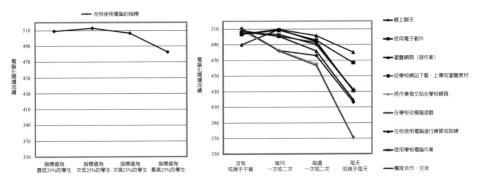

資料來源：OECD（2011, p.186）

圖6-7 在校使用電腦與成績的關聯

三、ICT能力的自信心與成績表現的關聯

PISA 2009進一步調查ICT能力的自信心，是否影響電腦化閱讀成績（OECD 2011, p.195）。圖6-8左側為ICT能力的自信心指標與成績的關聯，此指標值愈高時，閱讀成績愈高。ICT能力的自信心指標組成，包括「編輯數位照片或其他影像」、「建立資料庫」、「使用試算表繪圖」、「製作簡報」、「製作多媒體簡報」五項。圖6-8右側顯示這五項ICT能力與成績的關聯。除了「建立資料庫」外，若學生愈有信心，成績會愈高。

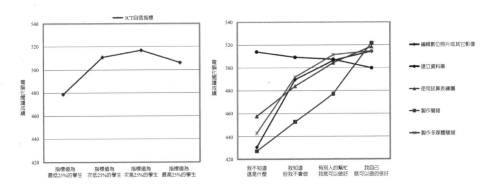

資料來源：OECD（2011, p.196）

圖6-8 ICT能力的自信心與成績的關聯

肆、綜合分析

　　OECD（2011, Chapter 7）綜合各項影響電腦化閱讀成績的因素，使用多層次迴歸模型（hierarchical regression）進一步探討影響電腦化閱讀素養成績的因素。分析結果呈現在圖6-9。從圖6-9可知，在控制書面文本成績的情況下，「學校ESCS指標」、「在家使用電腦」、「男學生」、「線上社群活動指標」、「線上資訊搜尋活動指標」、「摘要指標」、「理解與回憶指標」、「學生ESCS指標」、「樂讀指標」九項指標，與電腦化閱讀成績有正相關。但在控制書面文本成績後，「在校使用電腦」指標則與電腦化閱讀成績呈現負相關（OECD, 2010, p. 204）。

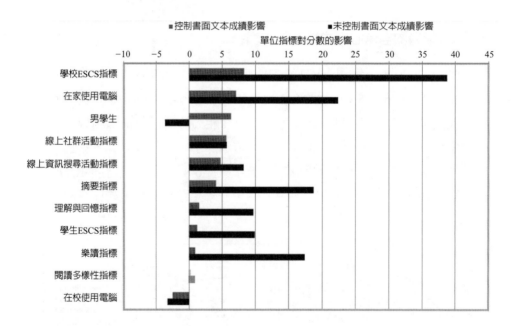

註：淺色系代表差異未達統計顯著。
資料來源：OECD（2011, p. 204）

圖6-9　PISA 2012電腦化評量試題範例

伍、培養學生熟悉電腦化素養評量

根據前面章節的分析，本節統整出四項培養學生熟悉電腦化評量的方式，分述如下：

一、掌握機會，熟悉電腦基本技能

經常使用電腦可增加學生對電腦的熟悉度，不論是鍵盤、滑鼠的使用、或是網頁的點選按鍵、下拉式選單、捲軸、和超連結的使用。電腦的基本功能大同小異。當學生熟悉基本的電腦操作方式後，更容易適應或學習各種程式，如同前面章節的分析結果，若能使用專業電腦軟體或對電腦使用較有自信的學生，更可提高學生電腦化評量的表現。

根據資策會FIND於2009年調查結果[8]，臺灣家戶電腦普及率達85.7%，推估擁有電腦家戶數為6,629千戶，擁有電腦家戶平均擁有2.4臺電腦。因此在臺灣，學生在家幾乎都可使用電腦。此外，自90學年度起，在教育部的新課程方案中，國小一年級至國中三年級的九年一貫制課程已將資訊電腦內容融入自然與生活科技等七大領域中（教育部，2002）。每學期各科視教學需要皆需指導電腦基本操作，達成培養電腦科技的基本態度，及應用資訊與科技的能力。因此，學生使用電腦的機會已不虞匱乏，但需善用這些機會來提升電腦基本技能的熟悉度。

二、增加日常生活中常用程式的使用經驗

素養評量的試題均設有情境，命題時情境的選用必須是學生生活中所能接觸的或是學生感興趣的。因此熟悉日常生活中經常會使用的應用程式，可以增加學生在進行電腦化評量的熟悉度。對情境的熟悉度愈高，試題則會愈容易。在電腦化閱讀評量方面，常用的程式例如：網頁搜尋和瀏覽、E-mail、社群網站和部落格；在電腦化數學評量方面，包括試算表、電子計算機、網路購物、衛星導行系統GPS的使用、立體幾何圖形建構與

---

[8] 參閱http://www.find.org.tw/find/home.aspx?page=many&id=249

判讀；電腦問題解決評量相關的題材，例如：益智、邏輯或推理遊戲、電子產品的使用、旅遊規劃。學生若能經常接觸這些題材，便能提高電腦化評量情境的熟悉度。

再者，這些程式都有常用功能，例如：在網頁搜尋和瀏覽時，超連結和開啟新索引標籤（IE瀏覽器）或新分頁（Firefox瀏覽器）是經常使用到的功能，這些功能一般不會有說明，而是被視為基本電腦常識。另外，試算表的排序功能、繪圖功能；利用鍵盤操作、滑鼠點選或拖曳，則是操作電子產品常用到的功能。熟悉這些常用程式的基本功能，對於解決複雜性較高的電腦化試題都有幫助。

三、理解操作說明、勇於嘗試操作

從前面的分析結果可知，導航工具是電腦閱讀評量時一項重要的指標。當學生瀏覽頁面的數量與學生的成績有正相關，因此學生若能試著去尋找、試著去操作，一定可以增加答題的機率。另一方面，部分的電腦化數學和問題解決均需要進行物件的操作，而物件的操作大部分都會有操作說明。這些試題通常只要依照說明操作，一般均可由操作過程中獲得答案。因此，對於陌生的物件操作，要能培養閱讀操作說明的習慣，瞭解正確的使用方式。如同生活中，使用電腦程式或電子產品時，閱讀使用手冊可以幫助自己瞭解電子產品的功能，才能正確的使用電子產品完成目的。此外，要能勇於嘗試。在操作的過程中，經由電腦動畫的呈現以及與問題之間的互動，一般都能夠從互動中提升對問題的理解，完成作答。

四、培養基本的素養能力

電腦化評量的架構均是以紙筆式評量的架構為基礎而發展出來的，因此培養基本的數學、閱讀、科學、問題解決的素養能力是重要的。讀者可參考第三至五章提及的如何培養數學、閱讀和科學素養的方式。厚實基本素養能力，才能直接提升電腦化素養評量的能力。

參考文獻

教育部（2002）。九年一貫課程暫行綱要。臺北市：教育部。

Council of Europe (1996). *Modern languages: learning, teaching, assessment.A common European framework of reference*. CCLANG(95)5Rev. IV, Council of Europe, Strasbourg.

Cress, U. & O. B. Knabel (2003). Preview sinhypertext: effects on navigation and knowledge acquisition, *Journal of Computer Assisted Learning*. Vol.19, No. 4, pp. 517-527.

Duncker, K. & Lees, L. S. (1945). On problem-solving. *Psychological monographs, 58*, i.

Mayer, R. E.(1990). Problem solving. In M. W. Eysenck (ed.), *The black well dictionary of cognitive psychology*, Basil Blackwell.

McDonald, S. & R. J. Stevenson (1998a). Navigation in hyperspace: an evaluation of the effects of navigational tools and subject matter expertise on browsing information retrieval in hypertext. *Interacting with Computers, 10*, 129-142.

McDonald, S. & R. J. Stevenson (1998b). Effect soft extstructure and prior knowledge of the learner on navigation in hypertext. *Human Factors, 40*, 18-27.

Naumann, J., T. Richter, U. Christmann & N. Groeben(2008). Working memory capacity and reading skill moderate the effectiveness of strate gytraining in learning from hypertext. *Learning and Individual Differences, 18*, 197-213.

OECD (2003). *PISA 2003 assessment framework-mathematics, reading, science and problem solving knowledge and skill*. OECD Publishing.

OECD (2004). *Problem solving for tomorrow's world first measures of cross-curricular*. OECD Publishing.

OECD (2009). *PISA 2009 assessment framework-key competencies in reading, mathematics and science*. OECD Publishing.

OECD (2010). *PISA 2009 results*: *What students know and can do–student performance in reading, mathematics and science* (Volume I). OECD Publishing.

OECD (2011). *PISA 2009 Results: Students on line, explores students' use of information technologies to learn*. OECD Publishing.

OECD (2012). *PISA 2009 technical report*. PISA: OECD Publishing.

OECD (2013a). *PISA 2012 assessment and analytical framework: mathematics reading, science, problem solving and financial literacy*. OECD Publishing.

OECD (2013b). *PISA 2015 draft collaborative problem solving framework*. Retrieved 2013, March, from http://www.oecd.org/pisa/pisaproducts.

OECD (2013c). *PISA 2015 draft mathematics framework*. Retrieved 2013, March, from http://www.oecd.org/pisa/pisaproducts.

OECD (2013d). *PISA 2015 draft reading framework*. Retrieved 2013, March, from http://www.oecd.org/pisa/pisaproducts.

OECD (2013e). *PISA 2015 draft science framework*. Retrieved 2013, March, from http://www.oecd.org/pisa/pisaproducts.

OECD (2013f). *PISA 2012 Results: What students know and can do - student performance in mathematics, reading and science (Volime I)*, PISA. DECD Publishing.

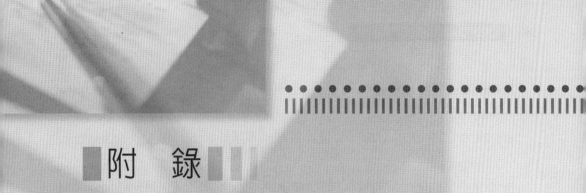

素養評量相關網站索引

1. OECD公開之PISA 2006正式試題。http://www.oecd.org/pisa/pisaproducts/PISA%202006%20new%20released%20items%20ENG.pdf
2. OECD公開之PISA 2006評量架構。http://www.oecd.org/dataoecd/63/35/37464175.pdf
3. OECD公開之PISA 2009學校抽樣手冊。http://www.oecd.org/pisa/pisaproducts/pisa2009/49023542.pdf
4. OECD公開之PISA 2012正式試題。http://www.oecd.org/pisa/pisaproducts/PISA%202012%20items%20for%20release_ENGLISH.pdf
5. OECD公開之PISA 2015科學評量架構草案。http://www.oecd.org/pisa/pisaproducts
6. OECD公開之PISA 2015問題解決評量架構草案。http://www.oecd.org/pisa/pisaproducts

7. OECD公開之PISA 2015數學評量架構草案。http://www.oecd.org/pisa/pisaproducts

8. OECD公開之PISA 2015閱讀評量架構草案。http://www.oecd.org/pisa/pisaproducts

9. 國立中央大學學習與教學研究所PIRLS 2006成果報告。http://lrn.ncu.edu.tw/pirls/PIRLS%202006%20Report.html

10. 國立中央大學學習與教學研究所PIRLS中文公開範本與試題。http://lrn.ncu.edu.tw/Teacher%20web/hwawei/PIRLS_Tests.htm

11. 國立中央大學學習與教學研究所PIRLS研究團隊網站。http://lrn.ncu.edu.tw/pirls/

12. 國立中央大學學習與教學研究所荷華葳教授公開之「PIRLS閱讀理解文章與試題範例」電子檔http://blog.ilc.edu.tw/blog/gallery/6222/6222-691367.pdf

13. 國立臺灣師範大學林福來團隊開發之臺灣數學素養評量試題。http://pisa.nutn.edu.tw/download/sample_papers/other/Taiwan2011MathLiteracyPDF.zip下載

14. 國立臺灣師範大學科學教育研究資料庫之PIRLS 2011之國際成果報告。http://timssandpirls.bc.edu/pirls2011/international-results-pirls.html

15. 國立臺灣師範大學科學教育研究資料庫之PIRLS 2006。http://www.dorise.info/DER/02_PIRLS-2006_html/index.html

16. 國立臺灣師範大學科學教育研究資料庫之PISA 2006。http://www.dorise.info/DER/03_PISA-2006_html/index.html

17. 國立臺灣師範大學科學教育研究資料庫之PISA 2006閱讀、數學、科學樣本試題;學校、學生問卷;及成果報告。http://www.sec.ntnu.edu.tw/PISA/PISA2006/PISA_004.html

18. 國立臺灣師範大學科學教育研究資料庫之PISA 2009。http://www.dorise.info/DER/03_PISA-2009_html/index.html

19. 國立臺灣師範大學科學教育研究資料庫之TIMSS 1999。http://www.dorise.info/DER/01_timss_1999_html/index.html

20. 國立臺灣師範大學科學教育研究資料庫之TIMSS 2003。http://www.dorise.info/DER/01_timss_2003_html/index.html

21. 國立臺灣師範大學科學教育研究資料庫之TIMSS 2007。http://www.dorise.info/DER/01_timss_2007_html/index.html

22. 國立臺灣師範大學科學教育研究資料庫之TIMSS 2011。http://www.sec.ntnu.edu.tw/timss2011/

23. 國立交通大學臺灣2015 PISA國家研究中心網站。http://pisa2015.nctu.edu.tw/pisa/index.php/tw/resource-tw

24. 教育部編印之「閱讀理解策略教學手冊」。http://blog.ilc.edu.tw/blog/gallery/6222/6222-691368.pdf

25. 臺灣PISA國家研究中心之PISA科學應試指南。http://pisa.nutn.edu.tw/download/sample_papers/2009/2011_1205_guide_science.pdf

26. 臺灣PISA國家研究中心之PISA評量種子教師培訓方案數學領域評分規準研習。http://pisa.nutn.edu.tw/download/data/0325PPT.rar

27. 臺灣PISA國家研究中心之PISA數學應試指南。http://pisa.nutn.edu.tw/download/sample_papers/2009/2013_0311_guide_mathematics.pdf

28. 臺灣PISA國家研究中心之PISA閱讀、數學、科學樣本試題；學校、學生問卷及成果報告。http://pisa.nutn.edu.tw/sample_tw.htm

29. 臺灣PISA國家研究中心之PISA閱讀應試指南。http://pisa.nutn.edu.tw/download/sample_papers/2009/2011_1205_guide_reading.pdf

30. 臺灣PISA國家研究中心之電腦化評量試題網站。http://pisa.nutn.edu.tw/sample_era_tw.htm

31. 臺灣PISA國家研究中心之網站。http://pisa.nutn.edu.tw

32. 臺灣PISA國家研究中心之數學樣本試題（中文版含評分規準）。http://pisa.nutn.edu.tw/download/sample_papers/2009/2011_1223_mathematics_s.pdf

33. 臺灣PISA國家研究中心之數學樣本試題（PISA 2012）。http://pisa.nutn.edu.tw/download/sample_papers/PISA_2012_items_for_release_Chinese_final.pdf

34. 臺灣PISA國家研究中心之學校、學生問卷。http://pisa.nutn.edu.tw/ sample_qa_tw.htm

國家圖書館出版品預行編目資料

認識PISA與培養我們的素養／李源順等著.
－－初版.－－臺北市：五南，2014.03
　面；　公分
ISBN 978-957-11-7459-4（平裝）

1.教育政策　2.教育評量

526　　　　　　　　102025222

1IYC

認識PISA與培養我們的素養

作　　　者 — 李源順（115.4）　吳正新　林吟霞　李哲迪

發 行 人 — 楊榮川

總 經 理 — 楊士清

副總編輯 — 陳念祖

責任編輯 — 李敏華

封面設計 — 陳卿瑋

出 版 者 — 五南圖書出版股份有限公司

地　　　址：106台北市大安區和平東路二段339號4樓

電　　　話：(02)2705-5066　　傳　真：(02)2706-6100

網　　　址：http://www.wunan.com.tw

電子郵件：wunan@wunan.com.tw

劃撥帳號：01068953

戶　　　名：五南圖書出版股份有限公司

法律顧問　林勝安律師事務所　林勝安律師

出版日期　2014年 3 月初版一刷
　　　　　2017年11月初版二刷

定　　　價　新臺幣400元